大学生创新创业教育研究

DAXUESHENG
CHUANGXIN
CHUANGYE
JIAOYU
YANJIU

李建庆 编著

四川大学出版社

项目策划：梁　平
责任编辑：杨　果
责任校对：孙滨蓉
封面设计：璞信文化
责任印制：王　炜

图书在版编目（CIP）数据

大学生创新创业教育研究 / 李建庆编著. — 成都 : 四川大学出版社, 2018.11
ISBN 978-7-5690-2609-2

Ⅰ. ①大… Ⅱ. ①李… Ⅲ. ①大学生－创业－高等学校－教材 Ⅳ. ①G647.38

中国版本图书馆 CIP 数据核字 (2018) 第 284433 号

书名　大学生创新创业教育研究

编　　著	李建庆
出　　版	四川大学出版社
地　　址	成都市一环路南一段 24 号（610065）
发　　行	四川大学出版社
书　　号	ISBN 978-7-5690-2609-2
印前制作	成都久吉印务有限公司
印　　刷	郫县犀浦印刷厂
成品尺寸	185mm×260mm
印　　张	12.5
字　　数	287 千字
版　　次	2019 年 7 月第 1 版
印　　次	2019 年 7 月第 1 次印刷
定　　价	56.00 元

◆ 读者邮购本书，请与本社发行科联系。
电话：(028)85408408/(028)85401670/
(028)86408023　邮政编码：610065
◆ 本社图书如有印装质量问题，请寄回出版社调换。
◆ 网址：http://press.scu.edu.cn

四川大学出版社
微信公众号

前　言

人类文明进程中不可缺少的内容之一就是创造、创新、创业实践活动。回望人类的历史，创造、创新实践活动一直以朦胧、随机的脚步行进着，直至近现代，随着现代科学技术的发展，创造、创新成果才大量涌现。当代社会，创造、创新实践活动已拥有系统的科学技术方法，人们对创造、创新实践活动的认识也需要进一步深化。创新创业能力不是与生俱来的，需要家庭、学校、社会的培养，也需要学生的自我培养。

国家未来的创新能力与在校大学生的创新能力息息相关，《国家中长期教育改革和发展规划纲要(2010—2020年)》中明确提出“探索多种培养方式，形成各类人才辈出、拔尖创新人才不断涌现的局面”。高校作为人才的“孵化地”，在创新人才培养中无疑肩负着重要的历史使命。国务院办公厅《关于深化高等学校创新创业教育改革的实施意见》(国办发〔2015〕36号)要求各高等学校全面部署深化创新创业教育改革。

由于编著者水平有限，书中疏漏之处难免存在，敬请广大读者批评指正。

编著者

目　录

第一章　创新与创业

第一节　创造

思想意识的产生，使人类与动物有了本质的区别。然而，从科学角度分析，人类与动物都应归属于自然，因此，两者也有其共同的自然属性。吃（喝）、穿、住、安全、性与繁衍，是人类生存与发展的基本需要。在思想意识的支配下，人类学会了劳动与创造。劳动与创造是人类的本质属性，也是推动人类历史发展的根本动力。

人类在与自然界不断抗争中，为了延伸肢体的作用，便使用了木棒与石块等人类最原始的工具。随着劳动实践中的不断认识与思考，人们仿照自然中锐利的石块自行磨制石刀、石斧，这些就是最为原始的发明创造成果。伴随实践经验的积累，人类的智慧与日俱增，逐步学会了用火，改变了“茹毛饮血”的生活习惯。人们受到煅烧过的泥土可以不受水浸、坚固耐用这一特性的启发，发明了陶瓷器；应御寒与遮羞的需求，发明了骨针、衣服和结构牢固的住所；尝尽百草，学会了农耕、用药；劳动有了剩余，引发了养殖；应交流之需产生了语言；为方便记忆创造了文字……

创造的本质是认识自然和改造自然，因而创造的历史也必然与人类认识自然的实践生产活动相伴相随。在创造活动中，人占据着主导地位。人类是社会的主体，一切创造的目的是满足社会的需求与发展。因此，人类的创造活动以自然与社会为前提条件，受到自然与社会条件的双重制约。随着人类对自然认识的不断深化和社会的发展，创造的历史可以划为以下几个阶段。

一、经验与技能阶段

这一阶段可以由15世纪追溯到史前的古代社会。由于人类缺乏对自然界的全面认识，无法形成具有严格的、确定性特征的科学理论，神学自然观长期占据着主导地位。尽管在公元前若干世纪里，中国乃至世界都出现过一批烁古耀今的思想家、哲学家、科学家，如老子、孔子、孙子、墨子、苏格拉底、柏拉图、亚里士多德、阿基米德等。而儒家管理思想至今尚为人所推崇，《孙子兵法》依然被视为战场、商场上出奇制胜的法宝；日本诺贝尔物理学奖获得者汤川秀树就是运用庄子关于混沌的哲学思想发现了介质子和其他粒子……然而，在这些成就的背后，我们也必须看到以下两个事实：人类虽然有超越万物的思想和理性，但却没有形成知识与科学的概念体系，对自然的认识主要是以思辨和直观方式进行的。直观的经验，不是在纯化、可控制条件下取得的，因此比较表面、肤浅、模糊、不准确。理论的思辨性，也由于受到经验直观性与宗教等不同程度影响，只能依靠猜测及思辨来编织，因而其理论体系多数显得笼统、朦胧、粗糙、含混。创造活动是认识自然、利用自然、改造自然的活动，由于缺乏科学理论的体系指导，发展缓慢也就成为科学历史的必然。

创造活动服务于社会并为社会所制约，这是同一问题的两个侧面。在经济、文化、生产相对落后的中世纪以前，宗教、政治、思想观念一直占据主导统治地位。对于创造的社会需求，主要体现在“技术”与“造物”两个主要方面。创造、发明活动不仅受到政权、宗教乃至神权的束缚与干扰，同时也受到歧视，这也就成了阻碍创造发明的另一个原因。古希腊人对体力工作持轻蔑态度，而当时有可能做出发明创造的那些人，对发明创造并不感兴趣；同样的文明古国——中国也由于片面追求道德境界而迷失了造物的主题。

西汉确立了“罢黜百家，独尊儒术”的政策，一直延续了近两千年。儒家虽没有像道家那样极力否定发明创造，但是由于片面追求道德境界，忽视了发明创造的重要性，从客观上阻碍了科学技术的蓬勃发展。

中世纪以前，尽管科学、技术发展缓慢，但是应经济、生产与社会之需还是有不少发明创造成果相继问世。古埃及、古巴比伦时代人类已开始步入文明时代，农业技术、医术、冶炼技术、造船(车)、纺织、酿造、建筑都取得了很好的创造成就。古罗马帝国时期，埃及地区已出现了比较先进的农业生产工具——带轮的铁犁，金字塔、万神庙等建筑都曾辉煌一时。古代的中国是东方的科学技术与创造活动的发展中心，都江堰的水利设施至今仍在使用，堪称千古绝唱；以指南针、造纸术、印刷术、火药四大发明为代表，包括陶瓷、丝织等都为世界文明做出了卓越的贡献。此后，世界各地陆续出现了以水利、风力乃至畜力为动力的各种简单机械，用于提水、金属加工及纺织等；冶炼技术(高炉炼铁)也取得了较大突破。这一切都是生产中的直观感受和实践验证，经过总结、不断改进而产生的创新成果。以印刷术为例，毕昇活字印刷术首创于1040年，一直在不断改进，最初由胶泥活字改进为木活字(元代王祯)，传入朝鲜后又将木活字改用铜活字，直到1436年才改成清晰、易制的铅字，其间整整经过了397年。不难看出，没有科学理论的指导，创造处于“不知其所以然却可使之然”的状态是难以取得重大突破的。

二、经验与科学型阶段

随着人类信息交流范围的不断扩大，科技发展中心也在不断地转移。中国的造纸术、印刷术、火药及指南针经阿拉伯传入欧洲，对西欧的社会进步产生了重大作用，催发了资产阶级社会的萌芽。工场手工业首先在意大利兴起，逐步传播到法国、英国、德国乃至整个西欧。

如果说创造活动的动力来自社会(资本主义的生产方式)的需求，那么自然观的变革则成为科学技术发展的精神支柱。十字军东征时期，欧洲人从希腊古典文化中看到了理性主义、探索精神、民主思想、世俗观等，这些与中世纪封建社会宣扬的盲目信仰、墨守成规、专制独裁、禁欲主义等形成了鲜明对照，迎合了资产阶级的需要，也唤醒了人类的理性和探索自然的潜在能量。

哥白尼的“日心说”(1543 年)就科学价值而言,较之后期的许多科学发现与发明并不突出,然而就科学技术发展历史而言确有其划时代的意义。“日心说”是一面“反叛”基督教神学的旗帜,挑战了教会的权威,赢得了自然科学的解放。

值得郑重提出的是为摆脱神学统治的斗争,16—17 世纪的一些科学家曾遭受教会的沉重打击与迫害,甚至为真理而献身。意大利天文学家布鲁诺因提出无限宇宙论而被罗马教廷活活烧死。比利时医生维萨留斯因提出新的人体结构理论被困死在赞加岛上。近代实验科学之父伽利略用天文观察实验支持宣传哥白尼学说遭到终身监禁。西班牙医生塞尔维特因用自己有关血液循环的理论批判基督教三位一体的教义而被判处火刑。

与神学统治斗争的胜利使自然科学走上了独立发展的道路,初步建立了数学、物理学、化学、生物学等近代自然科学体系。法国数学家达兰贝尔与柯西进一步完善了微积分理论,在微积分基础上建立和发展了无穷级数、微分方程、微分几何及变分法,形成了近代数学的重要分支——数学分析,为科学研究与工程计算提供了重要的计算手段。在化学领域,英国科学家玻意耳的“元素概念”奠定了化学发展的基础;法国化学家拉瓦锡的氧化学说为化学的进一步发展扫清了道路;道尔顿的原子学说、阿伏伽德罗与康尼查罗的分子概念,共同确立了科学的原子—分子学说;门捷列夫“元素周期律”的发现,更是近代化学发展的伟大成就,也为人类认识突破原子界限进入微观领域做好了准备。生物学是研究生命运动的学科,相对成熟得较晚,维萨留斯“人体构造”的研究成果与哈维血液循环理论的创立都为生物科学的发展做出了重大的贡献。

物理学是近代自然科学的带头学科,对近代科学技术的发展及其在生产过程中的应用起了主导作用。近代物理首开先河者——意大利科学家伽利略通过实验研究而不是猜想推测消除了亚里士多德关于“只有外力的持续作用才能保持自身运动”的错误观念,为物理学的健康发展开辟了道路。继伽利略之后,法国哲学家、数学家笛卡尔是早期机械论的又一个代表人物,他认为物质是形体世界里唯一的客观实体,一切形体都是做机械运动的,物质宇宙是一个巨大的机械系统。人体也是一种“尘世间的机器”,并对物质运动、天体运动乃至人体的运行机制都作了机械论的解释。笛卡尔认为物质存在于一个以“量”为度量的实体之中,物物相触才能产生运动,物质唯一的运动形式是空间位置,并据此提出了著名的“动量守恒定律”。同一时代,开普勒、惠更斯、胡克等也都是机械论研究中卓有建树的科学界代表人物。

牛顿是近代物理学最具影响力的科学家,也是经典力学体系的奠基人。他在伽利略、开普勒、笛卡尔等人对机械论研究成果的基础上,清楚地定义了涉及物质运动的“质量”“动量”“惯性”“时空”等基本概念,提出了“运动三定律”。牛顿的“经典力学理论”,不仅是具有划时代意义的创造成果,也为机械论自然观的确立和后续的科学技术的创造性发现、发明活动提供了坚实的理论依据。“经典力学理论”及其研究方法迅速向其他科学领域延伸,形成了多质点体系、刚体力学、流体力学、天体力学、热力学、电磁学等一系列科学理论,同时也对化学、生物学等学科领域的发展起到了促进作用。

经典力学科学理论的形成与发展为以后的科学技术发明奠定了坚实的理论基础。以科学理论为基础，在机械论自然观的指导下，为适应资产阶级社会生产力发展的需求，科学创造开始了以机械化为主要特征的第一次技术革命。

1733年，英国的凯伊首先发明了织布用的飞梭，大大提高了织布的速度。为了适应织布的要求，英国的哈格里夫斯发明了"珍妮"纺织机；继哈格里夫斯之后，阿克莱特发明了水力纺纱机。1779年克隆普顿综合"珍妮"纺织机和水力纺纱机的优点，发明了自动骡机，使一台机器可以同时转动三四百个纱锭。纺纱机与织布机的不断创新也在不断打破生产的平衡。1785年，英国人卡特莱特发明了自动织布机，将生产效率提高了几十倍，随之而来的一系列与之配套的机械发明初步实现了纺织工业的机械化。

在人类认识、改造自然和社会生产生活发展的过程中，"矛盾"是发展的永恒动力。机械化的发展，使得提供强大而方便的动力成为当务之急。1695年，法国物理学家巴本发明了带活塞的蒸汽机。后来，经英国工程师塞维利和锻工出身的技术家纽可门等人的改进，产生了广泛应用于矿井抽水等领域的纽可门式蒸汽机。纽可门式蒸汽机存在着体积大、耗煤量高、热效率低的严重缺陷。1768年，英国著名发明家瓦特制造出具有分离冷凝器的蒸汽机。1783年，瓦特发明了旋转式蒸汽机，成为能为各种工作机提供动力的万能原动机。从此，蒸汽机动力广泛应用于纺织、采矿、冶金、交通、化工、机械制造等行业，技术革命开始转化为产业革命。

在16—18世纪的科学、技术、生产发展的综合过程中，生产技术的发明发展以科学精神和科学理论的指导为依托，通过生产实践形成的经验仍然起着主要作用。以蒸汽机的发明发展过程为例不难看出，真空的发现（托里拆里，1643年）和马德堡半球实验（格里凯，1654年）使人们进一步认识了大气压的性质和真空状态下大气压可以转变为机械动力的可能性，并发明了真空泵；英国科学家玻意耳受半球实验的影响，对大气性质作进一步研究，于1662年发现了玻意耳定律，正是在玻意耳理论的指导下并经过生产实践，蒸汽机（巴本，1695年）得到初步完善；纽可门式蒸汽机的整个发明过程都体现了理论指导实验、实践的根本作用；瓦特对纽可门式蒸汽机的重大改进过程，可进一步佐证上述问题。蒸汽机的科学理论——热力学到19世纪中叶才成熟（到19世纪才开始系统研究蒸汽机中蒸汽的特性等问题），当时（1760年），虽然物理学家布莱克已经建立了关于物体的"比热"与热容量的知识，找到了纽可门式蒸汽机效率低的原因，但把冷凝器与主汽缸分开并发明独立的冷凝器的背后，仍然是实践经验在起主要作用。正如瓦特写给朋友的信中所说的："蒸汽为一种具有伸缩性的气体。它一遇真空即会冲进去，假如能使汽缸和真空容器相连，蒸汽便会直接冲进真空容器而冷凝，不必使汽缸冷却。"这便是独立冷凝器的构思。同时，也应当看到瓦特与布莱克交往甚密，从他那里也学到了很多相关理论知识，对发明分离式冷凝器起了很大的作用。这些印证了这一阶段经验科学性方法的必要性和可行性。

三、科学技术型阶段

19世纪至20世纪中叶，随着生产力水平的提高，技术越来越复杂，对技术精度、效率的要求也越来越高。与此同时，许多科学理论的发现促使人类对自然界及其内在规律的认识逐步加深。在单依靠经验解决技术问题已显得力不从心的形势下，新的科学理论不断涌现，为技术创新提供了指导与支持，从而使这一时期的科学技术创造的主导方法发展为科学技术型方法。在这一时期，技术上的重大发明是以科学上的新发现为前提的。要解决生产技术问题，首先必须研究与这些技术问题相联系的自然科学理论，然后再将其转化为技术。也就是说，这一时期科学技术的创造方法已开始摆脱经验方法(这不是说创造活动不再使用经验方法)逐步步入以分析为主的技术方法阶段，科学技术创造已进入"不知其所以然已难使之然"的时代。19世纪主要的电工技术专家都是在密切注视、紧紧跟随物理学家成就的基础上开展创造性工作的，如美国发明家贝尔是通过学习德国物理学家赫尔姆霍兹对声音再生的研究后才从事电话发明的。

进入19世纪，随着生产与经济的发展，生产的动力开始显得落后，发展动力技术已成为技术创造的当务之急。蒸汽动力已远远不能满足需要，在蒸汽机之后出现了内燃机和其他新型热机。1886年戴姆勒研制出第一台单缸四冲程汽车，大大改善了生产交通运输问题。

19世纪上半叶，恰逢其时，物理学对电磁运动规律的研究为电动机的利用提供了理论准备。因此19世纪下半叶，产生了以电气技术为主导，以工业电气化为主要特征的第二次技术革命。电、磁现象分别研究已有很长的历史，1820年奥斯特在自然统一性观点的推动下，把电、磁现象联系起来发现了电流的磁效应。1831年法拉第在奥斯特发现的启发下，发现了电流磁效应的逆效应——电磁感应定律。发明家们依据上述两项理论的发现，很快就发明了发电机(皮克希，1832年)、电动机(雅可比，1837年)、变压器(斯利坦，1885年)、交流电机(特斯拉，1888年)，这些机器得到了广泛应用。随着电能应用范围不断扩大，发电站建立(爱迪生，1882年)，电力传输技术(德普勒，1882年)得到了发展。电磁理论的进一步发展是因为麦克斯韦于1864年建立了电磁场方程，并预言电子波的存在。这个预见已于1888年为赫兹用实验所证实，在此基础上，马可尼实现了世界上第一次无线电通信。上述事例也证明了理论分析已成为技术创造过程不可缺少的环节，从此技术的发展真正转移到了依靠科学的轨道上来。对电与磁的各种效应的研究开创出了一系列崭新的技术领域，如电解、电冶、电热、电声、电光源等，形成了以电力技术为主导技术的技术体系。

发明创造工作的本质活动是认识自然、改造自然，并不断地建立人工自然的过程。生产活动的本质是人类赖以生存、发展的劳动过程，发明创造与生产劳动息息相关。劳动的主体是人，客体是自然与人造自然的所有事物。人在劳动中同时担负着三种职能。首先是把持或操纵工具；其次是以自己的体力提供动力，通过工具作用于加工对象；最后是按着人的意志和特定目的，控制生产过程加工出符合社会需求的产品。机械化技术革命以机器取代了手工工具，大大地提高了生产效率，相对地也减轻了人的劳动(物化劳动比例减少了)。热机一电气化革命(当然,早期的自然风、水动力也属此类)为生产提供了主要动力,把人类从繁重的动力供给中解放出来。因此,如何以机器、仪器等来直接取代人,控制生产就成为发明创造历史进程中的当务之急。生产过程自动控制,早在18世纪后期建立的机器生产体系中就已经开始了,这项工作主要用于生产过程中参数(压力、速度、温度、流量等)和空间位置与运动的控制(如上升、下降、平移、转动、螺旋运动、异型轨道运动等),主要由机械装置来完成。随着科学的发展与进步,19世纪机械生产控制系统已经有了很大的改善,除机械控制装置外,还产生了液压、气压控制(执行原件仍然是机械的),并在机械控制装置上加上了电磁器件和设备(传感器等)。控制系统变得复杂化、多样化了,但是由于控制系统存在着体积大、速度慢、灵敏度低等缺点,所以没有得到广泛应用与普及。

实现生产的自动控制是第三次技术革命的主要内容。它是通过由电子技术发明为核心的技术体系来实现的。电子技术是以电子运动为基础,以电子器件为核心的有关技术的总称。这次技术革命起源可以追溯到19世纪末,于20世纪40年代兴起,60年代达到高潮,其前景不是"方兴"而是"未艾"。电磁理论自建立以来,其发展方向之一就是向微观发展,即对电子运动规律的研究。在此过程中,科学家们先后发现了热电发射的规律(理查逊,1902年)并发明了真空二极管(佛莱明,1904年)、真空三极管(德福烈斯特,1906年),从而带来了无线电波发射与接收技术的迅速进步。20世纪初(1926年)建立的以研究微观粒子运动规律的量子力学为半导体物理及其技术产生奠定了理论基础。而晶体管则是半导体物理及其技术的产物,其与电子管电子学性能相近,但具有体积小、寿命长、耗电少的突出优点,很快便取代了电子管,并带动了电子技术的发展。随着科学研究的深入,半导体技术发展成微电子技术,促成了集成电路、大规模集成电路问世。集成电路具有微型化、低能耗、高可靠性、成本低等优点,为电子技术的普及和广泛应用开辟了广阔天地。电子计算机的发明(毛奇勒、埃克特,1946年)是在数学、逻辑学、电工技术的共同基础上产生的。电子计算机与半导体技术、微电子技术的发展相配合,不断改进与发展,已步入智能计算机时代。在电子技术、控制理论、传感技术、机械技术综合的条件下,也导致社会生产在机械化、电气化基础上逐渐实现自动化,到1965年世界上已有600多个工厂实现了电子计算机控制的自动流水线生产。

四、系统科学型阶段

早在19世纪下半叶,随着自然科学从经验领域进入理论领域,自然科学本身所固有的辩证性质与机械论自然观的矛盾逐渐激化,细胞理论、能量守恒和转化定律、达尔文生物进化论三大发现验证了自然界的普遍联系和发展的辩证法思想。X射线、电子放射性的发现揭示了原子元素的复杂结构,证明了它们的可分性和互变性。特别是爱因斯坦相对论与量子力学的创立,完全否定了机械直观性的原则,证明了微观过程领域中有自己独特的规律——间断性和连续性的统一、波和粒子的统一。科学的突破是以抽象的概念取代了直观的形象和模型,微观规律只能通过数学的抽象(数学模型)进行描述。

辩证自然观的深刻内涵是:自然是由各种物体相互联系构成的有机整体,在时间、空间两个维度上不断进化与变化,物质的运动、变化及运动与变化规律是永恒的。伴随自然观的革命,科学技术领域出现了第四次科技革命(现代科技革命)。相比之前的科技革命而言,现代科技革命的理论基础更为深厚,从纵向来说,建立了微观粒子的量子理论,认识了微观世界的层次结构及不同层次微观粒子的运动规律性,为物理学、化学、生物学找到了统一的理论基础,使人类有可能从微观层次来理解物质宏观运动的现象及其规律;从横向来说,系统科学的理论建立,使客观世界广泛的科学领域之间建立起有机的联系。系统科学像数学一样属于横断科学,它们的研究对象都不局限某一特定领域。数学是从客观世界(自然界社会思维过程)抽象出数与形,再研究数与形的存在、变换运动变化的一般规律;系统科学则是从客观世界抽象出某些共同的要素,如结构、系统环境、功能、信息控制等,研究它们之间的相互关系和运动变化规律(需要说明的是,信息论、控制论也同属横断科学范围)。以系统科学为主导的横断科学为其基本原理,在技术科学(激光科学技术、原子能科学技术、生命科学技术、空间科学技术等)中得到应用,其基本方法(系统分析、系统工程)在高新技术的实践活动中也应用广泛。

围绕功能展开的人类活动如图 1—1 所示。

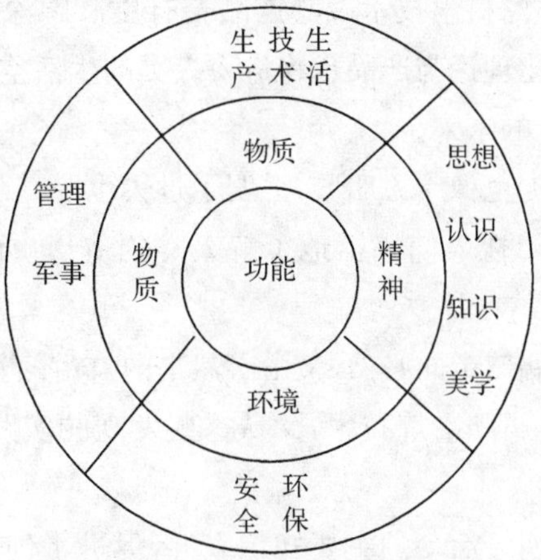

图 1—1　围绕功能展开的人类活动

总之,现代技术革命由于其基础深厚、广博,解决了社会经济中的各种问题,有广阔的前景,其社会功能也十分显著。在此还应着重指出两个方面的问题。

一方面,科学与技术的联系更加紧密。在某些领域中出现了科学技术一体化的现象,主要表现在:首先,科学技术化。科学加快向技术转化的速度,科学研究也越来越离不开技术的支持,这种密切的联系,在某种意义上说是科学技术化了。其次,技术科学化。在 20 世纪后半叶以来,高新技术群(信息技术、新能源技术、空间技术、海洋技术)中的技术,无一不是建立在科学理论发展的基础上的。而且在高新技术研究开发中,不断遇到的问题(是什么?为什么?)直接就是科学问题。解决这些问题,是技术熟化、发展和转化的关键和保证,因而可以说技术科学化了。最后,在某些领域,科学与技术界限乃至称谓也越来越模糊,如生命科学技术、激光科学技术、原子能科学技术。

另一方面，人文社会科学与自然科学的联系更加紧密。人文社会科学与自然科学同为科学，也就必然存在某些共同的范畴及规律性（如数量关系、要素、结构、系统、环境、信息、功能、控制与联系、对立与统一、现象与本质、量变与质变、偶然性与必然性）。自然科学中的横断科学理论（如数学、系统科学、控制论、信系论）在社会科学中得到渗透和应用，而人文社会科学的基本功能（真理性与价值性）、认识功能（描述功能、解释与批判功能、预见功能）、社会功能（政治功能、管理功能、决策与咨询功能、文化功能）也同样影响到科学技术领域与生产领域。因此，在科学创造领域中二者的协调也更有利于创造成果的发明与推广和社会的进步与发展。

当代科学技术发展的一个突出特点是开发领域和主导技术形成多学科领域的群落形式，以信息技术、新能源技术、新材料技术为基础，以激光技术和新制造技术为手段，积极推进生物技术、海洋与空间开发技术发展的新格局。科学发明创造成绩斐然、硕果累累，如多媒体技术、网络技术、虚拟现实技术、微电子技术、纳米技术、DNA 测序、复合材料、高温超导技术、核能、太阳能技术、机器人技术、宇宙开发技术、集成制造系统等都是现代科学技术发明创造的硕果，在生产和人民生活中得到了广泛的应用。

在 21 世纪，不但上述各门科学技术及其产品会有更广阔深入的发展，绿色产业群体将成为社会经济的主流，智能化理论与产品也将进入人类的生活空间，自然与人造自然的融合将为人类展现出一个更美好的未来。

历史是枯燥的，然而历史也像一方明鉴，证明了过去也照亮了未来的路。上文简述了人类创造历史的事实，目的是想让人们概括地了解人类创造历史的发展，并从中有所启发和认识。

第一，创造的过程是从偶然走向必然，又由必然走向自由的。野火中的偶然发现使人们学会了用火、制陶，发现了金属和冶炼技术，又从这些发现的实践应用中促使人类的创造向深度和广度发展。

第二，实践经验是前期创造活动的主要知识来源，促进了创造与开发，然而由于没有科学理论的支持，发展也是缓慢的。经验与科学理论是创造活动的两轮，两者相互支持转化，促进了科学技术的进步。

第三，科学理论与创造活动促进了创造的发现、发明，新的发现与发明又支持了新理论的诞生，因而创造发明同社会发展一样是成螺旋式向深度（高度）、广度发展的。

第四，一切创造活动及创造能力必须以科学理论知识为前提。

第五，对自然科学研究而言，人是研究的主体；社会是由人组成的群体，而每个独立的人相对社会而言，就成了研究的客体。对于广义自然而言，人也是自然的一个要素，我们可以认为自然科学与社会科学构成了一个更为广阔的系统。因而，也就具有系统的根本特性——层次性与联系性，相互独立又相互制约。在科学创造活动中，自然科学与社会科学改造自然活动与社会变革，互相促进又互相制约。

第六，人是一切创造活动的主体，在认识自然、改造自然的活动中起到主导(引导、决策)作用，在社会改造过程中有主体作用。同时，人又是社会的客体，受到社会主流的影响和制约。人在社会中处于主客体双重地位。社会群体的规则与主导意识形态也影响到认识改造自然的活动。因而，对于作为科学创造主体的人而言，树立正确的指导思想和在认识自然中形成自然观念至关重要。

第七，人类在认识、改造自然的活动中，由于自己自觉、不自觉的过失，也会遭到自然的反抗(环境与生态平衡的破坏、污染，资源的短缺与枯竭，气候的变化……)，这使人们认识到保护自然的重要意义，也预示着在今后的科学创造活动中要树立利用改造与保护统一的科学态度，而实现自然与社会的和谐统一将成今后创造活动的重要课题。

第八，社会科学与自然科学研究在研究对象的特征、研究方法、研究手段乃至研究目的上都有很大的不同。对自然科学来讲，研究对象来自自然，具有客观性和普遍性、自在性、同质性、确定性、价值中性等特性。以实证、说明为主导的研究方法，通常以实验为手段，在人为的控制下，对研究对象进行简化、强化和纯化，通过重复的过程、观察和逻辑分析，达到客观的认识。其目的在于揭示自然界的本质与物质运动的规律，追求认识的真理性，以图规范和指导改造自然的实践活动造福于人类。对于社会科学来讲，研究对象具有主观自为性和异质性，充满复杂的随机因素，而很少具有重复性(主客相关、价值与事实是联系或是统一的)。研究社会科学多使用直觉、内省、想象、体检等非理性方法，在研究时即使采用试验、试点普查和调查等方法，也很难不受时间、地点、环境、条件的影响，因而也就很难简化或纯化。其研究目的也是在“价值”论的指导下展开的，通过对人类文化、社会本质、发展规律的研究来丰富人的精神世界，指导改造社会的实践活动，具有“工具”与“价值”的双重理性。在一切人类社会发展历程里的科学创造活动中，两类科学在互相渗透、相互影响乃至在更大的时空内协调和统一。必须认识到，科学创造活动将在更高层次的系统，甚至可以说更大时空的混沌体系中展开。因而，今后的研究过程必须具有更深刻的科学性与理性，以更广泛的成果造福于人类社会。

第二节 创新

一、创新的概念与内涵

(一)创新的概念

我国是一个拥有悠久历史的文明古国，在世界发展历史中占据着重要的地位。在数千年的历史长河中，勤劳的中国人民创造了灿烂的华夏文明。其中，创新一直是存在于社会发展和进步中不可磨灭的元素。从公元前 4000 年算起，截至明朝末年，世界科技史上的 100 项重大发明的前 27 项中，有 18 项属于中国人的发明，尤其是四大发明，在世界历史上写下了绚丽的一笔。不仅是科技，我国劳动人民在哲学、文化、数学、管理、经济、社会及建筑学等诸多方面都有着重要的影响和贡献。

"创新"一词在中国古代很早就出现了，如《魏书》(二十四史之一)中的有"革弊创新"，《周书》(二十四史之一)中的"创新改旧"。"创新"在《现代汉语词典》中的解释为抛开旧的，创造新的；在《辞海》中的解释是"创"是首创，"新"是初次出现或改旧、更新。《广雅》中说道："创，始也；新，与旧相对。"《周书》中也有"创新改旧"的说法。英语中 Innovation(创新)一词起源于拉丁语，有三层含义：第一，更新，就是对原有的东西进行替换；第二，创造新的东西，就是创造出原来没有的东西；第三，改变，就是对原有的东西进行发展和改造。

1912 年，约瑟夫·熊彼特(1883—1950)在《经济发展理论》中首次提出"创新理论"：创新者将资源以不同的方式进行组合，创造出新的价值。这种"新组合"往往是"不连续的"，也就是说，现行组织可能产生创新，然而大部分创新产生在现行组织之外。因此，他提出了"创造性破坏"的概念。此外，约瑟夫·熊彼特界定了创新的五种形式：开发新产品，引进新技术，开辟新市场，发掘新的原材料来源，实现新的组织形式和管理模式。

20 世纪 60 年代，随着新技术革命的迅猛发展，美国经济学家华尔特·罗斯托提出了"起飞"六阶段理论，将"创新"的概念发展为技术创新，把技术创新提高到创新的主导地位。

彼得·德鲁克(1909—2005)提出，创新是组织的一项基本功能，是管理者的一项重要职责。在此之前，"管理"被人们普遍认为就是将现有的业务梳理得井井有条，不断改进质量、完善流程、降低成本、提高效率等。然而，彼得·德鲁克则将创新引入管理，明确提出其是每一位管理者和知识工作者的日常工作和基本责任。

1962 年，伊诺思首次明确地对技术创新下了定义：技术创新是几种行为综合的结果，这些行为包括发明的选择、资本投入保证、组织建立、制订计划、招用工人和开辟市场等。伊诺思的定义是从行为集合的角度出发的。林恩则认为技术创新是始于对技术的商业潜力的认识而终于将其完全转化为商业化产品的整个行为过程，这是他首次从创新时序过程的角度来定义技术创新。

美国国家科学基金会从 20 世纪 60 年代开始兴起并组织对技术变革和技术创新的研究，迈尔斯和马奎斯是主要的倡议者和参与者。在其 1969 年的研究报告《成功的工业创新》中，他们将创新定义为技术变革的集合，认为技术创新是一个复杂的活动过程，从新思想、新概念开始，通过不断地解决各种问题，最终使一个有经济价值和社会价值的新项目得到实际的成功应用。到 20 世纪 70 年代下半期，他们大大扩宽了对技术创新的界定，在美国国家卫生基金会《1976 年：科学指示器》的报告中，将创新定义为"技术创新是将新的或改进的产品、过程或服务引入市场"，明确地将模仿和不需要引入新技术知识的改进作为最终层次上的两类创新而划入技术创新定义范围中。

20 世纪 70—80 年代，有关创新的研究进一步深入，开始形成系统的理论。厄特巴克在 70 年代的创新研究中独树一帜，他在 1974 年发表的《产业创新与技术扩散》中认为，与发明或技术样品相区别，创新就是技术的实际采用或首次应用。缪尔赛在 80 年代中期对技术创新概念作了系统的整理分析。在整理分析的基础上，他认为：技术创新是以其构思新颖性和成功实现为特征的有意义的非连续性事件。

著名学者弗里曼把创新对象基本上限定为规范化的重要创新。他从经济学的角度考虑创新，认为技术创新在经济学上的意义只是包括新产品、新过程、新系统和新装备等形式在内的技术向商业化的首次转化。他在1973年发表的《工业创新中的成功与失败研究》中认为，技术创新是一技术的、工艺的和商业化的全过程，其导致新产品的市场实现和新技术工艺与装备的商业化应用。其后，他在1982年的《工业创新经济学》修订本中明确指出，技术创新就是指新产品、新过程、新系统和新服务的首次商业性转化。

中国从20世纪80年代以来开始了技术创新方面的研究，傅家骥先生对技术创新的定义是：企业家抓住市场的潜在盈利机会，以获取商业利益为目标，重新组织生产条件和要素，建立起效能更强、效率更高和费用更低的生产经营方法，从而推出新的产品、新的生产（工艺）方法，开辟新的市场，获得新的原材料或半成品供给来源或建立企业新的组织，它包括科技、组织、商业和金融等一系列活动的综合过程。此定义是从企业的角度给出的。彭玉冰和白国红也从企业的角度为技术创新下了定义：企业技术创新是企业家对生产要素、生产条件、生产组织进行重新组合，以建立效能更好、效率更高的新生产体系，获得更大利润的过程。

虽然很多专家学者将创新重心偏向于技术创新，但是不能忽略的是创新在各个领域中都具有举足轻重的作用，技术创新只是其中的一个重要部分，创新已经融入整个社会的方方面面。从哲学上说，创新是人的实践行为，是人类对于发现的再创造，是对于物质世界矛盾的利用再创造，是人自我发展的基本路径，人们在征服自然、改造自然的过程中通过不断创新促进了社会的发展，同时也促进了自我的发展。创新是人类特有的认识能力和实践能力，是人类主观能动性的高级表现，是推动民族进步、社会发展、历史前行的不竭动力。从历史上看，创新从很多方面都促进了人类的进步与发展。苏格拉底、柏拉图和亚里士多德等哲学家的思想帮助雅典进入了世界最初的民主政治；我国的四大发明对中华文明甚至整个世界都起到了不可估量的作用；牛顿、爱因斯坦等科学家的卓越发现为工业革命奠定了基础；凯恩斯创立的经济理论改变了美国社会，影响了整个世界；比尔·盖茨等现代企业家的创新将人类带入了信息时代。因此，一个民族要想走在时代前列，就一刻也不能没有创新思维，一刻也不能停止各种创新。

关于创新有各种不同理解，可谓见仁见智，但其中有几个方面是大家都认同的：一是创新的主体是人或组织，其归根到底是人的行为；二是需要对资源进行新的整合和利用，资源既可以是人、财、物、信息，也可以是思维思想或其他元素；三是创新的结果要有其社会属性，创造出满足社会需要的新价值，有别于以往甚至超越以往的价值。因此，创新较为普遍的定义是指人类为了满足自身需要以现有的思维模式提出有别于常规或常人思路的见解为导向，利用现有的知识和物质，遵循事物发展的规律，在特定的环境中，本着理想化需要或为满足社会需求，而改进或创造新的事物、方法、元素、路径、环境，并能获得一定有益效果的行为。

(二)创新的内涵

创新的本质是突破,即突破旧的思维定式及一些不合时代发展的陈规旧律。创新活动的核心是“新”,它或者是产品的结构、性能和外部特征的变革,或者是造型设计、内容表现形式和手段的创造,或者是内容的丰富和完善。因此,创新应该从以下几个方面来理解。

(1)创新的主体是人,可能是个人,也可能是组织中的人,创新主体需要具备创新的思维、创新的素养、创新的态度和创新的能力。在高速变化的互联网时代,创新正在成为每个组织和个人必须具备的能力,只有具备了这些能力,才可能不断地拥有新的核心竞争力,才能在变幻莫测的竞争中占据一定的地位。

(2)创新活动赋予资源一种新的能力,资源的不同组合带来的是不同的效果,资源的不同管理也会带来不同的效率。我们可以这么说,实际上,创新活动本身给予资源以新的生命,创造出新的价值。因此,我们也可以认为创新是一项有目的性的管理实践,遵循一系列经过验证的原则和条件。

(3)创新是为客户或社会创造出新的价值,这种价值是应该能够满足社会需要的。如果某种价值对社会造成的是负面的影响,甚至会导致社会倒退的,我们不能称之为创新。创新往小了说是满足客户的潜在需求或者需求,使客户满意;往大了说是满足社会需求,促进社会的发展和进步。满足客户的需求可以使企业获得更多的利润,从而为企业带来更多的客户;满足社会发展和进步需要最终会促进生产力的发展,引起生产关系的变革进而会带来社会和时代的变革。

二、创新的功能

创新有如下功能。

(一)满足人类生存与发展的客观需要

我们在创新的内涵里面讲到创新最终要为客户或社会创造出新的价值。人们创新的原动力是在人类征服自然改造自然的过程中试图更好地去解决各类问题,不管这些问题最终能否解决,或者解决到什么程度,创新在具体事物上的表现都是一直在变化的,是逐渐被人们所感知的。当人们躺在床上不想起身关电视的时候,遥控器就成为可能;当我们感觉冬天冷夏天热的时候,空调就成为可能;当人们反抗压迫追求自由的时候,社会制度的变化就成为可能。所以有人说,飞机之所以能飞上天,并不是飞机有了翅膀,而是因为人类有了梦想。可见,创新在不同领域和不同层面一直在不断地满足人类生存和发展的需要。

(二)促进人类创新思维的发展

人之所以高于一般自然物,人类社会之所以由低级向高级发展,其根本原因在于物质属性的变化,在于人具有物质的最高属性——意识。当人类在征服自然改造自然的过程中遇到问题时,首先是要思考如何解决问题。在思考的过程中,各种创新思维逐渐产生,各种思想的激荡也产生了智慧的火花。当解决问题需要的思维超越以往的思维时，创新思维就成为引导人类社会进步的先导。人类充分地运用各种创新思维，创新思维和创新实践的统一是创新的全部活动，这些活动在创新思维的引导下逐渐在各个领域取得突破性的发展和进展，这些发展和进展又反过来影响着人类思维的进步。

（三）深化人类对客观世界和主观世界的理解和认知

创新是在人类实践活动的过程中进行的，而实践活动是人们认识客观世界及主观世界进而改造客观世界和主观世界的一种基本途径。人类的创新思维永无止境，人类的创新活动也永无止境，那么人类认识世界也永无止境。人们对客观世界的认识不是一次完成的，它经历了从不知到已知、从知之不多到知之较多的渐进发展过程。客观事物处在运动、变化之中，人的观念也必然处在发展、深化之中，即使被实践证明是正确的观念，在社会发展的过程中也可能发生变化，成为新的探索和创新的起点。客观世界是持续发展的，人类社会也是从低级形态向高级形态不断演进的，很多事物处于我们未知的状态，复杂的客观世界和人类主观世界决定了观念的创新和实践的创新不可能走向终极。因此，创新会逐渐深化人类对客观世界和主观世界的理解和认知，带领人们走向更远、更深的未来。

（四）促进行业和产业的极大发展

在人类社会发展过程中，技术创新对行业产业的发展促进最为明显。18 世纪 60 年代，蒸汽机的发明和应用带来了人类第一次工业革命，由一系列技术革命引起了从手工劳动向动力机器生产转变的重大飞跃。19 世纪下半叶到 20 世纪初，电力的广泛应用（即电气时代）带来了人类的第二次工业革命，科学技术的发展突飞猛进，各种新技术、新发明层出不穷，并被迅速应用于工业生产，大大促进了经济的发展。20 世纪四五十年代，开始了以原子能技术、航天技术、电子计算机技术的应用为代表，还包括人工合成材料、分子生物学和遗传工程等高新技术发展的第三次科技革命。如今，以互联网产业化、工业智能化、工业一体化为代表，以人工智能、清洁能源、无人控制技术、量子信息技术、虚拟现实及生物技术为主的全新技术革命已经全面到来。科学技术的发展促进了产业和行业的变革，世界各国都开始加快新技术的研究开发，新产业的战略布局加快，一系列新技术、新业态、新商业模式大批涌现，产业结构调整的力度前所未有。

目前比较一致的看法是，21 世纪上半叶出现新科技革命的可能性较大。2013 年，麦肯锡咨询公司发表的研究报告提出了 12 项改变世界的颠覆性技术，包括移动互联网、人工智能、物联网、云计算、先进机器人、下一代基因组技术、自动化交通工具、能源存储技术、3D 打印、先进材料、非常规油气勘探开采、可再生能源。兰德公司发表的《2020 年的全球技术革命》研究报告提出了 16 个未来应用最广泛的科技领域，包括低成本太阳能电池、无线通信技术、转基因植物、水净化技术、低成本住宅、工业环保生产、混合型汽车、精确治疗药物、人造器官等。中国科学院认为，在能源与资源领域、网络信息领域、先进材料与制造领域、农业领域、人口健康领域等出现科技革命的可能性较大。上述新技术的多项突破和融合互动必然会推动新兴产业的兴起,给产业转型升级带来新的重大机遇。

(五)促进社会生产力的极大发展,引起社会和时代的变革

可以看到,科技创新带来了产业和行业的巨大变革,成为生产力飞速发展的动力。我们常说科学技术是第一生产力,行业和产业的发展离不开科技的创新,生产力的发展同样会引起生产关系的变革,进而引起社会和时代的巨大变革。科技创新不是社会发展中的唯一创新,它的发展往往伴随着人类知识的创新、制度的创新、管理的创新、文化的创新等各个方面的创新,这些创新将共同影响和促进人类社会的发展和变革。

三、创新的原则

开展创新活动是有其所依据的法则和判断创新构思所凭借的标准的,在创新活动的过程中应该遵循科学规律原则、市场检验原则、较优选择原则、机理简单原则、构思独特原则。

(一)科学规律原则

创新必须遵循科学技术原理,不得有违科学发展规律。为了使创新活动取得成功,在进行创新构思时,必须做到对发明创造设想进行科学原理相容性检查、技术方法可行性检查和功能方案合理性检查。有的时候创新还需得到科学的验证。1957 年,李政道与杨振宁因发现"宇称不守恒"理论而获得诺贝尔物理学奖。在他们的研究成果出来后不久,同为华裔的实验物理学家吴健雄用一个巧妙的实验验证了"宇称不守恒"假设,从此,"宇称不守恒"才真正被承认为一条具有普遍意义的基础科学原理。

(二)市场检验原则

创新的成果是要满足客户及社会需求的,创新设想要获得最后的成果必须经受市场的严峻考验。对创新成果的市场评价可以从解决问题的迫切程度、功能结构的优化程度、使用操作的可靠程度、维修保养的方便程度、美化生活的美学程度等方面进行。创新是伴随风险的智慧型活动,有可能成功,也有可能不成功,常常需要一个试错的过程,而由于市场本身特点,犯错通常不会太大,成本和代价相对不高。创新常常需要协同,既有上下游的协同,也有左中右的协同,还有跨行业的协同,这里也需要市场的作用。市场对业态、技术、模式的创新需求最为敏感,企业创新能力强、人才聚合好、商业模式优,对企业的发展至关重要。对政府来说,市场有时会产生反向推动作用,就是倒逼政府该从哪里退出、该从哪里进入。因此,市场的评价和检验是衡量创新的一个原则。共享单车成了这几年一个成功的案例,于是就有人想到做共享雨伞。2017 年 7 月 5 日,中安在线就报道了一则题为《合肥共享雨伞"水土不服"? 上市两月遇冷　借还仅百余次》的新闻,从中我们可以看到,一个商业模式的创新是否能够真的成功还要看市场的检验,不是任何产品都适合某一个已经成功的商业模式的。

(三)较优选择原则

从管理的角度来说,创新产物不可能达到十全十美,因此方案的选择只有较优,没有最

优。其实在我们生活中，选择一个方案时，这个方案看似是最好的选择，然而随着时间的变化，该方案的前提条件也会发生变化，从而其也就变得不再是最优选择。同样，我们在进行方案选择时也会遇到前提条件并不充足，也无法做到最优选择。创新也一样，创新的成果在当时看可能是超过以往的，但是在此基础上还可以更进一步创新，取得更好的成果。因此，在创新的过程中只要选择较优的就可以开始执行和创造，不可能等到事情全面完美的时候再去做，一方面创新是无止境的，另一方面创新的时机稍纵即逝。创新的较优选择可以从创新技术的先进性、创新经济的合理性、创新整体效果性进行考虑。

（四）机理简单原则

创新成果不能只看绝对价值，还要看相对价值，尤其对于成本来说。在现有科学水平和技术条件下，可能在创新的过程中成本过高，程序过于复杂，功能过于冗余，创新付出的成本和带来的价值相比，可能并不合算，这样创新就失去了其应有的价值。在科技竞争日趋激烈的今天，结构复杂、功能过多、使用烦琐并不代表创新成果多么成熟和多么有价值，反而简单、简洁、客户体验优秀的创新成果更容易被社会所认可。因此，在创新的过程中，要始终贯彻机理简单原则，为创新的设想或结果设计更符合机理简单原则的方案和程序。我们可以通过检查新事物所依据的原理是否重叠来判断创新是否超出应有范围，新事物所拥有的结构是否复杂，新事物所具备的功能是否冗余。

（五）构思独特原则

独特是创新的一个显著特征，不管是哪种创新活动，和已有成果相比都有明显的区别。我们考察创新构思或创新成果的时候可以从其新颖性、开创新、特色性等方面来进行。

四、创新的领域及表现

创新涵盖众多领域，包括政治、军事、经济、社会、文化、科技等。因此，创新可以分为知识创新、科技创新、文化创新、管理创新、艺术创新、商业创新等多个方面，以下就知识创新、科技创新、文化创新、管理创新、融合创新进行简单介绍。

（一）知识创新

知识创新是指通过科学研究，包括基础研究和应用研究，获得新的基础科学和技术科学知识的过程。知识创新具有独创性、系统性、风险性、科学性、前瞻性，其目的是追求新发现、探索新规律、创立新学说、创造新方法、积累新知识。知识创新是技术创新的基础，是新技术和新发明的源泉，是促进科技进步和经济增长的革命性力量。知识创新为人类认识世界、改造世界提供新理论和新方法，为人类文明进步和社会发展提供不竭动力。

从企业创新的角度来说，知识创新是企业创新能力的基础，能推动企业组织创新，要求企业从制度管理、物资信息资源整合、人力资源提升和配置等多个方面进行创新，从而在整体战略上推动核心竞争力的培育，最终形成企业核心竞争力。

（二）科技创新

科技创新是原创性科学研究和技术创新的总称，是指创造和应用新知识、新技术、新工艺，采用新的生产方式和经营管理模式，开发新产品，提高产品质量，提供新服务的过程。从技术进步与应用创新构成的技术创新双螺旋结构出发，进一步拓宽视野，技术创新的力量来自科学研究与知识创新、专家和人民群众的广泛参与。信息技术引领的现代科技的发展及经济全球化，进一步推动了管理创新，这既包括宏观管理层面上的创新——制度创新，也包括微观管理层面上的创新。现代科技引领的管理创新无疑是我们这个时代创新的主旋律，也是科技创新体系的重要组成部分。知识创新、技术创新、现代科技引领的管理创新之间的协同互动共同演化形成了科技创新。

（三）文化创新

所谓文化创新是指一个国家、一个民族、一个组织甚至一个人，在原有文化的基础上，对文化的内涵及形式进行继承与发展，使其符合时代需要，并能够为社会发展和进步提供积极影响的过程。文化在交流传播的过程中对人们产生影响，只有在不断继承的基础上发展，无止境地创新才是文化生命力的体现。文化创新能够促进民族文化的繁荣，只有在实践中不断创新，传统文化才真正具有生命力，才不会湮灭在历史的长河中。文化源于社会实践，又引导、推动或制约着社会实践的发展，进而促进人的全面发展。因此，文化创新是社会实践发展的必然要求和结果，是文化自身发展的内在动力。促进社会发展是文化创新的根本目的，也是检验文化创新的标准所在。

（四）管理创新

管理创新是指在一定的时空背景下，通过创造性思维或思想，积极利用计划、组织、指挥、协调、控制、领导、激励、沟通等管理职能或者手段，对人、财、物、信息等多种资源进行更进一步的优化配置，使管理成果获得比过去更高效率与更好效果的过程。管理创新需要企业把新的管理要素（如新的管理方法、新的管理手段、新的管理模式等）重新组合，引入更有效的企业管理系统。

组织结构、文化和人力资源是在实践中对管理创新有重要影响的三类因素。管理创新的实施过程可以从管理思想、管理理论、管理知识、管理方法、管理工具、管理艺术等方面来进行，可以按照管理的功能目标、计划、实行、检馈、控制、调整、领导、组织、人力等管理职能来进行，还可以按照战略创新、模式创新、流程创新、标准创新、观念创新、风气创新、结构创新、制度创新等业务系统来进行，也可以按照研发管理、生产管理、营销管理、采购管理、供应链管理、人力资源管理、财务管理、信息管理等企业职能部门划分来进行。

（五）融合创新

融合创新是指将各种创新要素通过创造性的融合，使各创新要素之间互补匹配，从而使创新系统的整体功能发生质的飞跃，形成独特的不可复制、不可超越的创新能力和核心竞争力。企业进行融合创新时，其内涵应包括产品创新、业务流程创新、业务模式创新、管理创新、服务创新、制度创新等创新要素。产品创新是基础，业务流程创新和业务模式创新是使整个企业组织体系良性运作的核心支撑，管理创新和制度创新是促进企业资源优化并产生更高效率和更好效果的保证，服务创新是消费者高度认同的保障。只有真正将创新融入企业的灵魂，融入企业从生产到消费者消费的每一个过程，企业才能持续创造更大的价值。

在我们的日常学习、工作、生活中，时刻不能忘记创新。创新意味着我们需要改变，需要推陈出新，不能被不合乎时代发展的枷锁所限制；创新意味着我们需要付出，旧的条条框框的打破是需要外力才能改变的，这个外力就是创新者的付出。古今中外，为了创新，很多人付出的不仅仅是汗水，甚至可能是生命；创新意味着风险，创新的付出有可能失败，但是没有创新，个人、组织、社会就谈不上进步和发展。

第三节　创业

一、创业的相关概念、内涵和要素

（一）创业的概念

创业活动已经成为当今社会的普遍性活动。“创业”一词最早出现在《孟子·梁惠王下》中，“君子创业垂统，可为继也”。《辞海》中对创业的解释是：“创业，开创基业。”关于创业，一直没有统一的定义。杰夫里·提蒙斯在其《创业创造》中将创业定义为：创业是一种思考、推理结合运气的行为方式，这种行为方式是机会驱动、注重方法和与领导相平衡的，创业导致价值的产生、增加、实现和更新。科尔把创业定义为：发起、维持和发展以利润为导向的企业的有目的性的行为。管理大师德鲁克认为，任何敢于面对决策的人，都可能通过学习成为一个创业者并具有创业精神。创业是一种行为，而不是个人性格特征。目前在国内，也有人把创业理解为“不拘泥于当前的资源约束，寻求机会，进行价值创造的行为过程”，这种理解从设法突破资源束缚、寻求有效机会和进行价值创造三个方面对其内涵进行定义。不管哪种理解，我们可以看出，创业可以被理解为一种劳动或行为方式，是一种需要创业者运营、组织，运用服务、技术、器物作业来思考、推理和判断的行为；也可以被理解为创业者对自己拥有的资源或通过努力对能够拥有的资源进行优化整合，从而创造出更大经济或社会价值的过程。

在当前，国内对于创业的看法分为狭义创业和广义创业两种。狭义的创业一般是指创业者成立一个符合国家法律法规要求的经营组织，通过不同的方法和手段，对其所拥有的资源进行整合，创办一个企业并创造利润的过程。广义的创业是指人们在特定背景下，在工作、生活、学习、经营等各种不同领域里进行创造性的实践活动，并取得较好的成绩，创造出一番事业，其功能更多地指向成就。对于广义创业，也有人称之为创立基业或创办事业，也就是自主地开拓并创造业绩，而不是仅仅创办法律意义上的企业。

（二）创业的内涵

关于创业，不管哪种看法，我们都可以看出，它主要有以下核心内涵：第一，创业的主体是具有创造意愿和创新思维的人。在历史的发展过程中，我们可以看到，不管是在岗位上取得杰出成绩，还是在企业运营实践中获取利润，或者为人类社会进步与发展做出杰出贡献的，其主体都是具有创造意愿和创新思维的人。第二，创业是一种创造性的行为或者活动。这种创造性活动可以在工作岗位上实现，可以在学习生活中实现，可以在企业运营中实现，可以在社会发展过程中实现，这种行为和活动才是创业的主要内容。第三，创业的结果是创造社会价值。不管哪种创业形式，最终实现的结果都是创造社会价值，这种价值可以是经济上的，可以是科技上的，可以是艺术上的，可以是管理上的，也可以是社会发展其他方面的，甚至可以是引起社会变革的。

（三）创业的要素

创业可以被理解为一个复杂的、系统的价值实现过程，也包括一些核心的要素。“创业教育之父”蒂蒙斯提出了基于创业三要素的创业过程模型。蒂蒙斯是美国创业学教育和研究的领袖人物之一，他在创业管理、新企业创建、创业融资和风险投资等领域的专题研究及创新性课程开发和教学等方面被公认为世界级的权威，在 1999 年的《新企业的创建》(*New Ventut Creation*)一书中提出了这个创业管理模型。他认为，成功的创业活动必须对机会、创业团队和资源三者进行最适当的匹配，并且还要随着事业的发展而不断进行动态平衡。创业过程由机会启动，在创业团队建立以后，就应该设法获得为创业所必需的资源，这样才能顺利实施创业计划(图 1—2)。

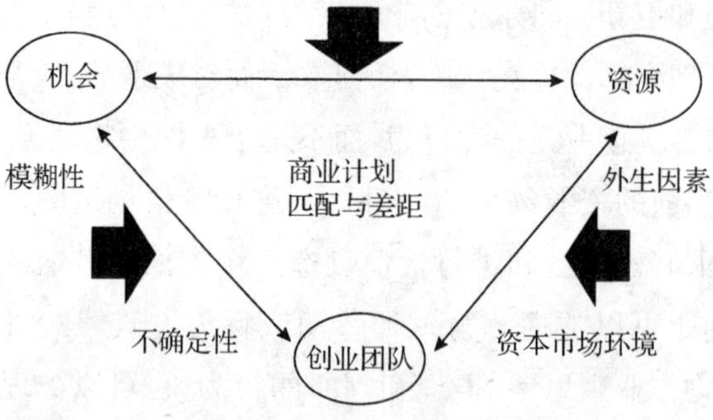

图 1—2　蒂蒙斯基于创业三要素的创业过程模型

在这一模型中，商业机会是创业过程的核心要素，创业的核心是发现和开发机会，并利用这些机会创业。因此，识别与评估市场机会是创业过程的起点，也是创业过程中的一个关键阶段。资源是创业过程不可或缺的支撑要素，为了合理利用和控制资源，创业者往往要制定设计精巧、用资谨慎的创业战略，这种战略对创业具有极其重要的意义。创业团队则是实现创业这个目标的关键组织要素。

创业者或创业团队必须具备善于学习、从容应对逆境的品质，具有高超的创造、领导和沟通能力，但更重要的是具有柔性和韧性，能够适应市场环境的变化。

在模型中，机会、资源和创业团队这三个创业核心要素构成一个倒三角形，创业团队位于这个倒三角形的顶部。在创业初始阶段，商业机会较大，而资源较为稀缺，于是三角形向左边倾斜；随着新创企业的发展，可支配的资源不断增多，而商业机会则可能会变得相对有限，从而导致另一种不均衡。创业者必须不断寻求更大的商业机会，并合理使用和整合资源，以保证企业平衡发展。机会、资源和创业团队三者必须不断进行动态调整，以最终实现动态均衡。这就是新创企业的发展过程。

在创业过程中，由于机会模糊、市场不确定、资本市场风险及外部环境变化等因素经常影响创业活动，创业过程充满了风险，因此创业者必须依靠自己的领导、创造和沟通能力来发现和解决问题，掌握关键要素，及时调整机会、资源、团队三者的组合搭配，以保证新创企业顺利发展。

在蒂蒙斯创业理论中，创业过程模型是目前公认的创业管理理论，其他理论都是在此基础上的补充、完善与量化。

二、创业的社会功能、特征与类型

（一）创业的社会功能

不管是狭义的创业还是广义的创业，都有其强大的社会功能作用，它既有利于个人的成长与发展，也有利于社会的进步与发展。

(1)创业有利于创业者思维开拓及自身综合素质的提升。

创业是一种开拓性的行为或活动，需要创业者具有积极的创新精神、优异的创新思维、极强的创业意识及勤奋的创业意志，并且在整个创业的过程中不断地学习、尝试、总结，这些最终都将全面促进创业者本人能力素质的综合提升。不管是创业成功的经验还是创业失败的教训，对个人及社会来说，都有极大的参考价值。

(2)创业有利于不断地发现新的社会问题和社会需要，并通过创造性的思维和行为不断地解决这些社会问题和社会需要。

社会问题和社会需要是创业的出发点，是创业机会的来源，管理问题的解决可以带来管理效率的提升；消费者面临的问题的解决或需要的满足可以带来产品或服务的提升甚至是科学技术的提升；艺术或社会文化方面的问题的解决或需要的满足可以促进艺术或社会文化的进步。旧的问题和需要不断解决，新的问题和需要不断产生，社会就会积极向前发展。

(3)创业有利于社会价值的创造。

任何一种创业行为或活动的结果都应该以产生社会价值为其最终目标。狭义上的创业，能够不断地提供满足社会需要的商品和服务，从而促进经济的增长。在广义创业过程中，通过创造性的思想、劳动或行为，岗位创业创造岗位价值，企业创业创造利润价值并带来消费者的消费价值，公益创业带来公益价值及社会道德价值等，此外还有很多思想价值、历史价值等，这些价值无一不是通过创造性的劳动来实现的，有力地促进了社会的进步与发展。

（二）创业的特征

创业具有很强的社会属性，同时也具有成本性、价值性、风险性、回报性等特征。

(1)要完成整个创业过程，创造新的有价值的事物，需要人们付出大量的时间、充沛的精力和足够的体力等成本。有很多创业活动在初期都处于非常艰苦的环境中，唯有不断努力，才有成功的可能，当然也有些创业行为并不是在艰苦的环境中，而是付出其资源成本，通过对拥有的资源进行整合来创业。因此，不管哪种情况我们都可以看到，创业具有成本性。

(2)价值性是创业的重要社会属性，同时也是创业活动的成果和价值。开创新事业的同时也是一个价值创造的过程，这个过程不仅要对创业者本身有价值，而且也要对社会有价值，否则创业就失去了其意义。其实我们可以看到，很多创业行为都为创业者本人及社会带来了极大的价值，这些价值有物质的、有精神的，甚至有影响到社会进步的。

(3)风险是创业过程中必然要面临的问题，创业的风险可能有各种不同的形式，这取决于创业的领域和创业者拥有的资源。通常狭义的创业情况下，创业的风险主要有人力资源风险、市场风险、财务风险、技术风险、外部环境风险等方面。在创业的过程中，不管任何时候，创业者都应具备超人的胆识，并甘冒风险，勇于承担多数人望而却步的事业风险。

(4)创业能够给创业者带来回报。在通常情况下，风险与回报呈正相关关系。创业带来的回报，既包括物质的回报，也包括精神的回报，它是创业者进行创业的动机和动力。创业的回报可以是短期的回报也可以是长期的回报，长期回报和短期回报的平衡是创业者应积极思考的问题。创业的回报可以是对个人的回报也可以是对社会的回报，创业者需要在实现个人回报的同时更多地承担社会责任，更多地思考对社会的回报。

（三）创业的类型

按照不同的标准，可将狭义的创业分成不同的类型。一般情况下，创业类型可以从动机、渠道、主体、项目、风险和周期六个不同的角度进行分类。创业者可以根据已知信息在创业决策中做比较，选择最适合自己的创业类型。

(1)按照创业动机角度分类，创业可分为机会型创业与就业型创业。

机会型创业的出发点是抓住、利用市场机遇，这是一种主动创业。它有时是以新市场、大市场为目标，从而创造出新的需要或满足潜在的需求。就业型创业的目的在于生存，很多创业者最初并没有打算创业，仅仅是为了谋生而谋求一份生意，获取一些利润来更好地生活，进而被动地走上创业之路。这类创业动机仅仅是为了生存，往往小富即安，甚至有些创业者获取一定收入后会因自满而停止前进，发展壮大的概率较小。机会型创业或就业型创业往往与创业者主观选择相关，但也并非完全由主观决定。创业者所处的环境及其所具备的能力对于创业动机类型的选择有决定性作用。

(2)按照新建企业的创立渠道分类，创业可分为自主型创业和企业内创业。

自主型创业是指创业者个人或团队白手起家进行创业。自主型创业由于具有主动性，个人或团队的想象力、创造力可得到最大限度的发挥。然而，自主型创业的风险和难度也很大，如果创业者缺乏足够资源、经验的支持，创业的过程将非常艰难。企业内创业是指有些较成熟的企业为了进一步促进企业内员工的积极性，进而获得更大的增长及竞争优势，通过授权和资源保障等支持企业内创业。成熟企业的增长同样需要创业的理念、文化，需要企业内部创业者利用和整合企业内部资源来创业。

(3)按照创业主体分类，创业可以分为大学生创业、失业者创业和兼职者创业。

大学生在校期间可以创业，毕业后也可以创业，目前国内很多创业比赛都把毕业五年以内的大学生进行的创业归到大学生创业里。大学生创业形式可以是个体的自主创业，也可以是和小伙伴合伙创业。在个体创业和团队创业里面，我们更鼓励学生团队创业。大学生创业的方向可以以专业特长为出发点，也可以以社会需要为出发点。有些失业者，由于各种主观或者客观情况，很难再进入企业或者不愿意再进入企业工作，从而也走进了创业大军，他们往往有一定的生活阅历，更容易吃苦耐劳，通过创业逐渐改善了家庭的生活条件。兼职创业者往往有自己的工作，由于工作时间相对宽松自由，而且自己的专业特长又是社会所需要的，他们就可以利用业余时间进行兼职创业。例如，大学教授中有一部分就是相当成功的兼职创业者，国家目前也出台了很多政策鼓励高校或事业单位人员尤其是科研人员兼职创业，利用自己的能力创造更多的社会价值。

(4)按照创业项目技术形式分类，创业大致可以分为传统技能项目型创业、高新技术项目型创业和知识服务项目型创业。

传统技能项目型创业具有较强大的生命力，在当前的市场环境中，传统技术、优质工艺项目很受市场欢迎。高新技术项目型创业往往以知识经济项目、高科技项目为主，知识密集度高，具有前沿性、研究开发性。知识服务项目型创业往往是为了满足人们节省精力、提高效率的需求，而建立的各类知识性咨询服务的机构，如律师事务所、会计师事务所、管理咨询公司、广告公司等。

(5)按照创业面对风险分类，创业大致可以分为依附型创业、尾随型创业、独创型创业和对抗型创业。

依附型创业往往依附于大企业或产业链而生存，在产业链中确定自己的角色，为大企业提供配套服务。尾随型创业一般是模仿他人创业，有“搭便车”的嫌疑，往往缺乏新意。独创型创业具有明显的独创性特点，有的创业项目能够填补市场需求内容或需求形式的空白，其独创性可以表现为独此一家，没有其他相似的，也可以表现为商品独创性或者商品的某种技术的独创性。当然有时候独创性服务也可以成为企业的独创性。对抗型创业是指市场上已经有类似的企业，自己企业的发展建立在与竞争对手的对抗基础之上。

(6)按照创业周期划分，创业可分为初始创业、二次创业与连续创业。

初始创业是一个新建企业，通过各种手段与方式，整合各种资源，最终实现企业的生存、发展与获利的过程。创业是个动态的过程，有投入期、成长期、成熟期和衰退期四个阶段的生命周期。没有投入期，就没有创业；成熟期不再次创业，企业就会死亡。成熟期再次创业的，就是二次创业。当今时代，技术发展变化迅速，企业稍有不慎就会陷入难以发展的境地，企业的发展需要时刻保持持续创业的精神，把任何一个阶段或节点都应当作一个新的创业过程。只有连续不断地创业，才能使得企业永远保持生命力。

三、创新与创业

创新与创业是两个不同的概念，但是两者存在着本质上的契合，内涵上的相互包容和实践过程中的互动发展。第一次提出创新概念的奥地利著名经济学家熊彼特认为，创新是生产要素和生产条件的一种从未有过的新组合，这种新组合能够使原来的成本曲线不断更新，由此会产生超额利润或潜在的超额利润。创新活动的这些本质内涵与创业活动在性质上有一致性和关联性。

创新是创业的基础，而创业推动着创新。从总体上说，科学技术、思想观念的创新可以促进人们物质生产和生活方式的变革，进而为整个社会不断地提供新的消费需求，这是创业活动不断发展的根本动因。另外，创业在本质上是人们的一种创新性实践活动。无论是何种性质、类型的创业活动，它们都有一个共同的特征，那就是创业是主体的一种能动的、开创性的实践活动，是一种高度的自主行为。在创业实践的过程中，主体的主观能动性将会得到充分的发挥，同时也充分体现了创业的创新性特征。

创新是创业的本质与源泉。经济学家熊彼特曾提出，“创业包括创新和未曾尝试过的技术”。创业者只有在创业的过程中具有持续不断的创新思维和创新意识，才可能产生新的富有创意的想法和方案，才可能不断寻求新的模式、新的思路，最终获得创业的成功。

创新的价值在于创业。从一定程度上讲，创新的价值就在于将潜在的知识、技术和市场机会转变为现实生产力，实现社会财富的增长，造福于人类社会。而实现这种转化的根本途径就是创业。创业者可能不是创新者或发明家，但必须具有能发现潜在的商机和敢于冒险的精神；创新者也并不一定是创业者或企业家，但是创新的成果须由创业者推向市场，使潜在的价值市场化，创新成果也才能转化为现实生产力。这也从侧面体现了创新与创业的相互关联。

创业推动并深化创新。创业可以推动新发明、新产品或是新服务的不断涌现，创造出新的市场需求，从而进一步推动和深化各方面的创新，因而也就提高了企业甚至是整个国家的创新能力，从而推动经济的增长。

通过以上对于创新与创业关系的论述，我们可以认识到，创新与创业的联合对于解决我国目前的就业问题至关重要，甚至会影响我国的发展前景。由于创新与创业的密切联系，我国高等院校的创新与创业教育应该相互渗透融合，弘扬创新创业精神，健全创新创业机制，完善创新与创业的环境，加强产学研结合，加强创新与创业的交叉渗透和集成融合，并且不断地在实践中结合，从而推动社会的可持续发展。

四、世界创新创业的现状与发展

从世界范围看，科技革命推动产业变革，创新驱动已是大势所趋，目前正在上演着新一轮全球科技革命和产业变革。而我国正处于这样一个大的历史性转折的特殊时期，充分地了解世界创新创业的发展趋势和我国在这个趋势中所处的位置至关重要。

美国一直是全球创新创业的标杆。近年来，虽然美国经济发展并没有我国表现得那么出色，但其整个国家对创新创业非常重视，非常值得我们学习。美国于2009年、2011年、2015年连续制定了三版创新战略，着力于建立面向未来的新一轮创新创业战略的整体布局。可以想象，这将对美国的发展及在国际上保持其影响力起到重要作用。美国在2011年发布的《美国创新战略：确保经济增长与繁荣》中提出寓创新于创业，实施“创业美国计划”，核心目标是促进大学实验室研究成果的转化，增加增长型企业的数量并扩大规模，促进经济增长，带动就业；核心内容包括夯实创新基础、培育市场环境和突破关键领域三大方面。

近年来，欧盟地区的经济、政治发展面临着诸多问题，但是欧盟各国也在加强创新创业的整体布局，积极完善国家创新体系建设，加强创新生态系统的内部联系，发挥创新整体效能。他们在积极推动中小企业创新创业资助计划、聚焦全球挑战性的战略新兴产业、完善战略规划推动政府采购创新、参与全球创新网络打造欧洲创新集群等方面都进行了重点推动。可以预见，这些政策措施将有力地促进欧盟地区的创新创业发展。

日本、韩国在创新创业浪潮中也不甘落后。日本提出要成立科技创新战略本部来代替综合科学技术会议，从而最大限度地发挥“创新司令塔”的指挥作用，促进科技创新创业的一体化进程。为了抢夺全球及亚洲创新人才，日本提出“亚洲人才资金构想”，设立“外国人特别研究员计划”，吸引以中韩为主的亚洲留学生。韩国政府出台了以下战略：创新管理政府部门的结构，以塑造“创造经济”生态环境为方针，从国家科技研发、信息通信技术出发，构建只要有别出心裁的构想和热情就可挑战创业的生态系统，塑造从富有创意的人才培养到创业、成长等阶段投资、回收、再挑战的循环结构，发展并保护中小企业，使其成为创造经济的主力军等。

与全球主要发达国家相比，我国的创新创业水平仍有较大差距，创新驱动在经济增长中的贡献仍较低，创新创业的制度环境仍需较大改善。不可否认的是，我国已经处于一个关键的路口，能否完成超越将关系到下一步国家和民族的发展及我国在世界各国中的地位。

第四节 创新创业教育

一、创新创业教育的产生与发展

（一）创新创业教育的产生

创新创业教育最早出现于20世纪40年代的美国。1947年，哈佛商学院率先为MBA

学生开设了“新创企业管理”课程，这在后来被一致认为是大学开设的第一门创新创业学课程。随着美国社会经济增长模式的变化，以高科技、创新为主导的中小企业迅速发展，促进了社会经济的飞速增长，美国正面临着一场“创业革命”，随之而来的是“创新创业教育”。

于是，百森商学院开始尝试开设创新创业教育课程，以培养适应社会需要的创业型人才。1968 年，百森商学院第一个在本科教育研究中心开设了“创业方向”课程；1978 年，又成立了全美第一个创业教育研究中心。

从 20 世纪 80 年代至今，经过几十年的发展，创新创业教育已经逐渐成熟，形成了一个完整的体系，创新创业教育内容涵盖了从小学、初中、高中，直到大学研究生教育的全部教育过程。随着创新创业教育的兴起和发展，其对经济的促进作用也日益明显，并被各国所接受认可。美国、英国、法国、德国、日本、新加坡等国家就十分重视创新创业教育，已经进入了一个成熟的发展阶段并形成了完整的教育体系。包括中国在内的许多发展中国家，也认识到创新创业教育的重要性，正逐渐将创新创业教育纳入教育体系，并结合自身实际在高等教育体系中大力推行。

（二）国外创新创业

1. 美国大学生创新创业教育

（1）教育模式。

美国大学生创新创业教育的模式基本上有两种：聚焦式创新创业教育和普及式创新创业教育。聚焦式创新创业教育是指仅在 MBA、商务、工程等个别专业的学生范围内开设创新创业类课程，而不面向全体学生；普及式创新创业教育则是面向所有专业的全体学生开设创新创业类课程，而并不仅仅局限于几个专业领域的学生。

普及式创新创业教育又可以分为三种模式：磁铁式创新创业教育、辐射式创新创业教育和混合式创新创业教育。磁铁式创新创业教育是通过特定的院系（一般是商学院）面向全体学生开设创新创业类课程，吸收各个院系和专业的学生参加，这种模式具有“提高主体单一”“教学资源集中”的特点。辐射式创新创业教育则是通过不同的院系，面向本院（系）的学生开设创新创业类课程，这种模式具有“提供主体多元化”和“教学资源分散化”的特点。混合式创新创业教育在学校内开展，其创新创业教育项目的一部分是普及性，即面向全校学生，另一部分是聚合性，主要集中于商业、工程等专业的学生，是一种专业教育和普及教育的综合。

（2）教育特点。

①以非功利性为目标：在美国，创新创业教育是要通过培养创业意识、了解创业知识、体验创业过程，使大学生具有像企业家一样的行为，具备从事专业志愿所需的知识、技能和特质，主要用以培养学生的创新思维、创业意识和创业精神。

②具有专职教育机构：美国高校一般都设有专门的创新创业教育机构，负责创新创业教育的教学、组织和管理及理论研究。高校重视创新创业教育，其高层管理者都在机构中担任

要职。例如，百森商学院院长、教务长、研究生院院长都是创新创业教育领域的全球著名的学者。

③强化师资队伍建设：美国高校不仅重视教师的理论水平，而且特别关注其实际经验。很多企业家、创业者都是创新创业教育的导师。例如，斯坦福大学的“创业管理”课程由校内教授和企业客座教授共同授课。

④系统化的课程体系：美国已经实现了系统化的创新创业教育的课程，涵盖了创业构思、融资、设立、管理等多方面理论知识，形成了完整的课程体系。

⑤重要的实践活动：创新创业实践是美国高校非常重视的。各大高校经常组织各种创新创业实践活动，如商业计划大赛、创新思维竞赛、创业交流会等，学生参与热情高涨。

⑥资金筹集便利：美国出现了许多支持创新创业教育的基金会，这些基金会每年都以商业计划大赛奖金、论文奖学金等多项奖金和捐赠的形式向高校提供大量的创新创业教育基金。

2.英国大学生创新创业教育

(1)教育模式。

英国大学生创新创业教育的模式主要有三种：完全一体植入(优化)模式、大学领导的中介模式和利益相关者推动的外部支持模式。

完全一体植入(优化)模式主要是指在整个学校普及创新创业教育中，所有院系采用终身学习的方式，所有部门和学科参与其中，重视设置跨学科的教学和学位中心，所有院系鼓励研究开发活动，在校办企业中实行开发知识产权和投资的方式，培训院系师资来开发和提供创新创业课程等。

大学领导的中介模式是指设置与学校关系更为密切的校属专业化中心，使利益相关者成为中心的合作伙伴，使工作人员保持对外部利益相关者的开放，接纳愿意从事创业的人员进入部门工作，鼓励科技园区和技术转让部门成立合资企业，鼓励企业专家团队参与部门技术利用，联系商业支持服务与创业投资者等。

利益相关者推动的外部支持模式是指研究中心为利益相关者所有，但同时有大学的参与。其位于科技园区和技术转让部门附近，为各部门提供训练方案，为教师及学术提供创新创业咨询和商务支持服务，与科技园区和技术转让机构成立合资企业，与有兴趣的学生建立合作关系等。

(2)教育特点。

①制度化的创新创业教育环境：明确创业教育的目标和结果，合理分配资源，实现绩效目标，构建跨部门的创业教育机构，促进教师、学生双方的能力发展。

②多方参与创新创业教育：创新创业教育必然要求建立校内外利益相关者的紧密合作关系，不仅是创业者，还有大学管理层、专业教师都要能够参与其中，共同促进其发展。

③转变教学实践方式：教学方法要从传统的讲授方式向体验方式进行转变，同时把校外

实践案例带入课堂，为学生提供案例研究和实习、实践的工作机会，通过实践促进理论教学。

④改革课程体系：创新创业教育应对不同的学科和专业有所区别，有一定的针对性。要鼓励二级院系进行课程创新，扩大院系在创新创业教育方面的主观能动性。

⑤丰富学生创新创业经历：创新创业教育可以丰富学生的创新创业经历，使学生发现新的思路，更为学生提供了团队合作的机会，促进学生在实践中成长。

⑥企业家参与创新创业教育：学校要与企业建立密切联系，能够理论联系实际，引导学生活学活用，给学生提供实习、实践的工作机会，并用案例研究的项目来促进学生的职业发展。

（三）中国创新创业教育的发展

中国的创新创业教育开始于1999年公布的《面向21世纪教育振兴行动计划》。该计划提出要“加强教师和学生的创新创业教育，鼓励他们自主创办高新科技企业”，正式提出了创新创业教育这一概念。

中国的创新创业教育从兴起至今，大致经历了三个阶段，通过十几年的不断探索，已经取得了阶段性的成果。

（1）创新创业教育在少数高校的萌芽阶段。2002年以前，我国大部分高校对创新创业教育还没有清晰的认识，只有清华大学和复旦大学等少数重点院校意识到创新创业教育的重要意义，开设了一些简单的课程和创新创业竞赛活动等。例如，清华大学开展的创业计划竞赛，复旦大学开展的创业基础知识普及课程，武汉大学开展的“三创”教育等，均是对创新创业教育的探索。

（2）创新创业教育在试点高校的探索阶段。2002年开始，教育部引导并推行创新创业教育工作，选择了清华大学等9所学校进行试点。2008年，又设立了30个创新创业人才培养实验区。截至2010年，试点高校已经完成了创新创业教育工作形式的探索，积累了大量的经验。

（3）创新创业教育在全国高校的全面推进阶段。2010年5月，教育部下发《教育部关于大力推进高等学校创新创业教育和大学生自主创业工作的意见》，成立了教育部高等学校创新创业教育指导委员会。2011年5月，国务院下发《国务院关于进一步做好普通高等学校毕业生就业工作的通知》，要求进一步落实和完善各项创业扶持政策，改善创业环境，积极引导高校毕业生自主创业。2012年8月，教育部办公厅印发《普通本科学校创业教育教学基本要求（试行）》的通知，要求各高校面向全体学生单独开设“创业基础”必修课。

应该说，经过不断的探索和实践，我国创新创业教育取得了一定的成绩，完善了创业基础课程的设置和普及，丰富了学生的创业实践活动。但是，创新创业教育的规模和内涵还远未达到预期目标，在创业教育上没有形成系统完善的教育理论与实践体系，也没有形成一套适合中国国情与教育发展现状的行之有效的工作方案。

二、创新创业教育的内涵

(一)创新创业教育的概念

我国借鉴了发达国家的创业教育成功经验,在开展创业教育试点的基础上,将“创新”这一理念融入创业教育中,提出并开展了大学生创新创业教育。

基于贯彻落实中央提出的“通过自主创新能力,建设创新型国家”“以创业带动就业”的战略思想,创新创业教育正在由理论层面向实践层面落实。2009 年,中国高等教育学会创新创业教育分会成立,为开展创新创业教育搭建了一个重要平台,充分促进了创新创业教育的开展。

(二)创新创业教育的内涵

对创新创业教育的内涵的理解有三种:第一种是将创新创业教育等同于创新教育,第二种是将创新创业教育等同于创业教育,第三种是将创新创业教育理解为创新教育与创业教育的结合。创新创业教育不能等于创建企业的教育,把创新创业教育片面理解为引导学生创办企业是不对的。创新创业教育的宗旨是培养学生的创业精神、创新意识与创业能力,并使其把创业作为未来职业的一种选择,进而转变就业观念。

创新创业教育的目标有两个层次。一是创新创业教育的主要任务是培养大学生的创新意识、创业精神,这种精神和意识是做任何事情都必备的品质,因此每个学生都应该接受创新创业教育。二是创新创业教育要培养学生进行创业所必需的各种能力,包括商业谈判技巧、启动资金募集方式、新企业申办、市场评估与预测、新创企业的风险防范等,这些都能不断丰富和完善大学生的综合素质和能力。

由此可以认为,创新创业教育是指培养大学生的创新精神、创业意识和创业能力,为大学生可持续发展奠定坚实基础的素质教育,其核心是培养大学生的创新精神、创业意识和创业能力,因而学校要不断更新教育观念、改革人才培养模式,将从知识传授转为能力和素质的培养,提高人才培养质量。可以说,创新创业教育是中国经济、社会发展、高等教育改革所进行的必然选择,也是大学生提高就业能力、实现自主创业的现实出路。

(三)创新创业教育的特点

(1)主体性。这是人的本质特征,创业动机就存在于人的主体性当中,创新创业教育的重点在于对学生的个人潜能的挖掘和培养。它通过对学生个人素质的评估,能够让学生比较客观、全面地了解自己,明确自己的定位。因此,创新创业教育必须要体现学生的主体性,激发学生的自主性、积极性、能动性和创造性,培养学生的批评精神和思考能力及作为创新创业主体所应具备的基本素质。

(2)超前性。这是创新创业教育所预见的未来的趋势和需要,能帮助学生为以后的发展做好充分的准备。创新创业教育致力于培养学生适应社会变化的能力,使其能够超前于社会的发展,对未来和理想抱有较大的信心,从而能够保持一种乐观、积极向上的精神状态面对社会竞争。

(3)系统性。创新创业教育是一种系统工程,其教育过程是通过各种可以利用的教育方式来培养学生的创新创业意识、思维和能力等综合素质。创新创业教育的实施不仅需要高等学校内部各个部门之间的通力协调与合作,而且需要高等学校与外部力量如政府、企业、家庭等的支持与联合。

(4)实践性。实践是教育的延伸,创新创业教育相对于其他教育而言,更强调学生的动手动脑能力和实践能力,要教会学生在实践中学会生存、学会处事。只有通过实践,丰富学生的知识和体验,才能提升其创新精神和创业能力。因此,教师的"教"要来源于实际经验,学生的"学"也要直接运用于实践。

(四)创新创业教育的功能

教育理念推动教育实践,创新创业教育会对社会发展、教育发展和人的发展产生深远影响。培养创新创业型人才,既促进了社会进步与发展,又促进了教育改革与发展,更促进了人的自由而全面的发展。

(1)社会发展功能。创新创业教育对社会的发展起着重要作用。一方面,创新创业教育可以使学生对就业和创业做好准备,缩短毕业和就业的空窗期。另一方面,创新创业教育可以提升科技创新能力,促进我国的自主创新能力发展。高校不仅是培养人才的摇篮,更是实现科技创新的密集地。因而,高校要引导学生将创新转化为现实的生产力,使大学生不仅要成为一个知识的拥有者,更要成为一个社会发展的推动者,形成经济增长与就业增长的良性互动。

(2)教育发展功能。创新创业教育对高等教育的持续健康发展起着重要的作用。高等教育要走出传统教育理念的局限性,实施创新创业教育是必然选择。大学创新创业教育要确立"宽口径、厚基础、综合化"的模式,使学生的知识、能力与素质全面发展,科学精神与人文素养相融合;改革现有的专业课程体系,优化学生的知识结构,推进教育方法的启发性和参与性;不断探求教学管理体制如实行选课制、学分制,使学生的创新性和创造性得到发挥。

(3)人的发展功能。创新创业教育更关系到人的发展,有助于大学生树立正确的人生观和价值观,形成社会责任感,激发学习积极性,促进其全面发展。高校创新创业教育要坚持以人为本,要帮助学生规划自己的职业生涯,尤其是在大学阶段的奋斗目标,学会处理与社会、他人、集体的关系,不断升华和完善自身。大学创新创业教育能够开发潜能,培养学生的创新性思维方式,提高其创造力、适应力、学习力与竞争力。因此,创新创业教育既能培养大学生健全的人格,又有益于人的全面发展,其将成为人类发展的源泉。

三、创新创业课程体系在大学课程体系中的定位

(一)创新创业教育与专业教育的关系

(1)创新创业教育是专业教育的新内涵。高校的专业教育是人才培养的主渠道,其发展

面临着知识经济和信息社会的众多挑战。在知识经济时代，经济发展方式越来越依赖于知识的创新、传播与利用，创新成为人们认识自然、改造自然的最重要的活动；在信息社会背景下，信息技术广泛应用，知识、技术在企业生产中的密集程度越来越高，知识更新加快，尤其是新技术革命的到来，引起了产业结构的调整和青年的大量失业，创新创业教育已成为专业教育的新内容。

(2)创新创业教育是专业教育的有机构成。创新创业教育是融于专业教育的人才培养方案，包括理论教学和实践教学全过程之中的教育理念。创新创业教育以培养学生的创新精神、创业意识与创业能力为核心。“宽口径、厚基础、强实践、重创新”的专业教育是创新创业教育理论与实践的基础，即专业教育的基础知识与基本理论是学生创新精神、创业意识与创业能力生成的深厚根基。相反，脱离了专业教育的创新创业教育只能停留在某种技能与操作层面，使创新创业教育成为无源之水、无本之木。强调创新创业教育与专业教育的充分融合，把创新创业教育作为重要元素融入专业教育，充分表明了创新创业教育在推进专业教育中的战略性作用。

(二)创新创业教育课程与专业课程的关系

创新创业教育课程应与专业课程相融合。创新创业教育与专业教育的课程虽各有侧重，但不矛盾，两者相互补充、相互不可替代。学习创新创业教育课程为专业课程学习和专业知识的运用奠定了一定的基础。一方面，从创新创业教育课程中获得开创意识、技能和精神，并自觉地将其运用于专业学习中，学生能运用开拓性的思维批判地继承专业知识，能更好地领悟和吸收专业知识。另一方面，创新创业教育课程涉及的知识面广，弥补了专业课程涉及面窄的缺陷，而专业课程所学的知识是学生知识结构中的重要组成部分，大学生无论今后进行何种创业，都需要某一专业、职业的有关知识助力创业。

(三)创新创业教育与通识教育的关系

在人类文明不断进步和全球化不断深入的背景下，通识教育的重要性不言而喻。创新创业教育培养学生的创新精神和创业能力。可见，创新创业教育应成为通识教育的一部分。

(1)创新创业教育依赖于通识教育。创新创业教育涉及政治学、经济学、管理学、法学等方面，要学会创新创业教育课程需要更多地储备知识。创新创业教育的相关基础课程依赖于公共基础课程提出的知识，所有创新创业教育依赖于公共基础课程等通识教育课程。

(2)通识教育依赖于创新创业教育。通过创新创业教育，学生可以将法律、经济、政治、文化等知识整合，变成综合知识，并通过创新创业活动，更好地将理想和理论转化为实践。

(3)创新创业教育是独立的。政治学、经济学这些学科固然涉及创新创业教育，但它们本身不构成创新创业教育，也不能替代创新创业教育课程。创新创业教育和它们最大的区别就在于它们往往只是单纯地分析政治、经济、文化的现象和原因，以及经济现实社会中遇到的一些问题，都处于被动地位，而创新创业教育则在此基础上，通过跨学科的培养，激励学生的创业意识，培养其开创性，从而使其能更有效地识别社会、经济中的一些问题或时机，以取得成功。

四、创新创业教育课程体系的设置

(一)高校实施创新创业教育目标

高校创新创业教育的目标主要根据社会发展需要，站在学科专业培养目标的高度和学生身心发展需要的角度制订，主要以提升学生的社会责任感、创新精神、创业意识和创业能力为核心，培养受教育者的创新创业基本素质和开创性个性，使受教育者具有基本的创新创业意识、创新创业心理品质和创新创业能力，形成主动性、研究性学习的意识和习惯，具备独立生活、工作的能力和较强的社会适应能力。

可见，创新创业教育的出发点有两方面：一方面，培养大学生的创新意识和创业精神，使他们有眼光、胆识、组织能力和社会责任感，为创业做好充分的心理准备和知识储备；另一方面，要以专业教育为基础，从学生的专业知识结构出发，结合创新创业活动，提高学生的专业技能水平和创新创业能力。

(二)创新创业教育课程目标

课程目标是指课程本身要实现的具体目标和意图，创新创业教育课程目标是指创新创业教育课程要实现的具体目标和意图。

(1)对学生进行创新创业意识和品质的培养。这些品质包括：充足的自信；充分认识自己；强烈的进取心；强烈的创造欲望和解决问题的意向；思维灵活，独立自主，不受现有结论的约束；对热爱的工作具有很强的持久性、自制力和责任心；为人正直，待人真诚，有强烈的社会责任感。

(2)对学生进行创新创业的相关基础知识的传授。这些知识包括：一些创业知识典型案例、创业实践中的经验和教训，有关创新创业知识的名词术语、基本概念、基本原则，管理学、人力资源管理的基本知识，一些财务专业理论知识、财经法律法规和制度，人际交往、公关的常识和技巧等。

(三)创新创业教育课程设置

实施创新创业教育，课程设置是关键，它直接关系到培养什么样的人，关系到学生合理知识结构的组成，意义重大。

(1)设置原则。大学的创新创业教育应以第一课堂课程教学为载体，融合专业教育，着力培养学生的科学精神与人文素质，以及未来创新创业所需的心理品质、知识和能力等。创新创业教育的课程设置要从其培养目标出发，与专业课程体系有机融合；理论联系实际，即创新创业实践活动要与专业实践教学有效衔接；专业教育与创新创业教育相结合，即在专业教育实践教学中渗透创新创业思想。

(2)课程设置。当前，高校创新创业教育应以培养创新创业意识、提高创新创业能力、增加创新创业教育实践为主线，其课程由创新创业教育课程基础平台、创新创业教育课程能力平台、创新创业教育课程实践平台三大平台课程组成。

①创新创业教育课程基础平台：旨在培养学生的创新意识和创业精神，使其在短时间内集中、系统地学习创新创业知识，对创新创业相关学术理论知识有更深的领悟，并树立正确的就业观，为今后更进一步从事创新创业实践和研究打下坚实的基础。这一课程平台是全校性、跨专业的课程，可以通过公共必修课、选修课的形式开展。创新创业教育课程基础平台包括创新创业意识类课程和创新创业知识类课程。

②创新创业教育课程能力平台：创新创业能力类课程是一类和专业教育紧密融合的课程，是将创新创业知识渗透到各专业的课程教学中，通过在专业课程教学内容中适当地增加创新创业元素，优化课程结构和内容，培养学生基于专业知识的创新创业能力。在专业课程体系中增加专业市场调研、基于专业特点的创新创业能力训练、专业典型创新创业案例分析、专业领域前沿问题的创新性研讨等课程。

③创新创业教育课程实践平台：创新创业实践操作类课程是指在专业实践环节融入创新创业活动的实践课程。创新创业实践活动与专业实践教学的有效衔接为创新创业型人才的深入培养提供了路径。它强调以学生的专业知识、社会需要和问题为核心，以有效培养和发展学生综合实践能力为目的，强调超越教材、课堂和学校的局限，在活动空间上向自然环境、学生的生活领域和社会活动领域延伸，使学生与自然、与社会、与生活的联系更紧密。

第五节 深化高校创新创业教育改革

一、高校创新创业教育的问题与困境

深化高等学校创新创业教育改革，是国家实施创新驱动发展战略、促进经济提质增效升级的迫切需要，是推进高等教育综合改革、促进高校毕业生更高质量创业就业的重要举措。党的十八大对创新创业人才培养作出重要部署，国务院对加强创新创业教育提出明确要求。近年来，高校创新创业教育不断加强，取得了积极进展，在提高高等教育质量、促进学生全面发展、推动毕业生创业就业、服务国家现代化建设等方面发挥了重要作用。但也存在一些不容忽视的突出问题，具体表现在以下几个方面。

（一）教育理念与模式陈旧落后

目前，创业教育尚未获得独立的学科地位，虽然有部分高校设置了创业学或创业教育学，但也仅是包含于技术经济学、企业管理学或公共管理学等二级学科之下。这种学科地位很难使高校的创业教育得到长足发展。另外，其教育模式单一，依旧停留在传统的、静态的、封闭的被动型适应模式上，忽视了学生的主观能动性；仍然以传统的教师为主体、学生为客体的“填鸭式”教学模式为主，没有重视与学生的兴趣相结合。可见，当前，一些高校开展创业教育并没有纳入学校的整体教学中，而只是通过课下第二课程活动的形式来对学生进行

创业教育，缺乏专业性和健全的课程体系。

（二）专业性与学科联系性不足

创新创业教育课程零散、简单，基本上与学科专业教育脱节、分离，严重缺乏作为一门学科的系统性和严谨性。师资水平不高、队伍不专业，资金不足、教学设施等教学资源匮乏落后。大部分高校尚未形成系统的创新创业教育体系，无法与教育教学体系结合，使创新创业教育与学科教育相分离，使学生失去自身专业优势的有利依靠。

（三）学生创新能力较弱

高校的学生们大多都是在应试教育模式中成长的。由于现实的压力，在基础教育阶段，学生们的创新欲望长期受到抑制，创造性欠缺，创新潜能被无情地“阉割”，最终造成了其不想创新、不敢创新、不会创新、不能创新的局面。

（四）教学与实践环节缺失

实践教学是高校人才培养中的一个重要环节，但是因思想重视程度、实验设备、实习基地、实践单位管理、实践时间、实习经费等因素的制约，实践教学效果大打折扣，甚至有的高校为了节约教育成本，完全忽视实践教学的重要性，实践教学没有真正贯彻下去，学生得不到真正的实践和锻炼机会。不可否认，很多高校都设有与创业相关的一些课程，并且绝大多数对这些课程相当重视，很多学生在这些理论课程上也能学到一些创新创业的知识。但是由于缺乏实践的环境，很多知识一直停留在理论阶段。

二、深化高校创新创业教育改革的路径

（一）引导大学生树立正确的创业观

数据显示，目前我国大学生创业的比例大约为 2%，落后于发达国家约 4%的平均水平。随着中国经济步入“新常态”，产业升级换代速度加快，第三产业消费需求逐步成为主体，电商、网络经济等呈现蓬勃发展之势，这些都为拥有前沿知识的大学生创业创造了前所未有的时代机遇。但需要承认，当前我国大学生的创业环境还有待于进一步完善。教育部的一项报告显示，大学生创办的公司在 5 年内仅有三成能够生存下去。对于大学生创业企业来说，一是缺乏知识和经验，二是缺乏资金，三是抗风险能力差，存活率低便成为必然。所以，创业虽然看起来很美，但未必适合所有人。高校和社会应积极做好对大学生创业的引导工作。

（二）全面覆盖创新创业教育的对象

创业教育并不是单纯地教学生如何创办企业，它的核心是全面提高学生的创新创业素质，这些基本的素质和能力对于走上工作岗位的学生同样重要和适用。以这一思想为指导，我们在实践中应扩大教育对象范围，探索面向全体学生的具体教育方式。具体来说，应彻底改变“精英教育”的运行模式，既不能只针对商学院的学生，也不能只针对想要创办企业或是参与创业计划竞赛的少数学生，而是面向全体学生。要做到这一点，当前最为关键的是要破

除广泛开展创新创业教育的观念性障碍，对于“创办企业论”“培养老板论”等窄化内涵、扭曲本质的错误观念进行价值澄清，探究“创业型大学建设”在体制机制和队伍建设等方面的具体做法，探索构建与“大众创业、万众创新”相匹配、面向全体学生广泛开展创业教育的“本土化”教育体系。

(三)健全创新创业教育课程体系

高校创业教育的意义在于广泛地“种下创新创业的种子”，为高校毕业生设定“创业遗传代码”。这就客观要求创新创业教育不是面向工程、艺术、科技等少数专业的“精英教育”，而是普遍培养和提高所有专业大学生创新意识和创新能力的“广谱式教育”。以这一思想为指导，我们在实践中应全面更新知识体系，确定“结合专业教育”的主要途径，即创业教育必须与专业教育相结合，调整专业课程设置，挖掘和充实各类专业课程的创新创业教育资源，在传授专业知识过程中加强创新创业教育。面向全体学生开设研究方法、学科前沿、创业基础、就业创业指导等方面的必修课和选修课，并将其纳入学分管理，建设依次递进、有机衔接的教育重点教材。

(四)改革创新创业教育方法

创新创业教育要想获得深层次的发展，必须走出“表层教育”的初级阶段，全面推动高校教育教学改革，形成根本性的创新创业教育体制机制，使大学培养出能够应对全球化和信息化时代要求的创新创业型人才。以这一思想为指导，我们在实践中应彻底改革方法论体系，丰富“融入人才培养全过程”的科学载体。创新创业教育不再是针对毕业生开展的教育，更不是学生就业之前的“临门一脚”，而是要在纵向上贯穿学生在校学习的全部过程，在横向上打通学校教育、家庭教育和社会教育的各个环节；不仅要立足于高校自身，更要立足于经济发展方式转变的现实需求；不仅要基于创新创业教育本身，更要从“大创业教育观”出发，实现“课内课外相衔接、教育实践一体化”，着力促进全体学生创业素质的训练和提升。在此过程中要本着多样化原则，推动高校与政府和企业的沟通和联系，探索建立校校、校企、校地、校所及国际合作的协同育人新机制，建立健全知识资本化、创新商业化的科学路径，积极促进和努力形成大学在新经济中的中心地位，形成大学—企业—政府“三螺旋”关系，积极吸引社会资源和外国优质教育资源投入创新创业人才培养，全面推动高校创新创业教育的深入改革。

(五)加强教师创新创业教育教学能力建设

高校教师是创新创业教育的责任主体。要配齐配强创新创业教育与创业就业指导专职教师队伍，并建立定期考核、淘汰制度。要聘请知名科学家、创业成功者、企业家、风险投资人等各行各业优秀人才担任专业课、创新创业课授课或指导教师，并制定兼职教师管理规范，形成优秀创新创业导师人才库。要将提高高校教师创新创业教育的意识和能力作为岗前培训、课程轮训、骨干研修的重要内容，建立相关专业教师、创新创业教育专职教师到行业企业挂职锻炼制度。要加快完善高校科技成果处置和收益分配机制，支持教师以对外转让、合作转化、作价入股、自主创业等形式将科技成果产业化,并鼓励其带领学生创新创业。

(六)营造创新创业教育的良好社会环境

近年来,有不少地方出台了鼓励政策,如允许创业大学生享受税收减免、房租水电费补贴及小额担保贷款等优惠,这些都有助于减轻大学生创业的负担。但仅靠各级政府相对有限的投入,远远不能满足广大学生创业的需求,还需要政府、高校、科研院所、企业、行业团体乃至社会各界都积极参与进来。比如,企业和行业团体可以建立专门的大学生创业孵化中心,向创业者提供优惠乃至免费的场地、设备、开发平台等硬件设施,以及资金补贴、个别指导、融资协调等软服务。再如,银行、担保公司、小额贷款公司等金融机构应当积极研究如何向大学生创业提供资金扶持问题。

第二章　创新创业精神

第一节　创新精神

一、创新精神的定义

创新精神是指人们在创新活动过程中应该具备的能够综合运用已有的知识、信息、技能和方法，提出新方法、新观点的思维能力和进行发明创造、改革、革新的意志、信心、勇气和智慧。创新精神属于科学精神和科学思想范畴，是进行创新活动必须具备的一些心理特征，包括创新意识、创新兴趣、创新胆量、创新决心，以及相关的思维活动。

（一）创新精神的内容

创新精神的内容非常多，一般认为其主要内容有开拓精神、开放精神、科学精神和学习精神等。

(1)开拓精神是一种追求卓越、争先创优的开拓进取精神。这种精神是团队懒惰的克星，能充分遏制团队随遇而安的悠闲心态和不思进取的苟且作风。毕竟，有进取心才有创新欲，有开拓力才有创新力。创新属于永不停滞、自强不息、开拓未来的团队和个人。

(2)开放精神是一种面向世界、放眼天下的开放包容精神。狭隘的心胸无法成就事业，格局越大，视野越开阔。具有开放精神的人从不局限于封闭狭隘的自我中，从不坐井观天。具有开放精神的人往往具有博大的胸怀、开阔的视野、高远的境界，他们能够站在世界的、时代的、行业的顶端，收获的不仅是一时的成就，更主要的是扩展出包容通达的、接纳追赶的创新动力和方向。

(3)科学精神是一种实事求是、严谨缜密的遵循科学规律的思维精神。科学精神要求我们不能急功近利、急于求成，必须尊重规律、求真务实。尊重科学，就要在实施创新中尊重实际、尊重规律。实践是检验真理的唯一标准，因此，创新必须从客观实际出发，坚决规避好高骛远甚至故弄玄虚。创新的结果应该是提高效率与效果，而不是猎奇、图名。因此，科学精神要求我们充分遵循科学规律，绝不可盲目冒进、盲干蛮干。

(4)学习精神是一种广闻博学、深钻细研、虚心好学的求知精神。创新的基础是知识、技能和信息等，因此个人或团队首先必须是学习型、知识型的个人或团队。不学无术、自以为是的创新只是一种标新立异，并不是真正意义上的创新。“学而时习之，不亦说乎”“温故而知新”都告诉我们学习需要不断地进行，并且在扎实稳固的基础之上进行创新，所以我们一定要养成终身学习、反复学习的良好学习习惯。

（二）创新精神辩证观

创新是一个国家和民族发展的不竭动力，也是一个现代人应该具备的素质。创新精神属于科学精神和科学思想范畴，是进行创新活动必须具备的一些心理特征，包括创新意识、创新兴趣、创新胆量、创新决心，以及相关的思维活动。

创新精神需要我们勇于抛弃旧思想旧事物、创立新思想新事物。创新精神要求我们不满足已知，不断追求新知；创新精神要求我们不满足现有的生活生产方式、方法、工具、材料、物品，而是根据实际需要不断进行改革和革新；创新精神要求我们不墨守成规，敢于打破固有定式，不断探索新规律、新方法；创新精神要求我们不盲从教条、不迷信权威，独立思考，敢于质疑；创新精神要求我们不盲从、不唯书、不唯上，有主见；创新精神要求我们追求新颖独特、追求卓越；创新精神要求我们灵活主动、精于应用。

创新精神是科学精神的一个方面，二者并不矛盾。例如，创新精神以敢于摒弃旧事物旧思想、创立新事物新思想为特征，同时创新精神又以遵循客观规律为前提，只有当创新精神符合客观需要和客观规律时，才能顺利地转化为创新成果，成为促进自然和社会发展的动力。具体来说，创新精神提倡新颖、独特，同时又要受到一定的道德观、价值观、审美观的制约；创新精神提倡独立思考、不人云亦云，并不是不倾听别人的意见、孤芳自赏、固执己见、狂妄自大，而是要团结合作、相互交流，这是当代创新活动不可缺少的方式；创新精神提倡胆大、不怕犯错误，并不是鼓励犯错误，只是出现错误认知是科学探究过程中不可避免的；创新精神提倡不迷信书本、权威，并不是反对学习前人经验，任何创新都是在前人成就的基础上进行的；创新精神提倡大胆质疑，而质疑要有事实和思考的根据，并不是盲目地怀疑一切。总之，要用科学、全面、辩证的观点对待创新精神。

（三）企业文化与创新精神

一个企业要发展，其企业文化也应该与时俱进、崇尚创新，创新精神应该成为企业文化最核心的内涵之一。变革、发展、创新已经成为当今诸多知名企业的核心企业价值观，对很多初创企业来说，其更需要深刻地理解并融入这种价值观，才能在激烈的市场竞争中持续地发展。创新应该成为企业发展不竭的动力源泉，企业需要营造鼓励创新的企业文化氛围，将创新精神融入企业发展的血液，最终形成企业的核心竞争力，形成企业积极向上的氛围。

企业文化的核心是其价值观念，它决定着企业的制度执行，决定着员工的思维方式和行为方式。具有创新精神的企业文化能够激发员工的士气，充分发掘员工潜能。一个具有创新精神的企业文化氛围形成后，它所带来的是积极向上的进取精神、积极合作的团队协作精神，企业将充满活力、动力，企业的创新和发展将拥有源源不断的精神动力。因此，企业文化建设要与企业的创新有机结合起来。我们可以看到，创新一旦成为一个企业的文化核心之一，将会为企业的长盛不衰打下坚实的基础。很多世界知名的百年企业发展至今，原因就在于其创新精神经久不衰，且将企业文化像基因一样植入企业的细胞。而一旦在企业发展的过程中失去了创新和创新精神，会对企业的发展是致命的，诺基亚、柯达的衰败就是很好的例子。

二、创新精神的功能

创新是一个民族进步的灵魂，是一个国家兴旺发达的不竭动力。因此，我们认为，提高民族创新意识，增强民族创新能力，关系到中华民族和整个社会主义事业的兴衰成败。科学技术是第一生产力，科技创新能力越来越成为综合国力竞争的决定性因素。我们可以推断，科学的本质就是创新，整个人类历史就是一个不断创新、不断进步的过程。没有创新就没有人类的进步和未来。创业精神具有重要的功能，主要表现在以下几个方面。

(1)人类社会的发展史既是一部人类艰苦奋斗的创业史，也是一部创新精神的展现历史。我们可以看到人类社会的一切文明成果，无一不是艰苦创业精神的结晶。艰苦创业精神不是某个时代所特有的精神，而是与人类社会发展同在的。在人类改造自然与社会的过程中，艰苦奋斗的创业精神逐渐积淀为一种崇高的美德，成为后人继往开来，创造更加辉煌灿烂的物质文明、政治文明、精神文明和生态文明的巨大动力。

(2)创新精神是人们成就事业必不可少的精神动力和崇高美德。不管是个人、组织还是国家，具有了创新精神就具有了前进的动力。在现阶段，我国正处于全面建成小康社会的关键阶段，更需要我们大力倡导和弘扬开拓创新精神。

(3)培养创新精神是知识经济时代发展的本质需要。知识经济是人类社会继农业经济、工业经济之后又一种崭新的经济形态。知识经济的基本特征，就是知识不断创新，高新技术迅速产业化。创新是知识经济时代的一个显著标志，它实现了从有形资产向无形资产的转变，从重视引进、模仿能力向强调创新能力的转变。知识经济形态的重点就是创新。为了使学生适应现代社会的需要，必须注重学生创造力的发展，培养学生的创新精神。

(4)培养创新精神是推动一个国家社会生产力发展的需要，也是社会发展的需要。创造性劳动是社会进步的决定性力量，创造性劳动是社会经济增长的动力。当今世界各国都在争先抢占科技、产业和经济的制高点，都在提升国民创造力，培养大量的创造性人才。当今世界经济竞争实际上是科学技术的竞争，也就是创造力的竞争。社会需要创造性人才，必须培养学生的创造思维、创造意识和创造精神。

三、创新精神的培养

创新精神的培养对一个人、一个组织和一个国家的成长发展都至关重要，那么对于当代大学生来说，如何培养创新精神呢？具体来说，当代大学生可从以下几个方面来提升自己。

(1)培养强烈的好奇心和求知欲。据说，牛顿少年时期就有很强的好奇心，他在观察星星和月亮时就在思考：星星和月亮为什么挂在天上？星星和月亮都在天空运转着，它们为什么不相撞呢？这些疑问激发着他的探索欲望。后来，他经过专心研究，终于发现了万有引力定律。能提出问题，说明在思考问题。好奇心包含着强烈的求知欲和追根究底的探索精神，谁想在创新创业中获取成功，就必须要有强烈的好奇心。

(2)培养科学求证的精神，不迷信权威。不是被人验证过的事情就一定是真理，科学的发展需要对旧的知识、观念进行辩证的分析，取其精华、弃其糟粕，需要我们能够有质疑权威的精神，当然，这种质疑不是无根据的质疑，需要我们科学的求证。怀疑是发自内在的创造潜能，它激发人们去钻研、去探索。对待我们所学习或研究的事物应做到：不要迷信任何权威，应大胆地怀疑。这是我们创新的出发点。

(3)激发追求创新的欲望。追求创新的欲望会引发创新的动机，最终导致创新行为的实施。如果没有强烈的追求创新的欲望，可能我们的成果只是模仿和借鉴。有了追求创新的欲望，我们接下来就需要坚持不懈地努力，勇于面对困难。成功学有一句话说的是“凡事至少有三种以上的解决办法”，现实生活中，只要我们执着地去思考、去做，办法总比困难多。我国著名学者周海中在探究梅森素数分布规律时就遇到了不少困难，失败过多次，但他并不气馁。凭着追求创新的欲望和坚持不懈的努力，他终于找到了解决这一难题的突破口。1992 年，他归纳出了梅森素数分布的精确表达式。目前这项重要成果在国际上被命名为“周氏猜测”。

(4)树立凡事皆可求异的观念。生活中有很多人太过于在意别人的看法，往往忘记了自己内心的主见，人云亦云，这种生活和做事态度只会让我们丧失自我。要知道，创新不是简单的模仿，需要我们认真地独立思考，有自己的理解和见地。因此，我们要树立凡事皆可求异的观念，积极地思考，以积极的创新精神状态来追求创新成果。求异也要求我们换个角度思考，从多个角度思考，并将结果进行比较。求异者往往要比常人看问题更深刻、更全面。

(5)培养执着的冒险精神。创造实质上是有风险的，没有冒险精神的人在困难或者可能造成的后果面前会选择退缩。当然，冒险不是那些危及生命和健康安全的冒险，而是一种合理性冒险，一种不怕困难和追求成功的精神，一种对创新成果的执着。

(6)培养谦虚学习、永不自满的精神。一个有很多创造性思想的人如果就此停止，害怕去想另一种可能比这种思想更好的思想，或已习惯了一种成功的思想而不能产生新思想，这个人就会变得自满，停止创造。如果把我们已知的事物用一个圈内的部分来表示的话，圈外的事物就是我们未知的事物，当我们学习得越多，知道得越多，接触的未知事物越多，我们就越敬畏知识、敬畏科学、敬畏创新。因此，我们要谦虚学习，永不自满，只有这样才能有不断学习新知识、新技能的动力。

第二节　创业精神

《2016 年高招调查报告》显示，2015 年我国高等教育在校人数为 3700 万人，相比 1978 年增长超过 300 倍。目前，我国高等教育规模位居世界第一。自 1999 年高校扩招开始，我国高等教育毛入学率稳步上升。到 2015 年，我国高等教育毛入学率比计划提前 5 年达到

40%。根据适龄人口的情况,预计在较短时间内,我国高等教育毛入学率将达到50%,快速进入高等教育普及化阶段。十年以来,在大学生创业教育基础上,大学生创业的比例虽呈现出上升趋势,但就整体比例尤其是成功率而言还是比较低的。

一、创业精神的发展

《中国式创业:中国著名CEO的生存哲学与经营智慧》一书的作者对李嘉诚、张瑞敏、马云、马化腾等41名中国著名CEO的经营之道进行了详细的梳理、分析和总结,将他们的生存哲学和经营智慧分为艰苦奋斗、志存高远、顺势而为、破釜沉舟、激情满怀五种类型。每个创业者因其个人所处时代、资源、个体特质等的不同,各自的创业领域、经历也是不同的,但创业精神则是促使他们走上创业之路、走向成功之路不可缺少的共性因素。

创业精神,亦指企业家精神及企业家的身份、能力等,因此创业精神也被很多研究者直接称为企业家精神。随着社会变迁,人们对企业家及其创业活动有了不同认识,也使得在不同时期对创业精神有了不同的界定。

1755年,法国经济学家理查德·坎特龙在《一般商业之性质》中将从事经济活动行为的人定义为企业家,把他们和承担风险联系在一起。因为他们是以确定的价格购买商品,但要以不确定的价格出售。18世纪后期,经济学家弗朗斯瓦·魁奈和魁奈平·鲍杜将从事农业栽培的人称为企业家,把企业家的内涵从承担风险扩展到创新。伴随着生产力和商品经济的不断改变,对于企业家的认识经历了多次的改变。作为新古典经济学奠基人的马歇尔的经济理论中蕴含着企业家理论影子,他从个人特质角度界定了创业精神,认为其包含"果断、机智、谨慎和坚定""自力更生、坚强、敏捷并富有进取心"及"对优越性的强烈渴望"。

但真正让企业家形象清晰起来的是20世纪的经济学家约瑟夫·熊彼特。企业家居于熊彼特经济理论的核心,被认为是那些有眼光、有能力、敢于冒一定风险实现创新的人,他们和只想赚钱的普通商人或者投机者不同。他们虽然可能受到个人致富这一外部物质动机的驱使,但这充其量仅仅是他们的部分目的,更重要的是受到实现自我这种内在的非物质心理因素的影响,即包括建立私人王国,对胜利的热情、创造的喜悦和坚强的意志等在内的创业精神。企业家精神促使企业家不断创新,实现"创造性的破坏"。企业家帮助自己的企业突破现有的平衡创新,摆脱旧的组合方式,形成新的组合方式。实现创新自然成为企业家的职能,但熊彼特认为创新精神不能直接等同于创业精神,只有在实践中发挥并履行了自己的这种职能,才能成为企业家,才具有了创业精神。美国现代管理学之父彼得·德鲁克则在《创新与企业家精神》一书中推进了这一理念。虽然通常企业家们本身不带来变革,但企业家在寻求变革,对变革做出反应并将变革视为机会时,这就是创业精神。回归以往,虽然对创业精神的研究始终伴随着对企业家个体研究的深化,尤其是在早期对创业精神和创业者都没有明确定义时,还有许多学者采用人格特质的共性如承担风险、决断性、成就动机等来定义创业精神。但随着经济活动模式转变及创业精神研究的发展,正如彼得·德鲁克所说的,创业精神是一种独特的特性,也是一种行为,而非人格特质。

20 世纪 80 年代初，信息技术的普遍应用促使新的商业模式不断涌现，机会和创造成为商业活动的核心内涵。哈佛大学教授霍华德·史蒂文森把创业精神定义为追求超越现有资源控制以外机会的机遇，其核心是追寻、资源、机遇。追寻是一种专注的态度。创业者能觉察到转瞬即逝的机遇，在有限时间内展现实力、吸引外部资源。机遇则通常与创业者的创新行为有关，如创新产品、创新商业模式等。因此，无创新的机遇不包含在创业精神之列。资源是指突破现状。哈佛创业精神就体现为一种突破资源限制，通过创新来创造机会、创造资源的行为，而不是简单地体现在创建新企业或体现在创新上。霍华德·史蒂文森教授把创业精神理解为一种独特的整体管理观念，而非将其限定于企业发展的某个特定阶段(如初创企业)、某种个人角色(如创始人)或某类精神气质(如激进、独立)。据此，人们对创业精神的认识进入一个新的层面。创业精神不仅仅是个体层面的现象，也可以成为企业层面的现象。

就企业层面而言，Covin、Smart 等的研究显示，创业精神可提高企业绩效。Becherer 和 Maurer 对美国 215 家小型企业的研究也证实，创业精神可提高公司获利。虽然通常认为小企业或者新兴企业更有活力，但其也更需要有创业精神。例如，美国小型工业企业的重大发明大约占总体重大发明的 50%。但作为大企业或成熟的企业同样需要实现自我突破，否则也可能会被市场淘汰。现在有些大公司从小公司身上学会了如何灵活经营、促进创新等，有的还在企业内建立了创业团队。就国家层面而言，诚如经合组织商务产业咨询委员会 2003 年指出的："培育创业精神的政策是创造就业机会和促进经济增长的关键。"

二、大学生创业精神的构成

(一)创新精神

人类能够从原始社会发展至今，和其对生产工具的不断改革创新有关。蒸汽机的发明导致了社会模式的变革，电脑、手机和网络的发明更是改变了人类的生活方式。创新是一个民族进步的灵魂，是一个国家兴旺发达的不竭动力，也是中华民族最深沉的民族禀赋。创新是推动发展的第一动力，更是引领发展的第一动力。在激烈的国际竞争中，唯创新者进、唯创新者强、唯创新者胜。以色列是一个充盈着创新氛围的国家，作为一个国土面积只有 25740 平方千米(实际管辖面积)，人口仅 850 万(2016 年)的国家，其活力正源于创新精神。

前人的智慧和经验是后人成功的基石，可以让后来者少走很多弯路。对于创业者而言，善于模仿可以在一定程度上帮助创业者缩短走向成功的距离。即使是在创业活力很高的美国，100 个公司里也没有多少公司是有创新能力的，其余的都是模仿拷贝的。但模仿创业产生的效力和竞争力是有限的，很难成就真正的大事业。就像市场上同一种商品越来越多，最后出现供大于求的情况，产品自然就会贬值。但如果能够在模仿中加入自己的想法，加入创新元素，往往能够让自己脱颖而出。小米和华为的成功也是源于它们对技术的不断创新。

创业精神的核心是创新精神。创新不仅仅是创建新公司、制造新产品等，创新体现在方方面面，方方面面皆可创新。比如，麦当劳没有发明任何新东西甚至其生产的产品也是以前任何小餐馆都可以制作的，但是它凭借着管理上的创新制造出了覆盖全球的快餐市场。又如，阿里巴巴通过营销创新，创造了一个“双十一”节。因此，创新不一定非是技术上的，也不一定非是实物的，其具有更广阔的范围。作为思维活跃的大学生，要有敢于打破常规的思维，在平常中发现不平常。福雷沃克斯是一家专门生产掩盖药品味道的调味剂公司，其最初创意来源于克拉姆为小女儿哈德莉喂药的经历。为了让女儿能够顺利服药，克拉姆调兑出了不冲淡药量、不影响药效的无害添加剂。据此，他想世界上并非只有他一个人因为喂药发愁，所以在 1995 年创办公司，开始研制改进其他液体、丸状、粉状处方药的调味剂配方。到今天，福雷沃克斯公司的销售额已经过亿美元，其产品也已经扩展到宠物诊所。

创新精神是创业精神的核心，但不是全部的内容，作为一个创业者如果只有创新精神，而不具备其他条件，也是无法成功的。因此，创业者要有创新精神，同样也要具有其他精神和品质。

（二）进取精神

进取精神是不满足于现状，坚持不懈地追求新的目标、蓬勃向上的心理状态。创业的原因有很多，但是仅仅为了创业而创业，终究是很难成功的，为了金钱而创业，会因害怕损失金钱而止步。成功的创业者通常拥有更高的价值追求，现在有越来越多的大学生创业者是为了实现自我价值。追求卓越被认为是优秀企业的品质。拥有进取精神，会有强烈的好胜心，不甘落后，勇于向未知领域挑战。创业是一个从无到有、从小到大不断前进的过程。作为创业者，要勇于知难而进，在面对各种各样的困难和挫折时，要敢闯敢干，不能患得患失。作为创业者，要敢于破旧创新、及时学习，不断更新自己的知识，提高个人的能力。古人有云：“君子之学必日新，日新者日进也。不日新者必日退，未有不进而不退者。”创业是和他人竞争的过程，但更重要的是能够战胜自我，在创业之初，创业者都需要时刻突破自我，不断寻找下个增长点。很多创业失败都是因为放弃，不是被别人打败，而是被自己的失败心理打败。在创业成功之后，创业者更加需要突破自我。张瑞敏说：“海尔的理念是只有创业没有守业，不断打破昨天的思维定式，去争取更大的成功！”也正是因为这样，才能让海尔实现一次次的突破，使其不管是在中国的家电领域，还是在美国等市场上都占有巨大的份额。结合古往今来的案例不难发现，进取精神是所有创业成功者的必备素质，他们在进取精神指引下持之以恒的不懈奋斗，是走向成功途中最有力的武器。

（三）冒险精神

比尔·盖茨将冒险看作成功的第一要素。入选胡润百富榜的中国人的“十大财富品质”中，冒险也位居前列。冒险意味着承担风险、不惧危险，而之所以需要冒险，是因为事件本身充满了不确定性，但同时也存在着无数的可能性。创业正是一件充满未知和变数的事，即使在创业前创业者做了周密的计划和准备，也无法保证制订出万全之策，不确定的事件随时都有可能出现。创业本身的特点就决定了创业永远有着不确定性，而正是这种不确定性才为创业者提供了机遇。

这个世界上最不可能成功的就是永远都不敢尝试、不敢做的人。他们回避困难，自然也失去了成功的机会。只有敢于尝试、敢于冒险，一个人才有可能在创业的种种挑战下创造成功。在今天开放的全球化世界中，随机性和偶然性更大，在如此不确定的环境中，冒险是一个人创业成功的前提，也是一个人能够创业成功的重要精神。世界上所有人都能看到，并认为可行的就不是机会。没有被别人看到，而只有我们看到时，然后去做又成功的机会则少之又少。最普遍的是大家都看到了，但是在别人还没有看好时，我们就勇敢去做了。如果没有詹姆斯·卡梅隆在拍摄《泰坦尼克号》时压上自己的一切财富，也就不会有这部票房收入达18亿美元的电影；如果没有他对3D电影的尝试，动员全球的电影院线更新设备，就不会有《阿凡达》，也不会有新的电影世界的到来。所有的创业者都是冒险家，都是敢于迎难而上、敢于从危机中挖掘机会的人。当然，冒险也不是盲目而为之，要科学估算成功的可能性，讲究科学规律，降低风险概率。

（四）团队精神

无论是就业还是创业，个人和社会的发展都需要个体具有团队精神。在社会中发展，个人的力量是有限的。正所谓“一根筷子容易折，一把筷子折不断”，团队的有效通力合作产生的不是1+1=2，而是1+1>2的效果。对于团队合作有正确认识的个体，将在团队中增强自我的力量，也有助于激发他人的潜力，使团队的能量发挥到极致。创业绝非是一件更适合单打独斗就会成功的事，绝大部分创业成功者都有着自己的团队。马云在2011年回答网友提问时说道：“没有人能够伟大到独自建立一个像阿里巴巴这样的企业，是团队和制度使公司能够不断发展，而不是个人……就像我一直说的，我不是公司的英雄。如果我看起来像，那是因为我们的团队造就了我，不是我造就了团队。阿里巴巴最宝贵的财富是我们的员工，他们是我们的一切。”

作为大学生创业者，要认知、认同团队精神的重要性。团队精神的形成，能将不同的个体凝聚成一股力量，为了共同的目标而前进。团队中的优秀个体对于其他成员而言是一种激励力量，而不是嫉妒的对象。因此，要创业的大学生在对自身能力认同的基础上，也需要学会欣赏别人的优点，找寻别人的优势，愿意与人合伙，积极寻求合作伙伴。在团队中尊重和接纳团队成员的感受和建议很重要，在团队中对自身行为的控制和约束也必不可少，需要依靠成员间的相互协调和相互激励来实现个体与团队的共同成长。

三、大学生创业精神现状

在2008年席卷世界的经济危机背后，孕育着商业革命的新落脚点——创业型经济。这一模式以员工具有很强流动性的中小企业为主要驱动力。正如美国学者彼得·德鲁克第一次提出这一概念时预计的，创业型经济正在逐步取代以大公司为主的经济。随着社会从工业化向后工业化、信息化的转变，中小企业以其适应的灵活性赢得了生存和发展空间。根据美国小企业管理局（SBA）的数据，在2008年大部分经济指标都下降的情况下，新创立的中小企业数量依然维持在经济危机前的水平。创业型经济带来创业的规律化、整体化、基础化,促使资源再生及生产力的发展。世界著名创业大师拉里·法雷尔曾说:"发展创业型经济是打赢21世纪这场全球经济战争的关键。"创业型经济以创新和新创事业为基础,正和我国建设创新型国家的目标不谋而合。随着互联网技术的发展,市场中企业竞争的核心要素从资本与管理转变为信息、知识和创业精神。

伴随着连续上升的创业比例,我国至2015年达到数年来创业比例最高值2.9%,但与美国的20%创业率相比还是有很大差距的。大学生作为受过高等教育的群体,在知识储备方面具有一定的优势,但在创业精神方面如何呢?

中国人民大学发布的《2016中国大学生创业报告》,以全国31个省(自治区、直辖市)1767所高校43万多名在校或刚毕业大学生为被试,其中89.2%的受访者曾考虑过创业,18.2%的受访者有强烈的创业意向。据中国人民大学商学院院长介绍:在此次调查中,约有12万大学生正在创业或曾有过创业经历,占调查大学生总人数的28%。大学生的自主创业比例呈现持续上升趋势。而另一项由江苏中公教育的调查显示,有34%的大学生想要去政府事业单位工作,30.7%的大学生希望去外资企业,24.5%的大学生希望去国有企业,7.5%的大学生愿意去民营或私营企业。就大学生的就业意愿而言,稳定的工作仍然是大学生毕业择业的主要方向,也是理想选择。这两个调查数据正印证了之前的一项以斯坦福大学、清华大学、北京大学及北京师范大学的工科大学生为调查对象的研究。虽然中美大多数大学生的梦想都是创业,但当梦想能变为现实时,只有3%的中国大学生表示自己会进入一家初创企业,而22%的斯坦福大学大学生会如此选择。希望进入政府部门工作的中国大学生数量是斯坦福大学大学生的10倍。可见,中国大学生仍然更倾向于稳定的工作,存在创业精神不足的问题。

在创业和就业地的选择上,大学生更倾向于回家乡所在的省份。《2015年中国大学生就业报告》显示,近八成创业大学生选择留在家乡。其中,在家乡省读书并创业的占56%,在外省读书回到家乡省创业的占19%,只有9%在家乡省读书的学生去外省创业,9%在外省读书并留在大学所在省,外省读书异地创业的最少,占7%。相对于外省,大学生更愿意选择自己熟悉的家乡省,也在一定程度上说明了大学生缺乏冒险精神。

创业教育在中国发展近十年来,积累了一定的经验,为大学生进行创业打下了相对良好的知识基础。但对于创业教育认识的不完善,也使得很多创业教育更多停留在知识或能力的层面上。创业知识不等同于创业精神,创业知识不能自动转化为创业行为,需要以创业精神为中介才能实现其有效转化。相对于创业知识的完善,中国大学生的创业精神还存在不够强的问题。

四、大学生创业精神的培养

美国百森商学院的杰弗里·蒂蒙斯认为,真正意义上的创业教育应当着眼于为未来的几代人设定"创业遗传密码",以造就最具革命性的创业一代作为其基本价值取向。这里所称的遗传密码，就是指以创业精神为内在表现的创业品质的传承问题，它也是评价创业素质教育成功与否的关键环节。2015 年 5 月，国务院办公厅印发的《关于深化高等学校创新创业教育改革的实施意见》反思以往高校创业教育存在的问题，制订新一轮教学改革的目标，激发更多的大学生积极投身创业实践。创新创业教育不仅仅在于知识的学习，更重要的是在于创业能力和创业精神的培养。

（一）营造创业文化氛围

创业精神作为一种心理现象，文化对其影响是不可忽视的。McGrath 等对 13 个国家被试的对比研究显示，创业者与非创业者在不确定性规避、权力距离、个体主义倾向和男子气概四个文化维度上都有显著差异。Thomas 和 Muceller 对 9 个国家 1600 个样本的对比分析也发现，文化因素对风险倾向、创新意识、控制感等存在影响。创业精神模型在跨文化情景中可能有所差异。据此，社会文化对创业行为的认同程度和普遍倾向会影响个体的创业精神，乃至整个国民的创业精神。伴随着经济模式和人们观念的转变，社会对大学生创业的态度变得更有接纳性。尤其是 2014 年，大众创业、万众创新理念的提出，使得整个社会形成了更积极的创业氛围和创业环境。就大学校园而言，也需要营造良好的校园创业文化，通过创业比赛、创业实践、创业网络平台等，培养学生的创造性思维与创新精神，激发学生的好奇心，鼓励学生敢于怀疑、敢于尝试、敢于冒险。

（二）正确认识创业本质

创业是对一个人创业素质的检验，也是实现个人价值的途径。创业不仅仅是一种谋生手段，也是在无法就业下被迫的选择。找一份固定的工作固然没有错，但随着经济模式的转变，所有的职业都没有绝对的稳定。而就工作方式和工作内容而言，也不是简单的重复再重复。大学生的创业不仅仅是办公司，也可是岗位创业、制度创业。东南大学创业教育博士生导师胡汉辉教授以新闻媒体为例解释说，办一种报纸是创业，创办一个栏目、报道以前没采访过的对象群体也是创业，这就是岗位创业。而制度创业主要是指对一个组织内部的运行机制等进行改革创新，提高效率。创业的核心在于创新，大学生既要有创新意识，又要不断锻炼自身的创新能力。

（三）树立明确创业理想

在 2016 年中国发展高层论坛上，扎克伯格和马云都同时提到了创业理想对大学生创业的重要作用。创业虽然能够为创业者带来财富，而且相关数据也显示，创业者的收入确实要高于非创业者，但赚钱不应该是大学生成立公司的首要目的，更不能是唯一目的。大学生要实现自我价值，但也不能为建立公司而成立公司。在创业之初，大学生就要带着使命和信念，要搞清楚自己想要解决什么问题、实现什么理想，要规划公司的发展方向，有明确的目的，要承担更多社会责任，为社会创造更多财富并回报社会。如拥有了远大的创业理想，创业信念会更加坚定，自信心也会随之增强。

(四)培养强大人格魅力

奥尔波特被称为“人格研究界第一人”,他在《人格形态与成长》中提出了成熟人格的六要素,将自我意识的扩大,和他人的密切联系,情绪的安定,面对现实的知觉、技能,自视客观——洞察和幽默,统一的人生哲学看作人格成熟的基本标准。创业者处于纷繁复杂的社会关系网络中,无论是寻找创业伙伴还是谋求合作伙伴,都需要个体具有相对完善的人格特质,需要与他人保持相应的密切关系,在遇到问题时不气馁,不因失败而放弃。创业者要对自身有足够的自信,才能以阳光的心态向着既定的方向前进。大学生要客观地评价自己,正确认识自身的优点。人的心理是对客观环境的主观反应。如果一个人对自身没有正确的认识,不仅影响自己对自己的评价,也会影响别人对自身的评价。曾经心理学者做过一个瘢痕实验,请 10 位被试参与到实验中,实验中让被试相信他们是以脸上有着可怕伤痕的面容出现在公众面前的,让他们收集公众对他们的态度。被试收集回来的信息相当的一致,觉得周围人对他们不友善、没有礼貌等。但问题是他们出现在公众面前时脸上并没有瘢痕,这道瘢痕已经种在了他们的心里。一个不够自信的人看到更多的是别人的不尊重、不重视、不公平。但一个足够自信的人并非看不到不尊重、不公平,只是他们更具有客观性甚至可将其转化为前进的动力。让我们的大脑接受更多积极的声音,多鼓励自己,多支持自己,让自己迈出创业的第一步。

2014 年李克强总理在夏季达沃斯论坛上承诺:“打破一切体制机制的障碍。”让每个有创业愿望的人都拥有自主创业的空间,让创新创造的血液在全社会自由流动,让自主发展的精神在全体人民中蔚然成风！创业者是中国经济升级换代的力量,创业者的成功不仅是为个人创造财富,也是为社会和国家创造财富,增加就业的机会。中国年轻人已经迎来了创业的好时代,大学生不应该仅是这个时代的旁观者,更应该是见证者和参与者。大学生应该勇敢地迈入新一轮的创业大潮历练自己,砥砺前行。

第三节　企业家精神

一、企业家

(一)企业家概述

“企业家”一词是从法语借来的,其原意是指“冒险事业的经营者或组织者”。在现代企业中企业家大体可分为两类:一类是企业所有者企业家,作为所有者,他们仍从事企业的经营管理工作;另一类是受雇于企业所有者的职业企业家。目前对“企业家”一词还没有一个权威的、统一的定义。法国早期经济学家萨伊认为,企业家是冒险家,是把土地、劳动、资本这三个生产要素结合在一起进行活动的第四个生产要素,他承担着可能破产的风险。英国经济学家马歇尔认为,企业家是以自己的创新力、洞察力和统帅力,发现和消除市场的不平衡性，创造交易机会和效用，给生产过程提出方向，使生产要素组织化的人。由以上表述也可看出企业家的一些本质特征：冒险、创新。因此，我们不妨将企业家定义为：企业家是对土地、资本、劳动等生产要素进行有效组织和管理、富有冒险和创新精神的高级管理人才。企业家与一般厂长、经理等经营者的不同主要在于企业家敢于冒险，善于创新。企业家是经济学上的概念，企业家代表一种素质，而不是一种职务。

(二)企业家的基本素质

有一种观点是从一些企业家的显著特征来总结的，将企业家素质分为三个方面。第一个是有眼光。站得高，才能看得远。企业家要高瞻远瞩，高屋建瓴，未雨绸缪；要有战略眼光，既要把握大势，掌握全局，又要见微知著，明察秋毫。第二个是有胆量。企业家需要冒险，冒险精神是企业家精神的一个重要组成部分，但创业毕竟不是赌博，创业家的冒险有别于冒进。第三个是有组织能力。企业家要善于动员和组织社会资源，进行并实现生产要素的重新组合。

还有一种观点是从企业家应具备的知识、见识、方法、境界及意志力五个方面素养来进行总结的，将企业家素质分为以下四个方面。第一是知识。一个企业家的所作所为只能局限在自己"知识岛"所能掌控的范围内，岛外行为只能属于冒险式的投机。第二是见识。见识源于个人的经历。如果把知识看成是一个岛，见识就是一条线，就是走过的路，就是见过的事。第三是方法。方法即合理的路径。第四是境界。企业家的境界决定了他站在什么高度思考问题。人的境界不一样，做事的心态完全不同。

二、企业家精神

(一)企业家精神的概念内涵

19 世纪，西方将企业家具有的某些特征归纳为企业家精神，在英文术语使用上，企业家和企业家精神常常互换。长期以来，企业家的概念通常是从商业、管理及个人特征等方面进行定义的。进入 20 世纪后，企业家精神的定义就已拓展到了行为学、心理学和社会学分析的领域。而在当今西方发达国家，企业家转到政府或社会组织工作非常普遍，也不断提出和实施用企业家精神来改造政府服务工作和社会管理工作。也有人将企业家精神定义为个人带来的过程，确定新的创业机会，并将其转化为可销售的产品或服务。

我们可以看出，不管哪种看法，企业家精神都应该有以下内涵：一是企业家精神的主体一定是在商业领域有成功经历的人；二是企业家精神的内容一定是一些共同或相似的精神特征；三是企业家精神的表现一定有其科学的行为特质，这种特质可以表现在工作行为、管理行为、日常行为等生活和工作的方方面面。

(二)企业家精神的特征

企业家精神是企业家这个特殊群体所具有的共同特征，是他们独特的个人素质、价值取向及思维模式的抽象表达，是对企业家理性和非理性逻辑结构的一种超越、升华。企业家群体独有的、显著的精神特征把企业家和其他群体区别开来，人们常把它看作成功的企业家个人内在的经营意识、理念、胆魄和魅力。企业家的成功是各种各样的，但是不同企业家的企业家精神却往往有着共同的特征。一般认为，企业家精神有如下特征。

1. 创新

熊彼特关于“企业家是从事创造性破坏的创新者”的观点，凸显了企业家精神的实质和特征。一个企业最大的隐患，就是创新精神的消亡。一个企业，要么增值，要么就是在人力资源上失败，创新必须成为企业家的本能。但创新不是“天才的闪烁”，而是企业家艰苦工作的结果。创新是企业家活动的典型特征，包括产品创新、技术创新、市场创新、组织形式创新等。创新精神的实质是“做不同的事，而不是将已经做过的事做得更好一些”。所以，具有创新精神的企业家更像一名充满激情的艺术家。

2. 冒险

坎迪隆和奈特两位经济学家将企业家精神与风险或不确定性联系在一起。没有甘冒风险和承担风险的魄力，就不可能成为企业家。企业创新风险是二进制的，要么成功，要么失败，只能对冲，不能交易，企业家没有第三条道路。在美国3M公司有一个很有价值的口号：“为了发现王子，你必须和无数个青蛙接吻。”“接吻青蛙”常常意味着冒险与失败，但是“如果你不想犯错误，那么什么也别干”。同样，对于1939年在美国硅谷成立的惠普，1946年在日本东京成立的索尼，1976年在中国台湾成立的宏碁，1984年分别在中国北京、青岛成立的联想和海尔等众多企业而言，虽然这些企业创始人的生长环境、成长背景和创业机缘各不相同，但无一例外都是在条件极不成熟和外部环境极不明晰的情况下，他们敢为人先，敢于第一个跳出来“吃螃蟹”，极具冒险精神。

3. 合作

正如艾伯特·赫希曼所言：企业家在重大决策中实行集体行为而非个人行为。尽管伟大的企业家表面上常常是进行着一个人的表演，但真正的企业家其实是擅长合作的，而且这种合作精神需要扩展到企业的每个员工。企业家既不可能也没有必要成为一个超人，但企业家应努力成为“蜘蛛人”，要有非常强的“结网”的能力和意识。西门子是一个例证，该公司秉承“员工为企业内部的企业家”的理念，开发员工的潜质。在这个过程中，经理人充当教练角色，让员工进行合作，并为其合理的目标定位实施引导，同时给予足够的施展空间，并及时予以鼓励。西门子公司因此获得了令人羡慕的产品创新纪录。

4. 敬业

马克斯·韦伯在《新教伦理与资本主义精神》一书中写道：“这种需要人们不停地工作的事业，成为他们生活中不可或缺的组成部分。事实上，这是唯一可能的动机。但与此同时，从个人幸福的观点来看，它表述了这类生活是如此的不合理：在生活中，一个人为了他的事业才生存，而不是为了他的生存才经营事业。”对事业的忠诚和责任，才是企业家的“顶峰体验”和不竭动力。

5. 学习

彼得·圣吉在其名著《第五项修炼》中说道:“真正的学习,涉及人之所以为人此一意义的核心。”学习与智商相辅相成,以系统思考的角度来看,从企业家到整个企业,必须持续学习、全员学习、团队学习和终身学习。日本企业的学习精神尤为可贵,他们向爱德华兹·戴明学习质量和品牌管理,向约瑟夫·M.朱兰学习组织生产,向德鲁克学习市场营销及管理。同样,美国企业也在虚心学习,其企业流程再造和扁平化组织,正是学习日本的团队精神结出的硕果。

6. 执着

英特尔总裁葛洛夫有句名言:“只有偏执狂才能生存。”这意味着在遵循摩尔定律的信息时代,只有坚持不懈、持续不断地创新,以夸父追日般的执着,“咬定青山不放松”,才可能稳操胜券。在发生经济危机时,资本家可以用脚投票,变卖股票退出企业,劳动者亦可以退出企业,然而企业家却是唯一不能退出企业的人。正所谓“锲而不舍,金石可镂;锲而舍之,朽木不折”。20 世纪 80 年代,诺基亚涉足移动通信,到 90 年代初芬兰出现严重经济危机,诺基亚遭到重创,公司股票市值缩水了 50%。在此生死存亡关头,公司非但没有退却,反而毅然决定变卖其他产业,集中公司全部的资源专攻移动通信。坚忍执着的诺基亚成功了。

7. 诚信

诚信是企业家的立身之本,在企业家修炼领导艺术的所有原则中,诚信是绝对不能摒弃的原则。市场经济是法治经济,更是信用经济、诚信经济。没有诚信的商业社会,将充满极大的道德风险,显著抬高交易成本,造成社会资源的巨大浪费。其实,凡勃伦在《企业论》中早就指出:“有远见的企业家非常重视包括诚信在内的商誉。”诺贝尔经济学奖得主弗利曼更是明确指出:“企业家只有一个责任,就是在符合游戏规则下,运用生产资源从事利润的活动,亦即须从事公开和自由的竞争,不能有欺瞒和诈欺。”

(三)企业家精神的功能作用

1. 企业家精神是企业核心竞争力的重要来源

彼得·德鲁克认为:“所谓公司的核心竞争力,就是指能干别人根本不能做的事,能在逆境中求得生存和发展,能将市场、客户的价值与制造商、供应商融为一体的特殊能力。”可见,企业核心竞争力从某种意义上讲,是企业家精神的一个反映或扩展,它体现的正是企业的创造与冒险,也是企业的合作与进取。

企业家在企业中的独特地位,决定了企业的核心价值观必然受其重要影响,决定了企业的组织创新、管理创新、价值创新等冒险活动只能由企业家自己承担。它同时也决定了企业经营发展的兴衰成败,从而也就决定了企业核心竞争力能否形成。因此,可以说,企业家在其精神的鼓励下对企业核心竞争力起着关键性保障作用,企业家精神通过企业家自身保障了企业核心竞争力的培育与提升。

2.保护企业家精神对企业竞争力具有提升作用

企业家精神是企业核心竞争力的来源之一。在一个活跃的市场中,土地、劳动者、资本等要素只有在具有企业家精神的人手中,才能在复杂多变的竞争环境中发展壮大起来,才会真正成为财富的源泉。电视剧《亮剑》中,李云龙在总结“亮剑精神”的时候说:“事实证明,一支具有优良传统的部队,往往具有培养英雄的土壤。英雄或是优秀军人的出现,往往是由集体形式出现,而不是由个体形式出现。理由很简单,他们受到同样传统的影响,养成了同样的性格与气质。任何一支部队都有着它自己的传统。传统是什么?传统是一种性格,是一种气质!这种传统与性格,是由这种部队组建时首任军事首长的性格与气质决定的。他给这支部队注入了灵魂。”企业家精神也是如此,它是一个企业的魂,是一个企业最核心的竞争力体现。

第四节 大学生创业应具有的伦理道德

一、商业道德与企业伦理

(一)商业道德

商业道德从分析商业的本质、商务活动的前期行为入手,为人们提供了判断商务活动是否符合道德规范的商业道德行为准则。中国古代就有经商要合议取利、价实量足等要求。在社会主义条件下,商业道德的基本内容是为人民服务,对人民负责;文明经商,礼貌待客;遵纪守法,货真价实;买卖公平,诚实无欺等。

商业道德是一个历史范畴,作为一种意识形态,不仅为一定的社会经济和文化所决定,而且也反作用于一定的社会经济,对商业活动具有重要的指导意义。改革开放以后,随着市场经济的最终确立和发展,我国的经济建设取得了巨大成就,社会生产力显著提高,市场经济日益发达。但是,在经济领域的发展带给我们物质生活极大丰富的同时,我们也不能忽略经济领域中某些企业的道德缺失现象,“地沟油、苏丹红、三聚氰胺……”一系列食品安全事件警示我们企业不遵守商业道德带给社会的严重后果。同样,其他如环境污染、不遵守商业契约等各种不遵守商业道德的问题,不仅造成了巨大的环境压力,还严重影响了社会经济活动与社会风气,更制约了社会精神文明的发展。

从事商业活动的商业主体必须讲究商业道德,具备良好的商业信誉,树立正确的商业道德价值观,才能使自己在商业经济大潮中健康、长远地发展下去。所以说,只有加强商业道德建设,提高商业主体的道德水准,树立正确的商业道德价值取向,找寻现代商业道德建设的新思路,才是解决商业领域种种问题的出路所在。

(二)企业伦理

所谓企业伦理(又称为企业道德),是指企业经营本身的伦理。不仅企业,凡是与经营有关的组织都包含伦理问题。只要是由人组成的集合体在进行经营活动时,在本质上始终都存在着伦理问题。一个有道德的企业应当重视人性,不与社会发生冲突与摩擦,积极采取对社会有益的行为。

企业伦理观念是美国于20世纪70年代提出的,20世纪90年代日本也开始对企业伦理问题进行研究。而我国对企业伦理的认识与研究尚处于起步阶段,对企业伦理的内涵尚缺乏了解。有人认为,企业是将盈利作为主要目标的,伦理追求的则是道德规范,企业的经营目标与企业社会责任没有必然联系,甚至是水火不相容的,因此认为企业的经营目标和经营伦理是相矛盾的。其实这不过是表面现象,追求利润为唯一目标的思维方式是落后于新时代的。在当今时代,如果企业只追求利润而不考虑企业伦理,则企业的经营活动会越来越为社会所不容,必定会被时代所淘汰。也就是说,如果在企业经营活动中没有必要的伦理观指导,经营本身也就不能成功。树立企业伦理的观念,体现了重视企业经营活动中人与社会要素的理念。

(三)企业伦理的内容

一般认为,企业伦理的内容依据主题可以分为对内和对外两部分,内部包括劳资伦理、工作伦理、经营伦理等,外部包括客户伦理、社会伦理、社会公益等,具体内容如下:

(1)企业与员工间的劳资伦理。其主要包括劳资双方如何互信、劳资双方如何拥有和谐关系、伦理领导与管理、职业训练(员工素质的提升,包括职前训练与在职训练)等。

(2)企业与客户间的客户伦理。其主要是指服务伦理。客户伦理的核心精神是满足顾客的需求才是企业生存的基础。顾客是企业经营的主角,是企业存在的重要价值。

(3)企业与同业间的竞争伦理。其主要包括不削价竞争(恶性竞争)、不散播谣言(黑函、恶意中伤)、不恶性挖角、不窃取商业机密等。

(4)企业与股东间的股东伦理。企业最根本的责任是追求利润,因此企业必须积极经营、谋求更多的利润,借以为股东创造更多的权益。清楚严格地划分企业的经营权和所有权,让专业经理人充分发挥其作用,确保企业公司营运自由。

(5)企业与社会间的社会伦理。企业与社会息息相关,企业无法脱离社会而独立运作,要重视社会公益,提升企业形象,谋求企业发展与环境保护之间的平衡。

(6)企业与政府间的政商伦理。政府的政策需要企业界的配合与支持。金融是国家经济发展的重要产业之一,因而金融政策更是政府施政的重点,企业不但要遵守政府相关的法规,更要响应与配合政府的金融政策。

(四)企业伦理在企业经营管理中的功能作用

在企业经营管理中,企业伦理发挥着重要的作用。

(1)提倡企业树立崇高目标,为企业发展指明正确的方向。以发展生产力,提高经济效益，将企业的发展与国家、民族乃至人类社会的发展相联系作为企业追求的目标，这赋予了企业一种庄严的使命感，为企业发展指明了方向。

(2)提高员工的道德素质有利于企业人力资源和物质资源的配置。在企业管理过程中我们可以发现，那些德才兼备的员工往往会成为企业的核心，并且能够给企业带来较大的价值，是企业可持续发展的骨干力量。

(3)运用伦理手段可以调动员工的积极性和创造性。在企业管理过程中，伦理手段不仅能够约束员工的行为，也有利于传播正能量，从而提升员工工作积极性及对企业的责任感，增强企业竞争力。目前很多企业非常重视对员工职业化的培训，这就是通过伦理影响员工行为的一类课程。

(4)增强管理者人格魅力，提升管理者管理效率、效果。管理者的人格魅力主要由管理者的道德素质决定，它能产生威信，使管理者赢得员工的信任，有助于二者之间的沟通；它能产生感染力和号召力，使员工产生一种归属感、安全感、责任感，并进一步转化为对企业的忠诚，产生强大的内聚力。

(5)通过产品伦理道德提升产品质量，提升服务，增强企业竞争力。产品质量、企业信誉和服务对企业的发展至关重要，遵守产品伦理道德意味着企业在生产经营过程中坚持一流的产品意识，坚持信誉高于一切，坚持一流的服务意识和行动，这些是企业产品和服务在市场中竞争的基础。

(6)强化社会责任，注重社会效益。企业在追求经济效益的同时，应该强化社会责任，注重社会效益。企业不仅应为社会提供优质的产品和服务，而且要积极参与社会的公益活动，履行社会的义务，完成社会的使命，树立良好的企业形象。同时，企业社会责任的履行和企业的正面社会形象也会给企业带来更多的品牌利益和经济利益。

(7)树立契约精神、崇尚伦理是企业间竞争与合作的基础。企业之间的信任建立需要一个过程，在这个过程中，契约的履行及其他企业间的伦理履行有着重要的作用，一旦企业建立互信，将会给企业间的合作带来非常好的效果。

(五)企业伦理构建

一般认为，企业可以从以下四个方面入手，推动企业伦理的建立。

1. 制定并执行企业伦理守则

伦理守则所规范的主要对象是企业与其利益相关者。员工、顾客、股东、政府、社区、社会大众等责任关系同时包含公司的经营理念与道德理想，反映公司的文化与行为、生存的基本意义和行为的基本方向。企业信奉的伦理守则应贯彻到经营决策的制定及重要的企业行为中。在建立伦理法则的同时，公司也可通过一系列的奖励、审核及控制系统加以强化，并对破坏伦理规范的行为予以惩罚，让员工都明白，组织绝不允许违反伦理的行为。管理人员对违规者的默许，将会严重阻碍组织形成更具伦理气候的环境。

2.设定伦理目标

企业伦理目标强调企业行为不仅具有经济价值,还必须具有伦理价值。企业在追求经济目标的时候,往往不由自主地将获利作为衡量行为价值的唯一尺度。于是,为了实现利润最大化,不惜损害他人利益的行为在现实生活中时有发生,这说明企业的经济目标需要伦理目标的调节和制约。企业目标制约下的行为不仅不能违背以法规形式体现出来的经济活动的游戏规则,而且要进一步以伦理准则来约束自己,主动实现道德自律。经营者必须不断提醒自己:企业生存的根本意义是什么?企业的生存其实不是一个目的,而是一种手段,是通过企业的生存,求得顾客的满意。所以,当一个企业非要用不伦理的手段才能生存的话,它就不再具有存在的意义和价值了。

3.加强员工企业伦理教育

现在不少国外的大企业,在员工的教育训练课程中会邀请诗人、哲学家为员工上课,目的就是希望员工能对身边的人与物有更高的敏感度,帮助员工在道德思想和行为中注入强大的个人意志,防止道德沦丧。企业也可参与一些有意义的社会活动,协助推动社会良性改革,这样不仅可以提高公司的向心力,激励员工士气,同时也可提升个人品质,满足员工更高层次的精神需求。这种需求的满足会进一步激发员工的积极性、创造性和敬业精神,从而更有利于企业经济目标的实现。这样,道德伦理风范就不再是企业必须维持的一个负担,而是统治一个企业的精神风貌。因此,企业应加强员工企业伦理教育,注重培养反映企业价值观的态度观念、思考方式等,让员工深刻了解到企业更高一层的使命。

4.企业高层推动伦理建设

高层领导的重要职责之一是赋予企业的指导价值观以生命力,建立一个支持各种道德行为的环境,并在员工中灌输一种共同承担的责任感,让员工体会到遵守伦理是企业积极发展的一面,而不是权威强加下的限制条件。领导要敢于承诺,敢于为自己所倡导的价值观念而采取行动,并在与道德义务存在冲突时,敢于以身作则。

企业管理的主要责任是教导、促进并启发员工的诚实、正直、公正感。一个真正的企业家,应该是净化社会风气的先锋。

目前,中国企业处于公平开放的国际化竞争中,这更要求企业以诚信为本,在创造经济利益的同时,将企业伦理作为体制改革的一个重要部分,在组织内建立一套行之有效的伦理监督机制,肩负起应尽的社会责任,共创人间净土,实现企业的可持续发展。

二、大学生创业伦理道德建设

高校创业教育包括理论教育与创业实践两个方面,创业实践是提升创业素质的重要途径之一,创业者通过向社会提供各类产品和服务进行创业实践。如何在合理、合法的情境中获得最大发展,如何处理好企业与社会、企业与消费者、企业内部员工间利益关系等问题,都涉及道德的问题。

(1)目前,大学生创业在各个高校已经成为一种普遍的现象,然而在这个过程中,还是存在着很多的伦理问题需要解决,如契约精神、团队合作、客户为中心的理念等。这需要我们的课程教育、实践教育、创业指导都有针对性地涉及。

(2)从创业目标指向看,要鼓励大学生创业者在物质层面、道德层面上都追求更高的价值,开创新的事业。要创业,必须向社会提供具有竞争力、能增进社会福利的产品,这些产品具有物质和道德两个层面,既是物质产品又是道德产品。物质产品是生产活动的结果,道德产品则是指附加在实物产品上的,能够提高实物产品的价值并为大众所信任的产品。具有道德的物质产品,能够使企业获得良好的商业信誉和声誉,反过来这又会促进企业物质产品的销售,增加实体资本,推动企业做大做强。道德产品和物质产品共同关系到企业的生死存亡,任何企业都应该秉持对社会和他人高度负责任的态度、诚实守信的精神,为他们提供优质高效、物美价廉的人性化商品,这是创业企业命运攸关的核心任务。但是这种道德品质不是天生的,只能在创业教育实践中进行引导和培养。

(3)我们应当鼓励大学生创业者在整个创业过程中建立良好的企业伦理道德,做一些简单或短期的有益的事情。从创业过程看,创业实践是实体资本与道德资本共同作用,开发新产品、提供新服务的过程。任何一项事业发展都须经历由小到大、由量变到质变、由不完善到完善的发展过程。在创业过程中,创业者要顺应社会发展的要求,制订可行的创业方案,整合人力资本、物质资本等资源,克服困难完成任务。这一过程既是实体资本实现经济价值的过程,也是道德资本推动实体资本发展、实现其社会价值的过程。因此,企业伦理道德的建立需要长期坚持。

第三章 创新创业思维与方法

第一节 思维与创新思维

一、思维

（一）思维的概念及要素

“思维”在《词源》中有“思索、思考”的意思。生理学将思维定义为：“思维是一种高级生理现象，是脑内一种生化反应的过程，是具有意识的人脑对客观现实的本质属性、内部规律的自觉的、间接的和概括的反映。”心理学把思维定义为：“思维是人脑对客观事物概括的和间接的认识过程，通过这种认识，可以把握事物的一般属性和本质属性及其内部规律。”哲学上把思维定义为“理性认识的过程，即外在刺激或内在刺激所引起的对事物的一种间接的和概括的反应”。思维科学认为，思维是人接收信息、存储信息、加工信息及输出信息的活动过程，也是概括地反映客观现实的过程。思维的对象主体是信息及信息过程，钱学森教授在《关于思维科学》一文中曾指出：“研究信息和信息过程的学问……是思维科学的基础科学之一。”思维是认识的理性阶段，人们在感性认识的基础上，形成概念，并用其构成判断（命题）、推理和论证。高校学生在创业过程中深刻地理解思维的内涵，并充分地拓展自己的思维方式，积极进行创新创造，对学生个人未来发展具有重要意义。

思维来源于劳动，是在人类认识自然、改造自然的过程中，逐渐形成的对客观世界及现实的信息化反映。思维对事物的间接反映，往往通过其他媒介作用及借助于已有的知识和经验，通过已知的条件推测未知的事物。人因为具有思维而伟大，思维是人类有别于万物的主要特点。东汉王充在《论衡》中说：“人，物也，万物之中有智慧者也。”亚里士多德也说：“植物有营养和生殖，动物有运动和感觉，人类有智慧和思维。”思维的体现是多种多样的，可以体现于人类认识自然、改造自然的过程，可以体现为社会的发展和进步，可以体现为思想与艺术的表达展现，可以体现为科技成果的创造，可以体现为我们的生活及日常管理。

思维包含思维对象和思维主体两个要素。思维对象，就是人们的思维所指向的目标。从思维方法的角度来考察思维对象，其主要特点表现在“无穷多的数量”“无穷多的属性”“无穷多的变化”三个方面。思维主体，就是从事实践活动的人或正在进行思考的人的头脑。在大学生创业过程中，项目运营阶段和企业运营阶段思维对象有显著的不同，在项目运营阶段的思维对象更多的是项目相关要素，以项目完成为目的，而在企业运营阶段的思维对象更多的是各个商业要素，以营利为目的。作为思维主体的大学生，其思维形式还不够完善，还需要进行大量的知识和经验积累，积极进行思维训练将会对其综合素质的提升起到极大的促进作用。

（二）思维的特性

(1)思维具有内隐性。思维不是一种直接的感觉活动，是一种间接的抽象过程，是人脑对外界事物直接或间接刺激的反映，也可以说人们的知觉在其中起着重要的作用。我们无法直接观测到人脑的思维过程，只能观测到人们思维后的主观反应，如语言、行为、表情等。

(2)思维具有概括性。人脑可以将一类事物甚至多种事物通过概括或归纳总结，提炼出其本质特征及规律，并加以应用。

(3)思维具有间接性。人的感知是有感觉阈限的，如超声波、次声波等听觉阈限，红外线、紫外线等视觉阈限。同样，嗅觉、触觉等都存在着感觉阈限。所以，思维的活动往往需要以其他事物为媒介来认识客观事物，或者借助已有的知识经验来理解和把握那些没有或者不可能感知的事物，以预见和推理事物的发展过程。

(4)思维具有预见性。预见性并不是思维者与生俱来的天赋和灵性，而是客观事物在人脑中主观反应的产物。马克思主义认为，事物的发展不是杂乱无章的，而是有序的，是有规律可循的。事物发展的规律决定了事物发展的方向和事物发展的趋势，人们不但可以认识、推测对象的过去，还可以对对象的未来进行科学的预测。人们可以根据自身经验及感知，通过对客观规律的分析，预见未来可能存在的科技发展趋势、社会发展趋势。

(5)思维具有时代性。也可以说具有历史性及现实性。人们的思维活动容易受到所处时代的实践经验的制约，思维的历史性提醒人们既不能固守传统思维模式，又不能割裂历史，而思维的现实性要求我们认清当代社会发展的趋势，充分考虑现实的要求，扬弃传统的思维方式中不好的方面，努力培养新的符合时代发展的思维方式和方法。

(6)思维具有创造性。在人类历史过程中，时刻都有人向陈规旧律挑战，时刻都有人在打破旧的传统和习惯。人的思维及人类社会的诸多发现、发明、创造都体现了思维的创造性，人类具有强大的分析问题、解决问题的能力，随着时代的发展，这一速度在加快。怀疑常规事物，否定原有框架，解放思想、锐意改革、勇于创新也成了现代社会的强烈呼唤。

(7)思维具有逻辑性。事物及社会的发展是有其规律可循的，人们在改造自然的过程中，自然而然地学习和理解事物及社会的发展规律，同时在充分地利用规律来影响事物及社会发展，可见思维具有逻辑性。逻辑性反映出思维是一种抽象的理性认识，表明思维过程有一定的形式、方法和规律。

(8)思维具有形象性。思维常借助形象化的材料来进行，形象既是思维的载体，也是思维的工具。

(9)思维具有统一性。人类具有普遍性的思维，在基本思维层次上，人类的反应具有统一性和一致性。

(10)思维具有差异性。人类思维能力的最基本的东西是一致的,但并不是说人与人之间在思维上就没有差别,实际上每个人深层上的思维常常有很大的不同,存在着个体差异性。

(三)思维的分类

1.从抽象性上划分

思维有很多分类方法,从抽象性来划分,主要可分为直观行为思维、具体形象思维、抽象逻辑思维。

(1)直观行为思维。

其是直接与物质活动相联系的思维,又称感知运动思维。这种思维主要是协调感知和动作,在直接接触外界事物时产生直观行动的初步概括,感知和动作中断,思维也就终止。比如,儿童玩积木不是想好了再玩而是玩起来再想,边玩边想,边想边玩,儿童最初的这种思维就是直观行为思维。运动员对技能和技巧的掌握也需要直观行动思维做基础。

(2)具体形象思维。

其是以具体表象为材料的思维,是一般形象思维的初级阶段。它不具备真正揭示事物的木质特征,而具有开始认识事物的属性及具体形象性。它往往凭借事物的具体形象、表象或语言来进行,其在文艺创作中经常得到运用。

(3)抽象逻辑思维。

这是高级的思维方式,以抽象概念为形式,依靠概念、判断和推理进行思维,最终反映事物的本质属性和规律性联系。它是人类思维的核心形态,也是人类最基本的、运用最广泛的思维方式。

2.从目的性上划分

从思维的目的性来看,思维可以分为上升性思维、求解性思维、决策性思维。

(1)上升性思维。

其以实践所提供的个别经验为起点,把个别经验上升为普遍性的认识。个别思维大多来自日常生活体验,因而不具有普遍的指导意义,其真实性有待实践检验,最终上升为普遍性认识。

(2)求解性思维。

这种思维始终是围绕问题展开的,依靠已有的知识去寻找与现状之间的中间环节,从而使问题获得解决。例如,在解答数学题时,应先分析已知条件,看看问题,最后再找由条件到问题之间的桥梁。

(3)决策性思维。

它是以预测未来效果为中心的思维活动,是人们面对某一事物的发展趋势而做出果断抉择的思维,是以规范未来的实验过程或预测其效果为中心的思维。它遵循具体性、发展转化、综合平衡三条原则。

3.从智力品质上划分

从智力品质上划分，思维可以分为再现思维、创造思维。

(1)再现思维。

这是一种一般性思维，主要依赖过去所获得的知识和经验，对过去的记忆进行思维再现，按现成的方法或程序去解决问题。这种思维方式往往是对自己或他人以往的思维活动进行重复与模仿，缺乏创新性。

(2)创造思维。

这种思维形式是人们在已有的知识和经验的基础上，对问题找出新答案、发现新关系或创造新方法的过程，是思维的一种高级形式。虽然其依赖于过去的经验和知识，但却会把它们综合组织形成全新的东西，其最突出的标志是新颖、独特。在很多行业取得突破性成绩和见解的人往往具备这种思维。

4.从思维技巧上划分

从思维技巧上划分，思维可以分为以下几种。

(1)归纳思维。

它是由一系列具体的事实概括出一般原理的思维(与“演绎思维”相对)，需要从一个个具体的事例中，推导出它们的一般规律和共同结论。比如，数学中就经常用到归纳思维。

(2)演绎思维。

演绎思维是把一般规律应用于一个个具体事例的思维。在逻辑学上又称演绎推理。它是从一般的原理、原则推及个别具体事例的思维方法。

(3)批判思维。

人们在解决问题的时候，往往强调批判思维。它一方面需要品评和批判既定的想法或假说；另一方面需要思考者积极进行思维，提高思考的质量，巧妙地运用思维内在的结构并用智能标准对思考施加影响。批判思维体现为独立自主、自信、思考、不迷信权威、头脑开放、尊重他人等。

(4)收敛思维。

收敛思维是与发散思维相对的，又称集中思维、求同思维，是指从已知的种种信息中产生一个结论，从现成的众多材料中寻找一个答案。从许多资料中找出合乎逻辑的联系，从而导出一定的结论，对几种解决方案加以比较研究，从而导出一种解决办法的，就属于这种思维。

(5)发散思维。

发散思维也称求异思维、辐射思维、放射思维、扩散思维，是大脑呈现一种扩散状态的思维模式。它表现为思维视野广阔，呈现出多维发散状。最常见的发散思维形式如“一题多解”“一事多写”“一物多用”“一词多义”等。

(6)侧向思维。

使用侧向思维思考时,要求避开问题的锋芒,从侧面去想,在最不起眼的、次要的地方多做文章,进行侧面挖掘,扩大价值。这种利用局外信息来发现解决问题的途径的思维往往会有意想不到的效果,也更简单、方便。

(7)求证思维。

求证思维是用自己掌握的知识和经验去验证某一个结论的思维,现实生活中很多问题需要求证才能为人们所信服。求证思维的结构包括论题、论据和论证方式,如我们写议论文,就需要充分论证我们的观点,才能被读者接受。

(8)逆向思维。

逆向思维是对司空见惯的、似乎已成定论的事物或观点反过来进行思考,看看结果是什么,也即"反其道而思之"。从问题的反向进行探索,有利于树立新思想,创立新形象。其实,对于某些特殊问题,当人们习惯于沿着事物发展的正方向去思考时,往往难以寻求到解决办法,如果从结论往回推,倒过来思考,或许会使问题简单化。我们常常说的"以终为始"就是运用了这种思维方式。

(9)横向思维。

横向思维是在更广阔的领域进行思维拓展,打破逻辑局限,它的特点是不限制任何范畴,以偶然性概念来逃离逻辑思维,从而创造出更多新想法、新观点、新事物。这种思维大都是从与之相关的事物中寻找解决问题的突破口,围绕同一个问题,从不同的角度去分析或在与之相关的事物分析中寻找答案。我们常说的"左思右想,思前想后"就是运用了这种思维方式。

(10)递进思维。

递进思维以当前现状为起点,以最终目标为方向,有条理、有步骤、有序地进行递进思考,由浅入深,逐步深化,最终达到想要的目标或者结果。例如,数学运算中的多步运算就是运用了这种思维。

(11)想象思维。

想象思维是人们在联想中进行思维,大脑通过形象化概括,对已有记忆表象进行加工、改造或重组,经过新的组合创造出新形象,是形象思维的具体化,是人类进行创新活动的重要的思维形式。

(12)分解思维。

分解思维又称分离思维,将研究对象或问题进行科学分解,使其本质属性和发展规律从复杂现象中暴露出来,从每个部分及其相互关系中去寻找答案,从而使研究者能够理清研究思路,抓住主要矛盾,以获得新思路或新成果的思维方法。

(13)推理思维。

推理思维是一种逻辑思维,通过一个或几个已知前提推出新判断(结论)的过程。思维过程中需要对一个事物进行分析、判断,得出结论,再以此类推通过判断、推理去解答问题。

(14)对比思维。

对比思维通过对两种相同或是不同的事物进行比较，寻找事物的异同及其本质与特性。比如，我们生活中的排序、目标达成情况、横向对比、纵向对比等都属于这种思维方式。

(15)交叉思维。

交叉思维是在寻找答案的过程中，在一定的点暂停，同时再从另一个方向寻找答案；也可在同一个地方暂停，交叉汇合沟通思路，找出正确的答案。

(16)转化思维。

转化思维是在解决问题的过程中遇到障碍时，把问题由一种形式转换成另一种形式，使问题变得更简单、清晰。

(17)跳跃思维。

跳跃思维又称跳跃式思维或跳跃性思维，跳过事物中的某些中间环节，省略某些次要的过程，直接达到终点。该思维不依照逻辑步骤，直接从一种可能跳到另外一种可能，并再一步推而广之到其他相关的可能。

(18)直觉思维。

直觉思维是对一个问题未经逐步分析，仅依据内因的感知迅速地对问题答案作出判断、猜想、设想。直觉思维是一种心理现象，是可以有意识地加以训练和培养的。

(19)渗透思维。

渗透思维是分析问题时，看到错综复杂的、互相渗透的因素，通过对这些潜在因素关系的分析来解决问题。

(20)统摄思维。

统摄思维是用一个概念取代若干概念，并对事物进行高度抽象，把握事物的全貌，统摄推论各个环节。

(21)幻想思维。

幻想思维是人的大脑思想天马行空，在毫无现实干扰的理想状态下进行任意方向的发散，进行任何形态的幻想与思考。当然，由于幻想有时会脱离实际，无法避免错误的产生，但只要幻想最终能回到现实中来并加以检验，错误就会被发现并纠正。

(22)灵感思维。

灵感思维常常以“一闪念”的形式出现，是由人们潜意识思维与显意识思维多次叠加形成的，一般凭借直觉进行，具有快速、顿悟性的表现。它是逻辑性与非逻辑性相统一的理性思维整体过程，是人们创造过程中出现的一种最富有创造性的突破思维。

(23)平行思维。

平行思维是指从不同角度认知同一个问题的思考模式，它能够使人们跳出原有的认知框架，打破思维定式，通过转换思维角度和方向来重新构建新概念和新认知。平行思维能够促使人们进行创造性思考和建设性思考，看到解决问题的更多的可能性。平行思维往往是为了解决一个较为大型的问题，需要从不同的方向寻求互不干扰、互不冲突，即平行的方法来解决问题的一种思路，也是发散思维的一种形式。

(24)组合思维。

组合思维又称连接思维或合向思维，是一种把多项貌似不相关的事物通过想象加以连接，从而使之变成彼此不可分割的新的整体的一种思考方式。其在思维过程中，通过对若干要素的重新组合，产生新的事物或创意。

(25)辩证思维。

辩证思维通常以变化发展视角认识事物，是与逻辑思维相对立的一种思维方式。在思维过程中，事物可以在同一时间里“亦此亦彼”“亦真亦假”而无碍思维活动的正常进行。

(26)综合思维。

很多问题光靠一种思维方式是不能解决的，必须有多种思维方式综合运用才能解答。综合思维就是把某一事物的某些要素分离出来，组接到另一事物或事物的某些要素上的创造性、创新性思维的过程，其核心是将多种思维方式结合起来运用。

(四)思维的过程

思维是对一个信息反馈及加工的过程，典型的思维过程由准备、立题、搜索、捕获和解释构成。

1.准备

这是一个信息积累的阶段，人们通过学习性或搜集性的形式积累信息。学习性的积累可以没有具体目标，只为积累更多的知识，以利于今后解决更多的问题。当然也可以有目的、有方向地进行积累，为后期的研究方向奠定基础。在“大众创业、万众创新”的时代，学生的信息积累更应该是多样的，学习的积累更多地应以提升自身综合素质，努力具备创新创业精神、创新创业素养、创新创业能力为方向，不管将来是就业或是创业，都会为其奠定良好的基础。搜集性的信息积累一般有明确目标，有明显的针对性，为解决某个具体问题而进行。比如，学生团队在做某个项目时对项目进行相关信息、素材的积累搜集，大学生创业初期进行市场信息收集等，这类信息积累具有明显的目标性及针对性。

2.立题

立题是思想上的跃升，是思维的一个新阶段。从信息的角度看，立题就是思维主体对已经接受的基本信息的一个总的反映或跃迁、繁衍和深化的表现形式。在大学生创新创业的过程中，立题体现为对已经收集的项目信息或创业需要信息进行总体的思考，进行有目的性的甄选，选择有用的信息进行再次深化、总结、思考，为后面的项目进行或创业运营打下基础。

3.搜索

为解决问题，需要继续在原有的思维阶段进行新的思维，这就是搜索。搜索是明确目标下的思维，是围绕目标进行的有针对性的、全方位的思维。搜索的思维过程包括问题分解和设计搜索方案两个阶段，可以运用个体思维，借助社会思维，还可借助机械仪器。在大学生创新创业过程中，围绕项目目的或经营目的，对信息进行新的加工，在加工的基础上得到更进一步的信息，并能够针对问题提出针对性解决方案。

4. 捕获

捕获是解决问题的一种跃升。捕获有实事捕获和思想捕获两种形式。实事捕获常常来自资料查询和实验观察等。思想捕获更能使问题的解决跃上一个新的阶梯。在大学生创新创业过程中，解决方案的实施会给项目或经营带来事实的捕获，但更应该获取的是思想的捕获。思想的捕获和升华，将为大学生在走向社会后的就业或创业过程中遇到类似问题或更困难的问题时提供更高层次的思维基础。

5. 解释

解释又称接通。解决问题的过程随着搜索、捕获而逐渐升级，逐渐明朗化，经适当步骤之后，再实行一次对全过程的综合整理，这叫接通。接通思维在解决问题全过程中的每一阶段都需要。例如，在立题前的信息积累过程中，没有接通综合思维就不可能产生立题的飞跃。经过整体思维过程的经常性思考和训练积累，人们的思维将会产生质的飞跃。因此，大学生在校期间，应抓住可能的机会，在项目的锻炼中，在创业的经营中，突破思维的局限与障碍，最终实现思维方式的质的提升。

二、创新思维

创新思维是人类所独有的，它既有一般思维的特征，又有其独特的魅力特征。人类正是凭借着创新思维不断地认识世界、改造世界，不断推动生产力变革。创新思维是人类思维中的精华部分，是人类智慧的结晶，是人类不断增强的创造力和创新活动的基础。目前国际上公认的 21 世纪重点研发的高新技术领域分别是信息技术、生物技术、新材料技术、新能源技术、空间技术和海洋技术等，它们将会带来世界性的又一次变革。一个国家、一个行业、一个企业、一个团队只有充分具备了创新思维，才能够在这个时期、在这些领域走得更远。

关于创新思维，有人认为其是指以新颖、独创的方法解决问题的思维过程，通过这种思维能突破常规思维的界限，以非常规甚至反常规的方法、视角去思考问题，提出与众不同的解决方案，从而产生新颖的、独到的、有社会意义的思维成果。有人认为创新思维是人类思维的高级形式，它运用逻辑思维和非逻辑思维揭示事物的本质属性、内部规律和事物之间的非常规的活动轨迹，创造出独特的、新颖的和有社会价值的成果。也有人认为创新思维是在客观需要的推动下，以获得新的信息和已储存的知识为基础，综合地运用各种思维形式和思维方式，克服思维定式，经过对各种信息、知识的匹配、组合，或者从中选出解决问题的最优方案，或者系统地加以综合，或者借助类比、直觉、灵感等思维方式创造出新理论、新方法、新概念、新形象、新观点，从而使认识或实践取得突破性进展的活动。

从以上各种观点可以看出，创新思维主要有以下几个层面：①创新思维和常规思维不同，需要突破常规思维，具有新的特点；②创新思维可以体现为方法或者解决方案，总的来说是各种思维的综合运用；③创新思维的最终结果是产生新的社会价值或成果，以社会客观需要为前提。

在我们的日常工作生活中，创新思维在本质上更重要的是将创新意识的感性愿望提升到理性的探索上，实现创新活动由感性认识到理性思考的飞跃。

关于创新思维特征的总结有很多，一种观点认为创新思维具有创新性、突破性、风险性、开拓性、综合性等特征，还有一种观点认为创新思维具有实践性、求新性、价值性、方法性、社会性、系统性等特征。不管是哪种观点，我们都可以看出创新性（求新性）、系统性（综合性）是创新思维必不可少的特征。另外，创新思维应该产生价值，满足社会或个人某个方面的需求，所以价值性也是其必不可少的一个特征。

思维的创新性可以理解为具有独创性和新颖性。独创性也称原创性或初创性，是创作者经过独立创作产生的，具有非模仿性和差异性。独创性在思路的探索、思维方式方法和思维结论上，都能提出新的创见，做出新的发现，实现新的突破。独创性要求我们要打破陈规旧俗，敢于想人之所未想或不敢想之事，做别人未做或者不敢做之事。新颖性则体现了我们思维的求异性，不同于他人。在我们的创新活动中，尤其是初始阶段，对新颖性的要求非常高，人们更多地关注现象与本质、形式与内容的不一致，更多地关注差异。

创新思维的系统性主要是从系统创新的角度来说的，我们在创新活动过程中，需要对创新活动整体系统的组成要素之间的关系、结构、流程及环境进行动态的、全面的梳理，并依据其内在规律对创新活动进行有序的组织实施，以促进创新活动系统整体功能优化，使整个创新活动系统发生质变。在许多情况下，创新思维是对已有成果的系统综合，是对多种思维方法的系统综合应用，是对多种思维形态的综合运用。

创新思维的价值性在于它能够带来社会价值，不管是知识的增加、科技的进步，还是问题的解决、事物的发明、管理的改善，都是具有价值的。

第二节　思维定式与创新思维障碍

一、思维定式

（一）思维定式及作用

有一个试验，把六只蜜蜂和同样多的苍蝇装进一个玻璃瓶中，然后将瓶子平放，让瓶底朝着窗户。蜜蜂不停地想在瓶底上找到出口，一直到它们力竭倒毙或饿死；而苍蝇则会在不到两分钟之内，穿过另一端的瓶颈逃逸一空。先不说试验事实真相到底如何，就这个试验描述来看，蜜蜂基于出口就在光亮处的思维定式，想当然地设定了出口的方位，并且不停地重复着这种合乎逻辑的行动，没能走出“囚室”。苍蝇则对所谓的逻辑毫不留意，全然没有对亮光的定式，而是四下乱飞，终于走出了“囚室”。

所谓思维定式，就是按照已有的思维活动经验教训和已有的思维规律，在反复使用中所形成的比较稳定的、定型化的思维，也称“惯性思维”。思维定式往往是由以往活动经历而造成的一种特殊心理准备状态或活动倾向性，对以后的感知、记忆、思维、情感等心理活动和行为活动起正向的或反向的推动作用。在环境不变的条件下，思维定式使人能够应用已掌握的方法迅速解决问题。而在情境发生变化时，它则会妨碍人采用新的方法。消极的思维定式是束缚创造性思维的枷锁。

思维定式是有积极作用的，在解决相似问题过程中可以将新问题特征与旧问题特征进行比较，抓住新旧问题共同特征，将其与已有知识经验与问题情境建立联系，利用过去处理该类问题的知识经验进行处理，或者把新问题转化成一个自己熟悉并已解决过的问题，从而为新问题的解决做好积极的心理准备。从这个角度来说思维定式是有其积极作用的，但也要注意：①思维定式解决问题需要有一个明确的方向和清晰的目标。②思维定式方法只是实现目标的手段，不同类型的问题总有相应的、常规的或特殊的解决方法，定式能使我们对症下药，是解题思维的核心。③思维定式解决问题是一个有目的、有计划的活动，必须有步骤地进行，并遵守规范化的要求。因此，采用按常规处理问题的思维方式，发挥思维定式的积极作用可以省去许多摸索、试探的步骤，缩短思考时间，提高效率。

思维定式往往也具有很大的消极作用，不利于创新思考，不利于创造。个人已经形成的知识、经验、习惯都会使人们形成认知的固定倾向，从而影响后来的分析、判断。在生活中，很多人喜欢拿自己过去的经验和认知来对现实的事物或活动进行判断，并采取相对应的措施，殊不知，事物是发展变化的，同样的道理过去适用，不代表现在就适用，甚至一天之内，下一秒情况都可能不同。我们切忌静止、孤立地分析问题，要用动态的、发展的眼光看待问题。我国古代的“智子疑邻”“刻舟求剑”等很多典故都说明了思维定式的消极作用。大量事例表明，当一个问题的条件发生质的变化时，思维定式会使解题者墨守成规，难以涌出新思维，做出新决策，造成知识和经验的负迁移，对问题解决具有较大的负面影响。

（二）打破思维定式

有一个故事，说清朝时期，通山县有个叫谭振兆的人，小时候因为家里比较宽裕，父亲给他定了亲，亲家是同村的乐进士。后来，谭父死了，谭家渐渐衰退，经济条件远不如以前，乐进士便想赖婚。一天，谭振兆卖菜路过岳父家，就进去拜见岳父。乐进士对他说：“我做了两个阄，一个写着‘婚’字，另一个写着‘罢’字。你拿到‘婚’字，就把女儿嫁给你；拿到‘罢’字，咱们就退婚，从此谭乐两家既不沾亲也不带故。不过，两个阄你只看一个就行了。”说完就把两个阄摆出来。谭振兆心想：这两个阄分明都是“罢”字，我不能上他的当。想到这，他立刻拿了一个阄吞进腹中，指着另一个对乐进士说：“你把那个阄打开看看，如果是‘婚’字，我马上就离开这，咱们退婚；若是‘罢’字，那就说明我吞下的是‘婚’字，这门亲事算定了。”乐进士煞费苦心制造骗局却被谭振兆识破，没办法只好把女儿嫁给谭振兆。这便是一个打破思维定式的例子，成功学上“凡事至少有三种以上的解决办法”告诉我们，很多问题看似无解，但只要我们多思考，善于打破常规，往往是可以找到解决办法的，能够把人限制住的，只有人自己。

大学生在创新创业的过程中也常常会遇到类似的情况，遇到问题自己觉得无解，其实很多是可以解决的，只是从自己过去的知识和经验出发而难以解决。所以我们在关注大学生创业的过程中，要充分重视导师或者咨询顾问的作用，导师可以是学校教师，也可以是企业经营管理者，他们的思维和解决问题方式可以给学生更多的启迪，有助于学生增长相关的知识和经验，有更多的可能性去打破思维定式。

二、创新创业的思维障碍

（一）思维障碍

思维障碍通常指思维联想活动量和速度方面发生异常。心理学一般把思维障碍分为四类：概括过程障碍、思维动力障碍、思维动机成分的障碍、思维内容的障碍。而常见的思维障碍有思维奔逸、思维迟缓、思维贫乏、思维破裂、思维散漫、思维中断、思维不连贯等。

（二）创新创业思维障碍

在我们大学生的创新创业过程中，很多思维障碍往往是由思维定式造成的，也有一些其他因素会造成思维障碍，常见的导致思维障碍的状况有如下几种。

1. 经验定式导致思维障碍

清朝后期，欧洲列强不断侵扰我国，侵略者的洋枪火炮打开了中国的大门，然而清朝官兵拿的全是刀、剑、弓箭，顶多几支火枪。这时，有一个人研究出了可连发 28 颗子弹的枪与将军炮，但是清朝皇帝却说“骑射乃满族之根本”，拒绝使用这些东西。原因很简单，当初满族就是用这些传统的武器来打天下的。这是一种典型的经验定式导致的思维障碍，直线思维是一种单维的、定向的、视野局限、思路狭窄、缺乏辩证性的思维方式，但同时也被认为是以最简洁的思维历程和最短的思维距离，直达事物内蕴最深层次的一种思维方式。养成了直线型思维习惯，就不善于从侧面、反面或迂回地去思考问题，难免会陷入思维的误区。

在高校学生创新创业过程中，经验定式导致的思维障碍也是经常存在的，有的学生受自己高中经历的影响，有的学生受家庭环境的影响，有的学生受周围同学、朋友的影响，做一件事情的时候常拿自己以前所看到的东西作为判断，有时候在别人看起来不是困难的情况下做出错误的判断，最后导致事情的失败。

2. 从众定式导致思维障碍

心理学家阿希在 1956 年进行了关于从众现象的经典性研究。他的实验旨在研究从众现象的具体表现、产生及其原因。该实验以大学生为被试，每组 7 人，坐成一排，其中 6 人为事先安排好的实验合作者，只有一人为真被试。实验者每次向大家出示两张卡片，其中一张画有标准线 X，另一张画有三条直线 A、B、C。X 的长度明显地与 A、B、C 三条直线中的一条等长。实验者要求被试判断 X 线与 A、B、C 三条线中哪一条线等长。实验者指明的顺序总是把真实被试者安排在最后。第一、第二次测试大家没有区别，第三至第十二次前 6 名被试按事先要求故意说错，借此观察被试的反应是否是从众行为。此实验名为“阿希实验卡片”，如图 3—1 所示。

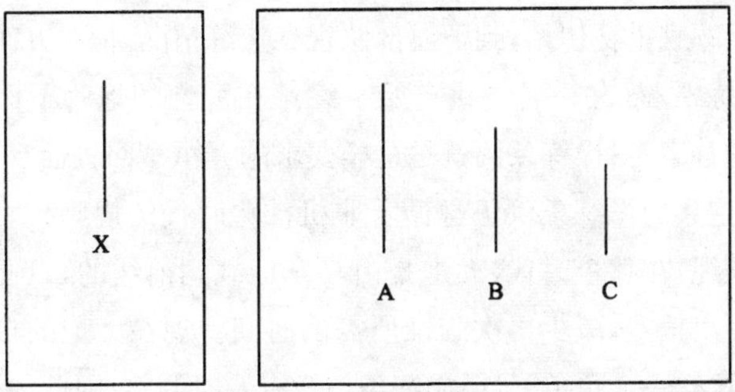

图 3—1　阿希实验卡片

在两次正常判断之后，5 个假被试故意异口同声地说出一个错误答案。于是许多真被试开始迷惑了，从总体结果看，平均有 33%的人的判断是从众的，有 76%的人至少做了一次从众的判断，而在正常的情况下，人们判断错的可能性还不到 1%。当然，还有 24%的人一直没有从众，他们按照自己的正确判断来回答。

在高校有相当一部分学生表现出了从众行为，部分学生到了新的环境，为了使自己合群，不被同伴孤立，往往缺乏主见，跟随众人思维，经常做自己不愿意做的事情，这些对学生的成长是非常不利的，尤其在创新创业的过程中。

3. 权威定式导致思维障碍

北宋年间，大文豪苏东坡有一次去看望济南监镇宋保国。宋保国将王安石写的《华严经注解》拿出来展示。苏东坡说：“华严经本来有八十一卷，现在却只有一卷，这是怎么回事呀?”宋保国说：“荆公(指王安石)注解的这一卷才是佛语，非常精妙，其他卷都是菩萨语(指废话)。”苏东坡见他这么崇拜王安石，就说：“我从经书中，取出几句佛语，夹杂在菩萨语中，再找出几句菩萨语，夹杂到佛语中，你能分辨清楚吗?”宋保国说：“不能。”东坡又说：“我以前曾住在岐下那个地方，听说附近河阳县的猪肉味道很好，就叫人去买，这人回来的路上喝醉了酒，猪夜间逃走了，于是他就另买了一头普通的猪来顶替。客人尝了这猪肉后，都赞不绝口，连说好吃，认为非一般的猪肉可比。后来，这件用假猪顶替的事情败露了，客人知道后，都为自己当初的表态感到惭愧。今天荆公写的假话就如同那头假猪一样，只是没有败露罢了。如果你用心去体会，就会发现墙壁瓦砾，都昭示着很精妙的佛法。至于说什么佛语很精妙，不是菩萨语能比得上的，这难道不是梦话吗?”宋保国惭愧地说：“您说的有道理。”

从这个故事中我们可以看到，王安石对宋保国的影响有多大，现实生活中我们很多人也经常因为别人的影响而做出错误的判断。比如，有些人生病看医生喜欢选择专家，选择大医院，不管自己大病小病；有些人遇到难以解决的问题时，喜欢征求亲友家族里影响较大的人物的意见，而不是根据实际分析问题或者请教专业人士。权威的影响在社会中非常常见，所以我们的大学生在做事做人上要尊重他人意见，但一定不能一味地盲从，尤其是在创新创业的路上，盲从往往是成功的绊脚石。

4. 规则定式导致思维障碍

一位年轻的炮兵军官上任伊始，到下属部队视察操练情况，他在几个部队发现了相同的情况：在一个单位操练中，总有一名士兵自始至终站在大炮的炮管下面纹丝不动。军官不解，询问原因，得到的答案是：操练条例就是这样要求的。军官回去后反复查阅了军事文献，终于发现长期以来，炮兵的操练条例仍遵循着非机械化时代的规则。站在炮管下士兵的任务是负责拉住马的缰绳，在那个时代，大炮是由马车运载到前线的，以便在大炮发射后调整由于后坐力产生的距离偏差，减少再次瞄准所需的时间。现在大炮的自动化和机械化程度很高，已经不再需要这样一个角色了，但操练条例没有及时调整，因此才出现了“不拉马的士兵”，军官的这一发现使他获得了国防部的嘉奖。从这个故事我们可以看出，我们所认为的规则，随着时间的变化往往会成为束缚事物发展的枷锁，如果一味地遵从教条，可能会导致意想不到的失败。

在大学生创新创业过程中，教条主义现象很常见。有些商业思维和商业逻辑，不一定能跟得上时代的发展，如商业经营。随着互联网时代的发展，很多新的商业模式、现象及经营方法都在变化。有些学生没有注意观察，往往忽略这些东西，只是遵循自己所了解的过去的商业信条，拿到市场中检验时才发现，有些东西不一定适用，所以学生要学习理解一些基本的商业原理，但也不能一味地遵循教条。互联网时代，任何新的商业原理取代过去的商业原理都不足为奇。

5. 简单思维定式导致思维障碍

有这样一个问题：一位局长在路边同一位老人谈话，这时跑过来一个小孩，急促地对局长说：“你爸爸和我爸爸吵起来了！”老人问：“这孩子是你什么人？”局长说：“是我儿子。”请你回答：这两个吵架的人和局长是什么关系？其实这个问题非常的简单：局长是个女的，吵架的一个是局长的丈夫，即孩子的爸爸；另一个是局长的爸爸，即孩子的外公。但是如果按照成人的经验，局长应该是男的，从男局长这个心理定式去推想，自然找不到答案。从故事中我们可以看出，有时候已经形成的经验会制约我们的思考。

大学生在创新创业过程中也会经常出现这种现象，有一次笔者参加一个比赛的评审，一个学生在做他们的商业项目路演，说到该商业项目的第一年盈利状况，他说可以达到 400 万元的年收入，而在我们看来难度是非常大的。在问辩环节我就问：“你这个盈利状况估计的逻辑依据是什么？”这位同学回答道：“根据市场上同类型的公司估计的。”其实这就是简单思维形成的障碍，他们只是看到类似公司的盈利状况，却没有看到别的公司在整个经营过程中曾经的亏损或失败，以及曾经的努力和刻苦，有些东西是不能简单拿来直接用的。

6. 书本定式导致思维障碍

有个故事说，很久以前，有位学子不远千里四处访师求学，为的是能学到真才实学，可是让他感到苦恼的是，他学到的知识越多，却越觉得自己无知和浅薄。有一次他遇到一位高僧，便向其倾诉了自己的苦恼，并请求高僧想一个办法让自己从苦恼中解脱出来。高僧听完了他所诉说的苦恼后，静静地想了一会，然后慢慢地问道："你求学的目的是求知识还是求智慧？"那位学子听后大为惊诧，不解地问道："求知识和求智慧有什么不同吗？"那位高僧听了笑道："这两者当然有所不同了，求知识是求之于外，当你对外在世界了解得越广，了解得越深，你所遇到的问题也就越多越难，这样你自然会感到学到的越多就越无知和浅薄。而求智慧则不然，求智慧是求之于内，当你对自己的内在世界了解得越多和越深时，你的心智就越圆润无缺，你就会感到一股来自内在的智性，也就不会有这么多的烦恼了。"学子听后还是不明白，继续问道："大师的话我还是不明白，请您讲得更简单一点好吗？"高僧就打了一个比喻："有两个人要上山去打柴，一个早早地就出发了，来到山上后却发现自己忘记磨砍柴刀，只好钝刀劈柴。另一个人则没有急于上山，而是先在家磨快刀后才上山，你说这两个人谁打的柴更多呢？"学子听后恍然大悟，对高僧说："大师的意思是，我就是那个只顾砍柴忘记磨刀的人吧！"高僧笑而不答。从故事中我们可以看出，盲目崇拜书本知识，把书本知识当作框框，会束缚我们的思考，而看不到书本知识与现实世界之间的巨大反差。

有些学生在创新创业过程中，过于执着于书本，连写商业计划书都严格按照既有书本范例，而在我们实际写商业计划的过程中，要重点关注我们为什么写计划书以及给谁看这类问题，而不是平铺直叙采用同样的模式。俗话说，"尽信书不如无书"，"纸上得来终觉浅，绝知此事要躬行"，学生在学习书本的过程中要注意充分地联系实际。

7. 自我定式导致思维障碍

赤壁之战后，荆州七郡被刘备、曹操、孙权三家瓜分，刘备入蜀（四川），留关羽镇守占据的荆州五郡。刘备得到蜀川后，将长沙、桂阳两郡还给了孙权。后来关羽出兵攻打曹操的襄樊地区，孙权派吕蒙乘虚偷袭荆州三郡（南郡、武陵、零陵），导致荆州三郡失陷。这就是我们常说的"大意失荆州"，失去荆州最主要的原因是关羽盲目自信、疏忽大意、骄傲轻敌。陈寿在《三国志》中指出：关羽"称万人敌，为世虎臣。然刚而自矜"。从中我们可以看出，自我定式对做事情的影响是非常大的，盲目自信会导致失败。同样，盲目自卑也会导致失败。

在大学生创新创业过程中，很多学生给自己过早地进行自我定式。有的学生过度自信，认为自己非常强，完全可以立于不败之地；有些学生过度自卑，认为很多事情自己做不到，而忽略了人是有潜能的。我们不要过早地进行自我定式，凡事勇于尝试，相信自己能做到。

8. 非理性定式导致思维障碍

有一对夫妻，闹到要离婚的地步，调解员问他们："为什么要离婚呢？能否说一下原因。"原来是由一件极小的事情引起的，早晨刷牙，丈夫牙膏挤得有点多了，妻子说："败家子，就不能省着点用。"丈夫心里非常不高兴，就把牙膏甩到了妻子的脸上，妻子顺手就打了丈夫一个巴掌……就这样从小事闹到离婚,双方都处于非理性的思维定式里。人偏离了理性的引导,而处于感情、欲望、情绪、潜意识等因素的支配下,无法清醒而准确地把握事物和问题,这种情况下做出的决策可能是错误的,会带来很严重的后果。

大学生在创业过程中也经常有这种情况,有些学生凭借一股热血和冲动就去创业,然而由于个人素质、物质基础等多方面都没有准备好,最后以失败告终。所以当我们在非理性的情况下尽量不要去做决策,等冷静下来了再思考,决策出现错误的可能性就会小很多。

9. 习惯性定式导致思维障碍

明英宗朱祁镇从小就依赖他的启蒙老师——太监王振。朱祁镇幼年登基,一直都由王振带着,对王振言听计从。偏偏王振是个好高骛远,又贪心又没能耐的人。后来王振挑起了瓦剌和明王朝的战争。王振为了自己获得兵权名垂青史,怂恿皇帝朱祁镇带领全部精锐御驾亲征。结果数十万大军因为王振的指挥连战场都没上就全军覆灭了,明朝积累数十年的精锐武器全被瓦剌抢走,皇帝朱祁镇被瓦剌俘虏,众多随驾的朝廷命官殒命。朱祁镇成了俘虏后,留在京城的朝臣为了防止瓦剌以皇帝要挟大明朝,废了朱祁镇的皇位,改为太上皇,并在北京拥立朱祁镇的弟弟朱祁钰为帝。从这个历史故事中我们可以看出,习惯性定式会导致人们在很多事情出现后习惯性地依赖别的人、事、物,缺乏自己的主见和思考,从而失去主动权,导致失败。

有些大学生在创业过程中存在习惯性依赖,依赖的对象可能是家长、教师、同学、朋友。充分地听取周围人的意见,尊重周围人的意见没问题,一旦出现了习惯性依赖,创业能否成功就不是由自己决定的了。

10. 时间管理不当导致思维障碍

蒯通是韩信的谋士,在韩信还是齐王的时候就看出刘邦会杀韩信,劝韩信起兵造反,建议韩信与刘邦、项羽三分天下,韩信说:“汉王待我不薄,我怎能见利忘义、背恩忘德呢?”韩信念及刘邦恩情不忍背叛,后被吕后杀死。韩信临死长叹:“吾悔不用蒯通之计。”其实在整个过程中,韩信一直犹豫不决,一再拖延,时机最后发生了变化,他也错失了机会。

大学生在创新创业过程中,也经常会因为犹豫、拖延、时间管理不当而失败,懒惰是多数人的行为习惯,当没有足够的动力促进人们勤奋时,个人的自觉性就显得十分重要,大学的学习、生活更多地需要自觉性,创新创业中的人们更要及时地克制懒惰的欲望,方能走得更远。

11. 缺乏独立思考导致思维障碍

有个人很想找个生意做。一天,有一个朋友找到了他,声称自己有个餐馆,非常不错,客人也多,地段也不错,由于自己要去其他地方,想转让出去。看在朋友的份上,转让价格也很便宜。这个人空闲的时候也去餐馆看了,果然里面有很多就餐的,就相信了朋友的话,并没有认真思考事情背后的东西,花钱把餐馆盘了下来。当他接手几个月以后发现,餐馆的生意并不好,一直在亏损,后来他才明白,原来他去看的时候在朋友餐馆吃饭的人都是托儿,如果朋友餐馆经营得非常好，非常赚钱，为什么会这么便宜就转让给他了呢？可见，当我们缺乏独立思考的时候，往往会忽略很多事物背后本质的东西，最终导致自己失败。

近年来，在校大学生因为遇到事情没有认真思考而受骗的情况屡见不鲜。同样，经历得不够多，缺乏思考，也是大学生创新创业中一个常见的问题，因此我们支持大学生在条件允许的情况下，积极地尝试做项目，甚至尝试创业，不管成功或失败，这种经历都值得大学生进行认真的总结与思考，学会思考，可以避免毕业后在生活工作中多走弯路。

12.缺乏乐趣导致思维障碍

1965年9月7日，世界台球冠军争夺赛在纽约举行，路易斯·福克斯一路遥遥领先，只要再得几分便可稳拿冠军了，就在这个时候，他发现一只苍蝇落在主球上，他挥手将苍蝇赶走了。可是，当他俯身击球的时候，那只苍蝇又飞回到主球上来了，他在观众的笑声中再一次起身驱赶苍蝇。这只讨厌的苍蝇开始破坏了他的情绪，而且更为糟糕的是，苍蝇好像是有意跟他作对，他一回到球台，它就又飞回到主球上来，引得周围的观众哈哈大笑。福克斯的情绪烦躁到了极点，终于失去理智，愤怒地用球杆去击打苍蝇，球杆碰动了主球，裁判判他击球，他因此失去了一轮机会。福克斯方寸大乱连连失利，而他的对手约翰·迪瑞则愈战愈勇，赶上并且超过他，最后夺得桂冠。第二天早上，人们在河里发现了福克斯的尸体，他投河自杀了。其实在我们的生活中存在着许多影响我们心情的事物，导致我们对事业失去乐趣。当我们的事业受到其他影响而使我们对其失去乐趣时，离失败就不远了。

有些学生在面临某些事情的时候总会说“对不起，我不感兴趣”，还将其作为不做事情的理由，其实这是一种不理智的行为。工作也好，创业也好，不可能所有的事情都符合我们的兴趣。我们可以尝试着对它们产生兴趣，做这件事不过是我们通往成功路上的一个工具而已，能这样想，心态就会平和，做事的效果也会不一样。

第三节 主要的创新方法

一、头脑风暴法

（一）头脑风暴法的含义

头脑风暴法是在世界范围内应用得最广泛、最普遍的创新方法，可以应用于各个领域，并作为其他创新方法的基础。

头脑风暴最早是精神病理学上的术语，是精神病患者一种胡思乱想的思维状态。在创造学中，头脑风暴被引申为无限制的自由联想和讨论，其目的在于产生新观念或激发创造性设想，是指将少数人召集在一起，以会议的形式，对某一问题进行自由的思考和联想，利用集体的思考，引导每个参加会议的人围绕中心议题广开言路、激发灵感，在自己的头脑中掀起风暴，毫无顾忌、畅所欲言地发表独立见解的一种创造性思维方法。其也是一种快速大量寻求解决问题构想的集体思考方法。

作为一种激发创造性思维的方法，头脑风暴法由美国创造学家亚历克斯·奥斯本于1939年首次提出。奥斯本认为人类长期以来在解决问题的过程中总是企图走捷径，遇到问题时习惯于本能地进行过早的判断。这种判断往往是依据以前的经验而形成的定式进行的，所以判断的结果总是指向与原先行为相同的思路和方式，这样人们就无法突破定式，无法创造性地解决问题。

头脑风暴法也称智力激励法、BS法、畅谈法、集思法等。采用头脑风暴法组织群体决策时，要集中有关人员召开专题会议，主持者要以明确的方式向所有参与者阐明问题，说明会议的规则，尽力创造融洽轻松的会议气氛。主持人一般不发表意见，以免影响会议的自由气氛，由参与者自由提出尽可能多的方案。与传统讨论会议比较，头脑风暴法克服了多数人的意见或一致意见的压力、老板或领导权威的影响、参加人随意的评判、部分参会者沉默或不够积极、得出的方案不够多等缺点。

(二)头脑风暴法的基本原则

在运用头脑风暴法过程中应遵循以下四个原则。

1. 延迟判断

其是指在提出设想阶段，只专心提出设想，而不进行评价。任何人都不允许对别人或自己的意见做任何评判，包括肯定性的评判，更不允许批驳。例如，“你这想法根本行不通”“这根本不可能”“这不符合常理”“我有一个不成熟的想法”“我有一个不一定行得通的想法”等否定他人和否定自己的句子都不应该在会议上出现。参会者不必顾虑自己的想法是否离经叛道或荒唐可笑，要力求有独到见解和新奇观念。鼓励自由想象，设想看起来荒谬可能更有价值，一切对设想的评价都要在头脑风暴结束后进行。

推迟对观点做出批判性评价可以激发个体的发散性思维，促成许多新思想的产生。布法罗大学的帕尼斯教授在《创造性思维的基础》著作中阐述道，在解决问题的设想探索阶段应遵循延迟判断这一原则，目的是促使参与者尽可能多地提出解决问题的方案。

2. 数量比质量更重要

数量产生质量。如果只追求方案的质量，容易将时间和精力集中在对该方案的完善和补充上，从而影响其他方案的提出和思路的开阔，也不利于调动所有成员的积极性。意见越多，产生好意见的可能性越大。因此，头脑风暴法强调所有的活动应该以在给定的时间内获得尽可能多的方案为原则。全体成员可以将彼此的观点作为依据，解放思想，无拘无束、独立思考问题，畅所欲言。

3. 鼓励提出各种离奇的假想

让参会者的心情像外出散步一样，在轻松的氛围下，像和家人聊天一样，想到什么就说什么，有利于提出独特的见解甚至是异想天开的、荒唐的想法。这样便可能开辟新思维方式，提供比常规想法更好的解决方案。

4. 体现集体的智慧

会议应尽可能提供一个有助于把注意力高度集中于所讨论问题的环境，鼓励参与者对他人已经提出的设想进行补充、改进和综合，进而发展出新的设想，形成一种创造性设想的连锁反应——共振思维。由于是举行集体讨论会，某一个人的闪念可能会将许多人的联想点燃。俗话说的“三个臭皮匠，赛过一个诸葛亮”就是这个道理。参会者相互启发，可以不费力气地提出很多新的想法。对别人的想法进行组合和改进而产生的想法是集体智慧的结晶。

（三）头脑风暴法的实施程序

头脑风暴法的具体实施程序通常分为五个步骤。

1. 确定议题

头脑风暴法适合解决单一明确的问题，如研究产品名称、广告口号、销售方法、产品的多样化等，不适合处理复杂、涉及面广的对象。对于后者可以分解成若干简单的小议题，逐个解决。

议题的选择应尽可能具体，从平日悬而未决的问题出发，从合乎参与者的层次和关心范围入手，以参与者们一直期待解决的问题为最佳，便于大家进行有效的联想。也可事先公开大议题，但不能保证参与人员会围绕议题尽力思考，想出点子。因此，可将大议题细化，从接近参与者关心范围的议题开始，会取得更好的效果。

议题的内涵应该明确，不应模棱两可、似是而非。会议开始前，主持人应仔细阐述议题并附加必要的说明，使参加者能够收集确切的资料，按照正确的方向去思考问题。

2. 会前准备

(1)选定主持人和记录员：主持人应善于启发和鼓励参会者进行思考和畅谈。为了让参加者相互激励，引发灵感的连锁反应，主持人在会议中应督促参加者在规定时间(5 分钟)内将自己的灵感写下来，并要求他们在各自发言前将内容整理得清晰明了，以便记录员记录，进而让他人产生更多联想，激发更多灵感。

在参加者发言气氛相当热烈时，可能会出现许多违背两项原则和四项规则的现象，如哄笑、公开评论他人意见等情况，此时主持人应当立即制止。

当许多灵感陆续被激发出来，而参与者也呈疲惫状时，主持人可以用“每个人再提出两个点子就结束”之类的话把控会议。为避免参加者太疲倦而产生厌倦情绪，主持人应控制好会议时间，一般建议控制在 30 分钟左右。会议结束后，主持人表示感谢并鼓励和表扬大家。

记录员应依照发言顺序标号记录点子，在发言内容含糊不清时，应向发言者确认，发言内容过长时，仅记录要点即可。字迹要清晰，确保每位参与者都能看清，版面应简洁整齐。

(2)小组成员的构成：专家在头脑风暴法小组成员中所占比例不宜过多，专家人数太多，会在头脑风暴过程中做出各种评价，导致难以形成轻松自由的畅谈氛围。另外，小组成员最好背景不同，可以从不同层面和角度提出不同观点，避免出现相同背景下想法相似，产生的观点趋向于专业方向的常规思路。

(3)会前通知：会议之前应通知与会成员，告知会议目的，以便参会者事前做些准备工作，但要防止造成先入为主的后果。

3.举行热身会

在小组成员较为缺乏经验的情况下，要想使参会者达到很高的思想水平，并迅速遵从“延迟判断”的原则尤为困难。因此，要在正式进行头脑风暴前安排预备会议，提早将讨论主题告知参会者，并附加必要的说明，使参加者能够按照正确方向参与讨论、提出想法。“热身”的目的在于让参会者逐步全身心地投入，使大脑进入最佳状态。

4.正式会议

正式会议小组人数以5～10人为宜，人数过多很难使参会者充分发表意见。会议时间为0.5～1小时。由主持人宣布议题后，即可启发、鼓励大家提出设想。记录员应根据发言顺序做好相应记录。

5.加工处理

会议结束后应该对所做记录进行分类整理并加以补充，然后交给具备丰富经验和专业知识的专家组进行筛选。筛选应主要从可行性、应用效果、经济回报率、紧急性等多个角度进行，以选择最恰当的设想。

二、列举型创新方法

(一)列举型创新方法的含义

列举型创新方法(简称列举法)，是一种对具体的特定现象(如特点、优点等)从逻辑上进行分析并将其本质内容一一罗列出来，用以创造设想，找到发明创新主体的创新方法，它是一种运用发散性思维来克服思维定式的创新方法。

列举法的主要作用是帮助人们克服感知不敏锐的障碍，把思维从麻木、僵化的状态下解放出来，促使人们带着一种新奇感将事物的细节列举出来，全面思考一个熟悉事物的各种缺陷，改进老产品，开发新产品，尽量达到预期目的和指标。

列举法简单实用，是一种较为直接的创新方法，特别适用于新产品的开发、旧产品改造的创新性发问过程。列举法的要点是将研究对象的属性、缺点、希望点等罗列出来，提出改进措施，形成独有创新的设想。

(二)列举型创新方法的作用与局限性

(1)其有助于克服心理障碍，改善思维方式，在创造发明活动中有实际的作用。人们在初次接触事物时，会有新鲜感，容易发现问题，但“少见多怪，见多不怪”，时间长了，便也习以为常了。此时，感知觉便处于饱和状态，有用的信息就输入不进去了。想创造但无从下手往往是因为习惯的惰性阻碍了创造性思维，列举型创新方法的首要贡献就是克服这些障碍，让人以广泛搜索、不断挑剔、大胆幻想的思维方式实现创造发明的目标。

(2)其有助于促使人们全面感知事物，防止遗漏。每个人的思维方式不尽相同，其感知方式也各具特色。在认识事物时，有人注重视觉，有人则擅用听觉、触觉、味觉或嗅觉，有人惯用左脑，有人则偏爱右脑，借助于列举法，可使思考深入事物的各个方面。如应用属性列举法时，就要求将事物所有的属性列出，不许遗漏，这样就必然有利于全面分析，产生较多的设想。

(3)其有利于克服思维定式。判断对于解决问题是必要的，但过早地判断往往会阻碍思维的发散，是创新能力的克星。与智力激励性创新方法的大胆设想、延迟判断原则相类似，列举型创新方法首先强调的是尽量全面的列举，避免过早地下结论，从而克服思维定式，获得更多的创新设想。

应该看到，该方法具有一定的局限性。一般来说，列举型创新方法因其在分析问题时要求全面、精细，甚至比较烦琐，所以只适用于小的、简单的问题。且该方法不能最终解决问题，其主要作用是提供思路，进一步的实施还需要借助其他创新方法与手段。

(三)列举型创新方法的种类

按照所列举对象的不同，列举法可以划分成属性列举法、缺点列举法、希望点列举法、成对列举法和综合列举法。

1. 属性列举法

其也称特性列举法，是由美国内布拉斯加大学的罗伯特·克劳福德教授创造的一种著名的创意思维策略，既适用于个人，也适用于群体。属性列举法首先将事物与课题的现有属性分门别类地、全面地罗列出来，然后在所列举的各项目下面试用可能取而代之的各种属性并加以置换，从中引出具有独特性的方案，再进行讨论和评价，最后找出可行性的创新设想或创新措施。属性列举法适用于革新或发明具体事物，特别适合于轻工业产品的改革，同时也可适用于行政措施、机构体制与工作方法的改进。

一般来说，有些产品的创新可以整体进行，如水笔、口杯、闹钟等一些小产品；但有些产品就无法进行整体性的创新构思，它必须是在一个个部件或一个个性能特征得到创新构思后，才能最终形成一个总的构思方案。例如，汽车无法从整体进行创作构思，而必须就其每一个部件或每一个属性功能进行一步一步的分析、列举，然后就每一个部件或功能属性进行创作，才最终形成新的汽车整体构思。实际上，许多整体创新方案正是由多个布局方案创新的组合形成的，缩小列举对象是通过对事物的分解实现的。分解就是对客体进行剖析，把它分解为若干互不交错的部分，如汽车可以分解为发动机、传送装置、轮胎、刹车、转向、变速箱、外壳、安全系统等。除产品外，还有管理目标、工作程序的分解等。

属性列举法的一般步骤如下：

(1)先将改进对象的属性全部写出来。例如,把一台机器分解成一个个零件,将每个零件功能如何、特征怎样、与整体的关系如何都列举出来。如果对象过于复杂,可先将对象分解后选一个目标较为明确的课题进行。属性列举主要从四个方面进行。

名词属性——整体、部分、结构、材料、制造方法等。

形容词属性——性质、状态、颜色、形状、感觉等。

动词属性——功能、作用等。

量词属性——耗电量、包装数量、使用寿命、保质期等。

(2)将各项属性尝试以可替代的各种属性加以置换,引出具有独创性的方案。进行这一步的关键是要力求详尽地分析每一属性,尽量从各个角度提出问题,找到缺陷,另外尝试从材料、结构、功能等方面对其加以改进。

(3)提出方案并对方案进行评价讨论,选择使产品能够满足人们需求的最佳方案。

以设计一把新颖的雨伞为例,通过属性列举法可打开思路。

伞的名词性特征:伞把、伞架、伞面、伞尖、开关、伞套、铝杆、铁架等。

伞的动词性特征:打开、折叠、手举、闭合、握、挂、放、按、晒等。

伞的形容性特征:圆柱形的、曲形的(伞把),直的、硬的(伞架),花形的、圆形的(伞面)等。

将各属性加以置换,引出独创性的方案。例如,将直的、硬的、铁的伞架变换为软的充气管式伞架以便于携带;将同种材料如不透明的伞面变换为两种材料,伞边带透明的伞面,以扩大视线;将用手举的伞变换为用肩或头固定的伞,以方便骑车者、提物者、抱婴儿者;将无声的伞变换为带音乐、带收音、带电筒的伞,以方便人们使用;还可增加如带香味、能发光、代替太阳灶、透风不透雨等新特征。

2. 缺点列举法

其是将事物的缺点具体地一一列举出来,然后针对发现的缺点提出改进设想,有的放矢地进行改革,从而获得创新成果。缺点列举法的运用基础是发现事物的缺点。虽然任何事物都有缺点,但是并不是所有的人都会寻找缺点。应用缺点列举法时,首先,要有某种"不满心理"和追求完美的动机。缺点列举法大都是围绕原事物的缺陷加以改进,通常不触动原事物的本质与整体,因而一般用在老产品的改进上。其次,缺点列举法也可用在还不够成熟的设想和新发明上,以便发现缺点,加以改进或优化,使创意更加完善。

例如,厨房里使用的锅,烧煮食物很方便,但当用它烧煮汤、羹类食物时,就暴露了它的局限性:锅的上口太宽,不便倒入小碗。人们根据这一缺点,设计了"茶壶锅",把上口宽的锅与倒水方便的茶壶巧妙结合在一起,似锅似壶,一物多用,是一款适合烧煮面食的新型锅具。又如,雨伞过长,不易收藏和携带,将其改为折叠式。为挡住迎面吹来的雨,伞布往往遮住视线,容易撞到别人,改伞布为透明塑料。拿东西撑伞不方便,做成自动伞。打伞时再拿东西不方便,改做帽伞。上车收伞时,雨水会滴落到别人或自己脚上,在伞顶上装个"储水器"。

雨夜打伞行路，车辆不容易看到行人，会发生危险，在伞柄上装只电筒。将各种缺点改进，每改进一种，就是一种新产品。

缺点列举法的一般步骤如下：

(1)对象剖析。依据一定的原则把研究对象分解为若干个子系统，直至完成基本单元的组合。

(2)列举缺点。逐一列出各基本单元的不足之处。为了避免遗漏，尽可能列举每一基本单元的缺点，可按照属性列举法的次序，从名词类、形容词类、动词类、量词类四个方面思考。

(3)设想开发。针对已罗列出的各种缺点，逐一提出弥补、改进的设想。对于一个缺点的改进方案不一定只限于一个，可以提出几种想法，以便对比选择最佳方案。

以玻璃水杯为例，可以提出以下缺点：鼻子较高的人喝水时，杯沿会碰着鼻子；玻璃杯易碎；保温性较差，倒上热水后容易转凉等。这些缺点为改进玻璃杯提供了依据。针对玻璃杯存在的种种不足，可以提出许多改进方案，如针对杯沿会碰着鼻子这一缺点，可设想如下各种形式的玻璃杯：在杯沿挖个缺口避开鼻子，制造斜口杯避开鼻子，制造上小下大的圆台形杯避开鼻子等。

3. 希望点列举法

其是指发明创造者从个人愿望和需求出发，确定发明目标的创新方法。列举新的希望点，就是发现和揭示有待创造的方向或目标。只要能想出满足希望要求的新点子、新创意和新方法，就意味着新创造的诞生。

满足需求和希望不仅是一切发明的出发点，也是所有发明的最终目的。古今中外，世界上的许多大的发明都是根据人们的希望创造出来的。人们希望升上天空，就发明了风筝、气球、飞机；人们希望冬暖夏凉，就发明了空调设备；人们希望在空中传递图像，就发明了电视；人们希望夜如白昼，就发明了电灯；人们希望快速计算，就发明了电子计算机等。现在，市场上许多新产品都是根据人们的希望研制出来的。例如，人们希望茶杯能保温，就发明了保温杯。人们希望有一种能在暗处书写的笔，就发明了内装电池，既可照明，又可书写的光笔。在研制新的服装时，人们提出希望：不要纽扣、冬暖夏凉、免洗免熨、可变花色、两面可穿、重量轻、肥瘦可穿、脱下来可作提物袋等。现在，这些愿望大多都在日常生活中变成了现实。

希望点列举法不同于缺点列举法。缺点列举法大都围绕现有物品的缺点提出各种各样的改进设想，这种设想一般不会离开物品的原型，因而它是一种被动型的创造发明方法；而希望点列举法是一种超现实的略带幻想地罗列各种希望，它可以不受原有物品的束缚，因而它是一种积极、主动的创造发明方法。

塑料因为具有结实耐用、易成型、成本低、耐腐蚀等优点，而成为人们普遍使用的材料。然而，在自然条件下，塑料分解需要百余年的时间，它废弃以后就会成为不易腐烂的环境污染物。有效地控制和消除塑料这一“白色污染”源是人类共同的“希望”。科学家们经过多年研究，发明了可降解的塑料。在塑料中掺入 3%左右的添加剂(以淀粉为主)，废弃后的塑料由细菌进行生物化解，可变成对环境无害的水和二氧化碳。

希望点列举法有三个显著的特点：

一是扩展性。新设想的提出不受任何限制。例如，音乐能给人们的生活增添乐趣，与音乐结合的产品层出不穷，如音乐伞、音乐黑板、音乐床、音乐枕头、音乐尿布、音乐牙刷、音乐邮票、音乐图书等，听诊器、晴雨计、按摩椅、茶杯、钥匙链、蜡烛、壁纸、圆珠笔、防窃钱包等也可与音乐功能组合在一起。

二是灵活性。当一种技术获得成功后，可以向其他的领域进行辐射，将这种技术或功能与其他产品结合起来。例如，装在眼镜框上的眼镜电视、3.8 厘米的口袋式彩色电视、屏幕可折叠的电视机、可放在活页夹中的书页式电视等。

三是新颖性。任意思考所产生的设想往往具有奇特性。这些奇特性的设想可能目前无法马上实现，但是其中的创新意义往往会给人们带来很大的启迪和帮助。有人观察到人的舌头很灵巧，可以把手上、手指缝里的果酱舔得干干净净，于是产生了奇特的设想，设计生产了一种带“舌头”的刷子，用来清除缝隙里面的脏东西。

希望点列举法从使用者的愿望和要求出发，用发展的眼光去认识和预见客观事物，提出各种各样新奇的设想。从实际操作的角度来看，希望点列举法既适用于对现有事物的提高，又适用于在无现成样板的前提下设计新产品、创建新方法等，而且对后一种情况更为有效。

用希望点列举法进行创造发明注重激发和收集人们的希望，仔细研究人们的希望，形成希望点，并以希望点为依据，创造新产品满足人们的希望。具体做法包括：

(1)召开希望点列举会议，每次可有 5～10 人参加。

(2)会前由会议主持人选择一件需要革新的事情或者事物作为主题，随后发动参会者围绕这一主题列举出各种改革的希望点。为了激发参会者产生更多的改革希望，可将个人提出的希望用小卡片写出，公布在小黑板上，并在参会者之间传阅，这样可以在参会者中产生连锁反应。会议一般举行 1～2 小时，产生 50～100 个希望点，即可结束。

(3)会后将提出的各种希望进行整理，从中选出目前可能实现的若干项进行研究，制定出具体的革新方案。例如，人们用希望点列举法陆续产生了一批革新的水泥——希望用于修复飞机跑道、堤坝及水下建筑物等工程的施工，能在短时间凝固的“速凝水泥”；希望用来修补断裂的水泥构件，使其牢固程度高于原先未损部分的“焊接水泥”；希望抗拉性能极强，弹力增加 100 倍，适用于抗弯曲和振动地方的“弹性水泥”；希望不同天气呈现不同颜色，用以美化环境的“变色水泥”；希望铺设在寒冷地区的路面和机场跑道，可防止结霜和积雪的“可加热水泥”；希望水泥板材的性能与木材一样，可以锯、刨、钉，用来制作家具的“家具水泥”；希望可塑性强、可用作补牙填料的“医用水泥”。这一系列水泥新产品都是从各种希望点中选出进而开发出来的。

希望点列举法按关注点和创新点的不同，可细分为功能型希望点列举法和原理型希望点列举法。

功能型希望点列举法是在不改变原事物基本作用原理的前提下，针对事物不具备而人们希望其具备的方面,将希望点一一罗列,进行变换和创新的一种思维模式。

原理型希望点列举法是针对现有事物的某些不足列举出希望点,并根据希望或理想,打破原有事物概念的束缚,从全新的角度进行再创造的一种思维模式。这种方法与功能型希望点列举法的本质不同之处在于它已经不是在原事物的基础上的改进和发展,而是一种仅以原事物为参照物的重新创造。

4. 成对列举法

当人们想要创造发明却又找不到研究项目时,可以利用成对列举法得到启发,从而找到好题目。成对列举法是通过列举两类不同事物的属性,并在这些属性之间进行组合,通过相互启发而发现发明目标的方法。这种方法既利用了属性列举法的务求全面的特点,又克服了属性列举法中没有具体方法进行属性变换的弱点,因而更能启发思路,收到较好的效果。使用成对列举法的规则如下:

(1)必须十分明确所要解决的问题,这样可以确定所列举事物的类别。

(2)要把所列事物的所有属性组合都加以研究,即使是一些初看莫名其妙的组合也不要轻易舍弃。这个原则与头脑风暴法中的延迟判断相似,乍看起来是荒唐的想法,可能会随时间而成熟或能据此启迪另外的思路。

成对列举法与属性列举法的区别:属性列举法先是列出研究对象自身的特征,然后分析这些特征,再找出新特征,引出新产品设想的方法,其过程与其他事物无关;成对列举法是同时列出两类事物的属性,并在列举的基础上进行事物属性间的各种组合,从而获得发明设想的方法。成对列举法克服了属性列举法中没有具体方法进行属性变换的弱点。

成对列举法有两种实施方式:

(1)第一种实施方式。

第一步:列举,把某一范围内所能想到的所有事项依次列举出来。

第二步:强迫联想,任意地选择其中两项依次组合起来,想象这种组合的意义。

第三步:对所有的组合做分析筛选。

例如,要设计新式多功能家具,可以首先列举出衣架、镜子、花盆架、电视、音响、冰箱、洗衣机、床、桌子、沙发、椅子、茶几、书架、台灯、衣柜……然后,进行两两配对组合,如床和沙发、灯和衣架、桌子和衣架、床和箱子、床和灯、镜子和柜子、电视与花盆架、音响和台灯、茶几和衣柜等。最后,对所有方案进行分析,发现许多方案均可发明出新式家具,有些方案事实上已经成为产品,如床和沙发组合成的沙发床,镜子和柜子组合成的带穿衣镜的柜子,床和箱子组合成的床底可兼做储物柜的组合床等。有些方案还未有人尝试过,如茶几与电视机组合、茶几与镜子组合、电视机与镜子组合、电视机与花盆架组合等。分析这些设想中的组合能否构成可行的方案,如选取书架与椅子组合做进一步构思,在书架旁设计安装几块自动折叠的板条,既可坐人,又可当踏板去拿书架上层的书;不用时,可以折叠或插入,不占任何地方。

(2)第二种实施方式。

第一步:确定两个事物为研究对象。

第二步:分别列出两个事物的属性。

第三步:将两事物的属性一一进行强制组合。

第四步:分析筛选可行的组合,形成新的设想。

5. 综合列举法

属性列举法、缺点列举法和希望点列举法都偏重于从某一方面来开展创造性思维,因而在一定程度上也给创新带来了一定束缚。从根本上讲,创造应该是没有任何限制的,在开展发明创造时,可以综合运用上述方法,也就是综合列举法。

综合列举法是针对所确定的研究对象,从属性、缺点、希望点或其他任意创造思路出发列举出尽可能多的思路方向,对每一思路方向开展充分的发散思维,最后进行分析筛选,寻找最佳创新思路的创新方法。

综合列举法的操作步骤:

(1)确定研究对象。

(2)对研究对象应用属性列举法进行分析和分解,列举各项属性。

(3)运用缺点列举和希望点列举的方法进行分析。

(4)综合针对缺点与希望点提出创造性设想。

三、设问型创新方法

(一)设问型创新方法的含义

发明、创造、创新的关键是能够发现问题、提出问题。设问法就是对任何事物都多问几个为什么。爱因斯坦曾说过:“提出一个问题往往比解决一个问题更重要……而提出新的问题、新的可能性,从新的角度去看旧的问题,都需要有创造性的想象力。”问题是创造的起点和源泉,是激发思想火花的导火线。对一个问题追根刨底,有可能发现新的知识和疑问。要发明创造,必须先要学会设问,也要善于设问。

设问型创新方法是现代生活中经常使用的一种推陈出新的方法,这种创新方法是围绕现有的事物,以书面或口头形式提出各种问题。通过提问,发现现有事物存在的问题和不足,从而找到要革新的方面,发明出新的事物来。具体来讲,就是有序地提出一些问题,使问题具体化,缩小需要探索和创新的范围,启发灵感,以提问的形式来启发创新思路,产生出创新方案。

设问型创新方法的典型方法是奥斯本检核表法,较为常用的引申方法有田十二法、5W2H 法和系统提问法等。

(二)常用的设问型创新方法

1.奥斯本检核表法

被称为“创造学之父”的美国BBDO广告公司创始人奥斯本(A. F. Osborn)曾提出过许多创新方法,他发明的奥斯本检核表法是设问型创新方法中最为典型的一种方法,也是创造学界最有名的、最受欢迎的创新方法,是提示人们进行创造性想象的工具。

奥斯本检核表法又称检核表法、设想提问法或分项检查法。检核表法是根据需要解决的问题或者进行创造发明的对象列出有关问题,逐个对它们进行分析,从中获得解决问题的方法和创造发明的设想的方法。

由于设问的形式能使作答者处于较为自然、轻松的状态,给人们可以商洽的感觉,往往对人启发较大,特别是针对尝试性的内容,用询问形式更为合理,所以检核表中的各项具体内容基本采用了设问的形式。由于检核表是先提出问题,再逐个进行分析、检验,所以它可以使思考更全面,也可促使新思想的产生。检核表法是一种能够大量开发创造性设想的创新方法,几乎适用于任何类型与场合的创造活动,因此被称为“创新方法之母”。

2.和田十二法

其是我国上海创新教育工作者许立言、张福奎在奥斯本检核表法的基础上,结合我国青少年小发明、小改革的特点提炼出来的创新方法,原称为“十二个聪明的方法”,是一种有效的发明检核方法,也称为动词提示检核表法、思路提示法。其中的动词分别是加一加、减一减、扩一扩、缩一缩、变一变、改一改、联一联、学一学、代一代、搬一搬、反一反、定一定。和田十二法的原理源于奥斯本检核表法,它同样也给发明创造提供了若干种考虑的方向。具体如下:

(1)加一加:从添加、增加、附加、组合等角度考虑。例如,将吊灯和电扇组合形成的灯扇,既美观,又节省空间,一举两得。数字音乐播放器(MP3)加上收音机的功能就更贵一些。海尔冰箱加上电脑桌的功能后在美国大受欢迎。

(2)减一减:从删除、减少、减小、拆散、去除等角度考虑。例如,为使建筑管道安装省力、安全和高效率,现在广泛采用了合成树脂制成的水管,这种水管与原来的水管相比,重量大大减轻。移动硬盘越小越方便携带,销路就越好。大米改成小包装反而卖得快。目前市面上很多高功能的数码照相机,消费者买回家却发现90%的功能不会用,这个时候减去一些功能并降低价格,可能更适合普通消费者。

(3)扩一扩:从加大、扩充、延长、放大等角度考虑。例如,将彩色照片的版面扩大,这样更有利于欣赏人物和风景。有一个中学生雨天与人合用一把雨伞,结果两个人都淋湿了大半个肩膀。他想到了“扩一扩”,就设计出了一把“情侣伞”——将伞面积扩大,并使之呈椭圆形,结果这种伞在市场上很畅销。

(4)缩一缩:从改小、缩短、缩小等角度考虑。例如,将大型电子管变为小的晶体管,制成丰富多彩的电器元件。又如,随着科学技术的进步,家用电器的功能不断提高与增多,这种多功能化一方面受到消费者的赞赏，另一方面也因为产品结构复杂化而增加了操作使用上的难度。早期的家用微波炉按钮多达十余个。使用者，尤其是老人和儿童，认为其功能过于复杂，操作程序烦琐。于是，韩国人开发设计出操作简单的“单旋钮微波炉”，让任何人都可以轻松操作这个电器。佳能当初也是看准施乐大型复印机的不足，利用小型复印机将之打下马。

(5)变一变：从改变形状、颜色、音响、味道、顺序等角度考虑。例如，改变卖法和策略，让销售变得简单，有一个很好的例子：圣诞之夜，某高校门前，一老妇守着两筐大苹果叫卖，因为天寒，问者寥寥，生意非常冷淡。一教授见情形，上前与老妇商量几句，然后到附近买来节日用的红彩带，并与老妇一起将苹果两两一扎，接着高叫道：“情侣苹果哟！两元一对！”经过的情侣都觉得新鲜，用红彩带扎在一起的一对苹果看起来很有情趣，不一会就全部被抢光。老妇感激不尽，所赚颇丰。又如，手机、家电变换模式，先进入市场就赚钱，摩托罗拉会旋转的手机V70及夏新会跳舞的手机A8就是因变换款式而抢先获得高额利润的典范。

(6)改一改：对原有事物进行修改，使它消除缺点，变得更方便、更合理、更新颖。例如，以前的饮料大多是玻璃瓶装，运输、保管和使用都不是很方便。改变一下它的材料，使用塑料、纸制软包装就极大地方便了人们的生活。同一产品，有时卖点改一改就卖活了，如王老吉，把卖点改为“预防上火的饮料”之后就迅速畅销了。

(7)联一联：寻找某个事物的结果与它的起因的联系，从事物的联系中找到解决办法或提出新的方案。如澳大利亚曾经发生过这样一件事，在收获的季节，有人发现一片甘蔗田里的甘蔗产量提高了50%。这是由于甘蔗栽种前一个月，有一些水泥洒落在这片田里。科学家认为水泥里的硅酸钙改良了土壤的酸性，从而使甘蔗增产，于是人们研制出了改良酸性土壤的“水泥肥料”。这种原因与结果联系起来的分析方法经常能使人发现一些新的现象和原理，从而引出发明。又如，农夫山泉用纯净水和矿泉水养花的实验让人联想到久喝纯净水对身体无益，从而提高了农夫山泉矿泉水的销量，也提升了自身的品牌地位。

(8)学一学：学别人的做法，模仿现有事物的形态结构、原理等。例如，模仿海豚皮肤的特殊结构制成船只的外壳，船只在航行中阻力减小。又如，模仿蛇的嘴巴能张大到超过它自己头的特征，发明蛇口形晒衣架，用这种衣架可从上到下将衣物连竹竿一起夹住，更好地防止衣物被风吹落。

(9)代一代：用一事物(材料、零件、方法等)代替另一事物。例如，用激光这把纤细的“手术刀”代替原来的金属手术刀，在电子计算机的控制下对人眼的角膜做矫正近视的手术，获得了极大的成功。又如，当钢笔被圆珠笔、签字笔逐渐取代后，其已成为一种步入衰退期、濒于死亡的产品，但将它的定位转向有意义的、有价值的礼品时却仍具有一定的市场。

(10)搬一搬：把一个事物搬到别的地方，将新事物移到别的领域，寻找新用途等。例如，将电视上的拉杆天线“搬”到圆珠笔上，成了可伸缩的“教棒”圆珠笔；再将它“搬”到口杯上去，设计出可伸缩的旅行杯。又如，将医学的电子计算机X线断层扫描技术(CT)移植运用到地下探矿中。

(11)反一反:把一种东西或事物的正反、上下、左右、前后、横竖、里外等颠倒一下。例如,人们常用的泡茶方法是把茶叶从袋子里取出来放到茶杯里,用开水泡开,茶叶在水中会四散漂开,喝茶时不小心茶叶还往嘴里钻。有人反其道而想,把茶叶留在袋内一块儿泡,这样避免了常用喝茶方法的不便。于是袋泡茶便应运而生了。又如,计算机都以渠道为核心竞争力,但戴尔却不搞传统渠道,依靠直销一度成了计算机行业的"龙头老大"。

(12)定一定:为了解决某一问题或改造某件物品,提高学习、工作效率和防止可能发生的事故或疏漏等,需要做出一些规定。例如,药水瓶印上刻度,贴上标签,注明每次服用几次,什么时间服用,服几格;城市十字路口的交通信号灯规定通行和停止的时段。制定标准和游戏规则的企业总能赚取更多的利润。众所周知,微软、英特尔、思科都是行业标准的制定者,所以都能引领市场。

3.5W2H 法

美国陆军用英语中的 7 个疑问词来进行设问,这 7 个方面的英文第一个字母正好是 5 个 W 和 2 个 H,5W2H 法因此得名。其中,5W 是指 why、what、when、where、who,2H 是指 how、how much。5W2H 分析法也称七何分析法,是一种思考方法,也可以说是一种创新方法。它是对选定的项目、工序或操作,从原因(何因)、对象(何事)、人员(何人)、时间(何时)、地点(何地)、方法(何法)、多少(何值)等七个方面提出的问题进行思考。这种思考办法可使思考的内容深化、科学化。

5W2H 法以设问形式列出问题。具体内容如下:

(1)为什么(why):如为什么发热?原事物为什么用这个原理?为什么要做成这个样子?为什么不用机器人代替工人?为什么产品的制造要经过这么多环节?为什么要这么做?不这样为什么不行?为什么要进行该项目的开发?为什么别人没有做或失败了?

(2)什么(what):如条件是什么?目的是什么?重点是什么?功能是什么?开发什么?与什么有关?以什么为主题?什么是革新对象?什么是问题的关键?有什么有利条件和不利因素?创新欲达到的功能、造型、结构、技术水平是什么?规范是什么?

(3)何时(when):如何时要完成?何时安装?何时开始?何时投放市场最佳?需要几天才算合理?何时销售?何时产量最好?

(4)何处(where):如何处最经济?何处有与众不同的特点?从什么地方入手?地点选在什么地方?首先在什么地方销售?原事物什么部位要创新?哪里的原材料最便宜?在何地做最经济、有效?

(5)何人(who):如谁来办最方便?谁是顾客?谁是潜在顾客?谁是决策人?谁是该对象的使用者?谁会喜欢它?谁适合承担该任务?

(6)怎样(how):如怎样做最省力?怎样做得快?怎样改进?怎样避免?怎样扩大知名度?怎样实施?怎样解决可能发生的事情?怎样防止非法仿造?怎样突破旧框框?怎样做可少废料、少费工、少费时、少费钱?怎样扩展销路?

(7)多少(how much):如该项目的创新需要投入多少人力、财力、物力?第一批创新产量是多少?价格是多少?多少人会选择这种产品?该创新成本、利润是多少?能维持多长时间?

5W2H法的特点是把创新的思路科学系统化,同样也抓住了问题的关键,而且更加简单,方便记忆和使用,它可以减少漫无目标的胡思乱想,节约创新时间,也能有效地帮助人们突破陈旧框架。

5W2H法的实施程序包括三个方面:首先,从七个角度对一种现行的方法、产品或初步发现的问题进行分析;其次,找出关键点及目前不能解决的问题;最后,对可以解决的问题寻找改进措施,若不能解决则进入下一个过程——问题的变换过程。

在非技术发明领域,如事务管理、经营、广告、扩大知名度、社会活动计划与组织等,由于这些领域创造活动的内容与形式不同,每类活动都有自己特有的创新形式,所以不具有普遍适用的、有指导性的检核表。这时候5W2H法就表现了很强的普适性。5W2H法具体可以用于以下几种情况:

第一种是在技术创造中,通过这七个方面的设问,可实现创造活动的有效管理。

第二种是在组织管理或创造活动出现问题或失误,需要查明原因时,可以从这七项内容中寻找。由于人们最初订的计划不可能都是完善的,而且实施时事物复杂多变,所以做某种事情的动机、方式、时间、地点、对象等各个方面都可能会出现问题,这时的检核要对每一项都引起重视。

第三种是在营销活动,如广告、推销、宣传或以扩大知名度为目的的公关活动中。

5W2H法还可以运用于其他方面,如点检制。所谓点检制,是一种对设备进行管理的方法,具体包括按照一定的标准和周期,对设备规定的部位进行检查,以便能在早期发现设备故障和隐患,及时加以修理调整,使设备保持其规定的功能。值得指出的是,设备点检制不仅是一种检查方式,而且是一种制度和管理方法。

4. 系统提问法

其由庄寿强创建,是以系统发问为先导的创新方法。这种方法从事物的表象出发,找出它具备的所有特性或属性,将它们归纳后上升为几大类。先找出事物一般的抽象属性;然后再抛开事物已有的特征,进行发散式的想象,得到多种备选属性;最后通过发问的形式找出可行的创新方案。

系统提问法的实施程序如下:

(1)列出观察对象的主要属性。

(2)将这些属性上升到一般的属性。

(3)再对一般属性进行发散思考,列出可联想到的一系列具体属性。

(4)对观察到的属性和联想到的属性进行“为什么”的提问。

(5)尽可能地寻找理由来回答提问,由此判断哪些属性可以被否定或肯定,将每一个特征对应的最佳属性标上记号。

(6)将所有最佳属性进行组合,得出多种方案。

四、类比型创新方法

(一)类比型创新方法的含义

类比型创新方法是指利用类比方式从事技术发明创造和管理创造活动。它是在两个特定的事物间进行的,通过联想思维,把相同类型的两种事物联系起来,把未知的东西与已知的东西联系起来,把不同类型事物间的相似点联系起来,把陌生的对象与熟悉的对象联系起来,异中求同、同中求异,从而产生出崭新的创造设想及发明方案的一类方法。

类比型创新方法是一种主要的创新方法,古往今来人类利用这一方法发明创造了无数的生活用品、生产工具、科学仪器等。在科学领域,荷兰物理学家惠更斯将光和声进行类比,从而提出了光的波动学。德国物理学家欧姆把关于电的研究和法国科学家傅立叶关于热的研究加以类比,建立了欧姆定律。在技术领域,20 世纪 40 年代美国数学家维纳等通过类比把人的行为、目的等引入机器,又把通信工程的信息和自动控制工程的反馈概念引进活的有机体,创立了控制论。

类比型创新方法较为常见的典型方法是综摄法,引申方法有原型启发法、移植法和仿生法等。

利用类比进行发明创造的操作程序如下:

(1)正确选择类比对象。要围绕发明对象、创造目标来进行类比。

(2)发挥想象力。要对创造对象和类比客体两者进行深入分析与全面比较,从中找出包括表面上、本质上、外延上、内涵上、结构上、材质上、工艺上、技术上、功能上、性能上等方面的共同属性。

(3)在前两个程序的基础上,进行类比联想推理,最后得出结论。

需要注意的是,我们在选择类比对象的时候,一般选择熟悉的、直观的事物,因为这类事物比较容易进行类比。例如,要设计汽艇的控制系统,可与汽车的控制系统进行类比:汽车能前进、后退,有不同的速度挡位,有车头灯、方向灯、喇叭等,那么设计的汽艇的控制系统也应具有这些设备。但我们更鼓励选择明显不同类的两种事物,选择表面上毫无相关的两种事物,选择跨度和距离很大的两种事物进行创造。这种产生的创造发明设想,更具有新颖性和突破性。例如,飞机发动机的燃烧器由于气流无法控制,常出现气流湍流紊乱的现象,这成为世界上困扰喷气发动机燃烧技术 40 多年的关键问题。北京航空航天大学的高歌教授曾经在西北戈壁滩上工作,观察过在大风中自行维持稳定形状的新月形沙丘。他由此得到启示,发明了“沙丘驻涡火焰稳定器”,解决了这一世界难题,在航空喷气发动机部件技术方面取得了重大突破。用以类比的两种事物,即“沙丘驻涡火焰稳定器”和新月形沙丘,是表面上毫不相关、跨度和距离都很大的两种事物,但正是这种巨大的差别,成就了这项发明。

(二)类比型创新方法的分类

根据实际的类比方式不同,类比型创新方法又分为四种类型,即直接类比法、拟人类比法、幻想类比法、符号类比法。

1. 直接类比法

其是指从自然界的现象或人类社会已有的发明成果中寻找与创造对象性类似的事物,并通过比较启发出创造性设想。

美国创造学家戈登以小组讨论自动售货机为例说明了直接类比的实际应用。售货机的出货口要求设计成发货时张开,用完后闭合,自然界中有哪些活动像售货机要求的那种运行方式呢?小组成员讨论的意见如下:

A:蚌从它的外壳中伸出脖子,又缩回去紧紧关上外壳。

B:是这样,但蚌壳是一种皮骨骼,蚌的实际部分,即蚌的实际组织是在内部。

C:那有什么不同呢?

A:蚌没有自己清扫的功能,只是缩进蚌壳有保护作用。

D:还有别的类比吗?

E:人的嘴如何?

B:人的嘴能做什么?

E:吐痰,嘴里任何东西都可以吐出来,有时候吐东西时会有部分滴到下巴上。

A:能否训练嘴吐物时不弄脏下巴呢?

D:我小时候是在农村长大的,常常和马在一起。当马拉粪时,它的肛门会张开,然后排出马粪球,之后,肛门又重新闭合,整个过程干净利索。

E:如果马腹泻会怎么样?

D:当马吃的谷物过量时,就会发生这种情况。但马会在很短时间内收缩肛门口,在瞬间挤出液体,然后又关闭肛门。

B:你描述的是种塑性运动。

D:我推测可以用塑性材料来模拟马的肛门。

后来,自动售货机研制小组受此启发创制了一种和上述类比特性完全相同的产品。可见,直接类比法主要通过描述与创造发明对象相类似的事物、现象,去形成富有启发的创造性设想。直接类比是事物之间的类比,在技术发明中最经常使用的思路是将创造对象与其他事物进行对比。人类从动植物获得灵感的直接类比又被称为仿生法。

直接类比包括三种类型:

第一种是外形类比。2008 年北京奥运会上,国家游泳中心选用的"水立方"设计方案是由中国建筑工程总公司、澳大利亚 PTW 建筑师事务所、ARUP 澳大利亚有限公司联合设计的。这个看似简单的"方盒子"是由中国传统文化和现代科技共同搭建而成的。在中国文化中,水是一种很重要的自然元素,能激发起人们欢乐的情绪。国家游泳中心在奥运会后将成为北京最大的水上乐园，所以设计者针对各个年龄层次的人，开发可以提供的各种水上娱乐方式，他们将这种设计理念称为水立方。为达到此目的，设计者将水的概念深化，不仅将水作为装饰因素，还利用了其独特的微观结构。基于泡沫理念的设计灵感，他们为“方盒子”包裹上了一层建筑外皮，上面布满了酷似水分子结构的几种形状，表面覆盖的 ETFE 膜又赋予了建筑冰晶状的外貌，使其具有独特的视觉效果，轮廓和外观变得柔和，水的神韵在建筑中得到了完美体现。

第二种是结构类比。早在公元 4 世纪的古希腊，数学家佩波斯就提出：蜂窝的优美形状，是自然界最有效劳动的代表。他猜想人们所见到的截面呈六边形的蜂窝，是蜜蜂采用最少量的蜂蜡建成的，他的这一猜想被称为“蜂窝猜想”。受自然蜂巢的启迪，人类通过长期研究和分析自然蜂窝结构的特点，创造性地发明了各种蜂窝复合结构材料及其制品，有的用于新材料和新产品的研发，有的用来改善现有产品的特性，有的用于解决结构设计中面临的难题等。高强度蜂窝纸板是近年来在欧美、日本和我国兴起的一种节省资源、保护生态环境、成本低廉的新型绿色环保包装材料，它具有轻、强、刚、稳四大优点，体现了一种全新的包装模式和观念。从体积上来讲，小如微型马达等电子产品，大至飞机发动机等大型机电产品；从重量而言，轻如几百克的蜂窝移动电话，大到几吨重的汽车零部件，这些都可以采用蜂窝纸板包装。蜂窝纸板的应用已经显示出了其他包装材料无可比拟的巨大优越性。而且，作为一种环保材料，它具有可自然降解、不污染环境和可循环再生利用等特点。不仅如此，使用 1 吨再生蜂窝纸材料，可以替代 30～50 立方米的木材，极大地减少了木材的使用量，保护了日益减少的森林资源。正是由于众多优点，尤其是在节约资源和环保价格上的优势，蜂窝纸板正日益得到世界各国政府的鼓励和支持，在推广和应用上已出现了令人鼓舞的局面。

第三种是功能类比。例如，蚂蚁在出去寻找食物的时候，就会时常返回蚁穴里重新调整系统以防迷路。蚂蚁不但通过路标来确定方向，还拥有一种名为“路径整合器”的备份系统。该系统会对走过的距离进行测量并通过体内的罗盘不时地重新测算蚂蚁所在的位置。这使得蚂蚁即使离开巢穴时走过的路和迷宫一样时，其也能找到返回巢穴的直线路径并减少路程。苏黎世大学的马库斯·克纳登教授指出，如果从蚂蚁那里学到路径整合及识别路标的知识，就能将其应用到智能机器人身上，使机器人在辨别方向上的性能更可靠。

2. 拟人类比法

拟人类比又称亲身类比，即把自身与问题的要素等同起来，从而帮助我们得出更富创意的设想。在这个过程中，人们将自己的情感投射到对象，把自己变成对象，体验一下作为对象本身自己会如何、有何感觉。这是一种新的心理体验，是个人不再按照原来分析要素来考虑问题的方法。

例如，“假如我是铅笔，我想变成什么？”把自己比作铅笔，想象一下自己的感受，这样的体会过程使设计师对铅笔的看法与过去不同了，设计师说“我想让自己变成项链”“我想让自己变成一把锁”“我想让自己变成橘子”等。于是，一连串的创意就会像喷泉一样涌出。要记住,这些精美的设计都来自“假如我是它,我会……”这样的思考能激发人的情感、启发人的智慧、促使人提出独特的设想和得出解决问题的方法。因此,在创造发明中,通过拟人化、移情,把自身的性格、情感、感受与客体对象(或问题因素)等同起来就是亲身类比。亲身类比使我们看问题的角度变了、感受变了,能使我们从中获取关于对象(或问题对象)的全新感受和深刻见解,能帮助我们最终产生创造性设想。

科学上,拟人类比的例子也是不胜枚举。凯库勒在梦见一条蛇咬住自己的尾巴后,提出了苯分子环状结构理论。科学家在设计机械装置时,常把机械看成人体的一部分,进行拟人类比,从而得到意外的收获。又如挖土机的设计,就是模拟人的手臂动作,其向前伸出的主杆如同人的胳膊,可以上下左右自由转动;挖土斗好比人的手掌,可以张开、合起;挖土斗边的齿轮,好似人的手指,可以插入土中。挖土时,手指插入土中,再合拢,举起,移至卸土处,松开手让泥土落下。这是局部的拟人类比,各种机械手的设计也是如此,整体的拟人类比就是各种机械人的设计。这种拟人类比还常用于科学管理中,如把某工厂的厂办比作人的大脑,把各车间比作人的四肢,把广播室比作嘴巴,把仓库比作内脏等,从而按人体的正常活动管理工厂。这样就能及早发现问题,实现协调有序的管理。

3.幻想类比法

其就是将幻想中的事物与要解决的问题进行类比,由此产生新的思考问题的角度。

借用幻想,由神话和传说中的大胆想象来启发思维,在许多时候是相当有效的。在这里,首先要强调的是幻想类比只是运用幻想激发想象力,幻想就像帮助我们过河的垫脚石,只是一个工具,并不是我们马上要实现的目标。

幻想类比在设计中的应用往往会得到奇异的结果,如小时候看《一千零一夜》时,你是不是憧憬着拥有一块阿拉伯飞毯?现在你看到的这块毯子虽然不能真正地带你飞翔,但却可以随心所欲地使用它。具有高度功能性和互动性的地毯为喜欢席地而坐的人们提供了选择的乐趣。它的背面有三个互相独立的气囊,使用附带的充气装置,你可以通过调整其囊中的空气容量来改变它的外观,当然一切都是为了使你感到舒适。有了这种自选的随意性,可能最挑剔的人也会为之称道。

著名的哲学家艾赫尔别格曾经对人类的发展速度有过一个形象的幻想比喻。他指出,在到达最后1千米之前的漫长征途中,人类行进的道路十分艰难崎岖,虽侥幸穿过了荒野和原始森林,但对周围的世界万物一无所知,只是在即将到达最后1千米的时候,人类才看到了原始时代的工具和史前穴居时代创作的绘画。他接着描绘道,在最后的赛程里,人类看到了难以识别的文字,看到了农业社会的特征,看到了人类文明刚刚透过来的几缕曙光。离终点200米的时候,人类在铺着石板的道路上穿过了古罗马雄浑的城堡。离终点还有100米的时候,在跑道的一边是欧洲中世纪城市的神圣建筑,另一边是“中央之国”四大发明的繁荣场所。离终点50米的时候,人类看见了一个人,他用创造者特有的充满智慧和洞察力的眼光注视着这场赛跑——他就是达·芬奇。剩下5米了,在这最后冲刺中,人类看到了惊人的奇迹，电灯光照亮了夜间的大道，机器轰鸣，汽车疾驰而过，飞机飞至云端，摄影记者和电视记者的聚光灯使胜利的赛跑运动员眼花缭乱……

在这里，艾赫尔别格运用了形象的幻想比喻，将漫长人类历史即所谓的“最后1公里”栩栩如生地展现在人们面前。

4.符号类比法

其就是通过逆向思考、浓缩矛盾等技巧，在抽象的语言(符号)与具体的事物之间反复建立新的联系，从而从原有的观点中超脱出来，得到丰富的、新颖的注意方法。

符号类比法运用了“两面神思维”：对立事物的结合预示着矛盾，而且是自相矛盾，在科学研究中，碰到这种矛盾对立的现象，却往往预示着将会有新的突破。符号类比中的“浓缩矛盾”或“简约反差”，即用精炼的、紧凑的、利落的语言形式去表达相互对立的、矛盾的属性，比如“粗心的谨慎”“痛苦的微笑”“笔直的弯曲”“摇摆的稳定”等。

莎士比亚在一幕悲剧中使用了短语“被俘虏的胜利者”来描写一个靠魔鬼帮助取胜的人是自己的罪恶的俘虏。科学家们使用浓缩矛盾“安全攻击”，给法国科学家巴斯德一个启发，他通过给患者注入少量的病菌去阻止患者的病情恶化，因为人体会变得适应那些病菌，用小病去代替死亡，这就是“安全攻击”。

掌握浓缩矛盾的技巧，可以使我们学会一种两面思维的方式，去解决复杂的问题。这种浓缩矛盾的基础训练可从两个方面展开：

(1)从抽象概念到具体事务，训练从浓缩矛盾的词意中联想到具体事物，一个所见的自相矛盾词能描述不止一个事物。例如，“庞大的精确”能够形容一头大象用鼻子捡起一粒花生。同样的词，又能形容一架巨大的电视接收系统或一台大型电脑。这完全决定于人们自己特别的大脑如何去想象。

(2)从具体的事物到抽象概念。训练由具体的事物概括出一个矛盾短语。用矛盾短语概括事物的方法是先找两个词，概括你要解决的问题，再寻找这个词的反义词，把它们组合在一起。例如，你要解决的问题是废电池的污染，就要用一个抽象的概念来概括你这个问题，如“文明的毒物”。

自相矛盾在创造性思考中具有重要作用，因为它能同时容纳两种不同甚至对立的见解。实际上，正是这种情况刺激人们走出狭隘的思维轨道，迫使人们对已有的假设产生怀疑，从而经常带来科学上的重大突破。

运用符号类比的具体操作程序是：

第一，从具体到抽象，把要解决的具体问题用抽象的概念去表达。

第二，找到它的反义词，把两者联系在一起构成矛盾短语。

第三，从抽象到具体，通过这个矛盾短语的启发，联想其他具有这种对立性质的事物。

第四，通过大量列举，发现有价值的对象，分析其原理。

第五，借助其原理，产生直接类比，形成新的解题方案。整个过程是以符号(主要是符号语言)为中介的类比,因此称为符号类比法。

例如,运用符号类比法创造新的建筑房屋和架桥的方法如下:

第一步,联想到猴桥,众多猴子互相抱紧了,从一棵树到另一棵树,猴子就可以便利地采集树冠边的水果。

第二步,这种桥的诀窍在于每个猴子用自己的身体拉力和扭力来形成一个悬索结构的桥梁。

第三步,用矛盾的词来描述这种桥就是"费劲的便利",猴子搭桥很费劲,但采水果很便利。

第四步,通过"费劲的便利"得到更多具有这样对立性质的事物:驯养信鸽(驯养信鸽的费劲和信鸽能送信的便利)、鲸鱼捕食(张大嘴巴费劲的等待食物到来,突然闭上嘴巴,就便利地得到了大量的食物)、多米诺骨牌(费劲地搭起后,轻轻一碰就倒了)。

第五步,由上述事物想到发明一种汽车桥,在各辆汽车前后都装上凹凸装置,能使很多汽车连成一条长龙,具有不弯曲、不打折的整体效果。这样在过河和过洼地的时候,就可由后面轮子着地的汽车来推动前面的汽车。前面的汽车到了彼岸后,又用拉力把后面的汽车拉过去。

第六步,修改设想。

第七步,把设想画出来或做出模型。

(三)类比型创新方法的典型方法——综摄法

在类比型创新方法中,最典型的是综摄法。综摄法是英文 synectics 的译称,意思是把表面上各种不同的事物结合在一起,也有人把综摄法翻译为提喻法、集思法、群辨法、分合法等。综摄法是指从已知的事物出发,将毫无联系的、不同的知识要素结合起来,从不同的角度分析未知的事物,从而使理想中的未知事物变成现实的过程。综摄法最初是由美国创造学家威廉·戈登提出来的,后来乔治·普林斯同威廉·戈登一起研究,使综摄法得到进一步完善,成为理论性和操作性很强的创新方法。

综摄法的提出是以如下几个假设为基础的。

第一,每个人都有潜在的创造力,这种创新能力是可以开发的。

第二,通过人的创造现象(包括艺术和科学),可以描述出共同的心理过程。

第三,在创造过程中,感情的非合理因素比理智的、合理的因素更重要。

第四,这种心理过程能用合适的方法加以训练、控制。

第五,集体经历的创造过程可以模拟个人的过程。

综摄法是一种以类比为纽带进行联想的适用于集体创造的,且针对已有问题进行的专业的、系统的创造方法。威廉·戈登认为,综摄法的基本原理包含两个部分,即变陌生为熟悉和变熟悉为陌生。

1. 变陌生为熟悉

人的机体和思维在本质上都排斥陌生的东西。当遇到陌生事物时,人们总是设法将它纳入一个可以接受的模式中，然后逐渐了解这个陌生的事物。在解决新问题时，借助于分析将陌生的事物分解，尽可能地将之变为以前所熟悉的事物。例如，在邓洛普对轮胎进行改进以前，无论橡胶轮胎是软还是硬，车上的乘客都不会感到舒服，因为橡胶是被直接裹在车轮上的。邓洛普决定改进。他将橡胶轮胎(熟悉的)与足球(陌生的)进行类比后得到启发：如果像足球一样，使橡胶轮胎中充满气就可以解决不舒服的问题，邓洛普轮胎就这样诞生了。计算机领域的术语"病毒""千年虫""黑客"等都是利用人们较熟悉的语言来描述计算机专业的事物或现象，其实质就是"变陌生为熟悉"。

2. 变熟悉为陌生

要使人们的思维跳出已有的习惯是困难的，但又是非常重要的，因为只有跳出熟悉的专业领域，才能获得不同寻常的启示，得到独特新颖的创新设想。创造性解决问题的实质不是了解问题后用旧的方式解决，而是以全新的方式、全新的角度，甚至是彻底改变以往的可靠、熟悉的观察问题和解决问题的方式来有意识地加以解决。这种对陌生的追求并不是因为对熟悉的东西感到厌倦而产生的。例如，将用在收音机上的拉杆天线换个新位置，应用在教鞭上，便出现了可伸缩的教鞭；用在照相机上，变成了可伸缩三脚架；用在手杖上，成为可伸缩的旅行手杖等。这些都是"变熟悉为陌生"的产物。

综摄法的实施步骤如下：

步骤一：组成综摄法小组。

综摄法在集体创造活动中，需要一个专业小组来实施。这个小组一般由5～7人组成，要有一名主持人、一名专家，其余为不同学科领域的非专业人员。

步骤二：提出问题。

由主持人将事先设定的、想要解决的问题向小组的成员宣读。此前，小组成员并不知晓该问题。

步骤三：分析问题。

由小组中的专家对主持人提出的问题进行解释和陈述，使小组成员了解有关问题的背景等信息，使非专业人员对该问题有一个大致的了解。

步骤四：净化问题。

小组成员围绕这一问题，运用直接类比、亲身类比、幻想类比、符号类比等方法展开联想，尽可能提出问题的解决方案。小组中的专家从较专业的角度，说出每个想法的不足之处，从中选择两三个比较有利于问题解决的设想，达到净化问题的目的。

步骤五：理解问题——确定解决问题的目标。

从所选择的设想中的某一部分开始分析，让小组成员从新的问题出发，展开联想，陈述观点，从而使小组成员理解解决问题的关键环节，并提出解决问题的目标。

步骤六：类比灵活运用。

确定了解决问题的关键环节后，主持人要有意识地抛开原来的问题，把问题从熟悉的领域转到远离问题的领域，让小组成员发挥类比设想作用。从小组成员的类比中，再选出可以用于实现解决问题的类比，并对其进行分析研究，找出更详细的启示。

步骤七：适应目标。

把小组成员在灵活运用类比过程中得到的启示，与在现实生活中能使用的设想结合起来，使之更好地适应目标，从而形成一种新颖独特的解决方案。

步骤八：方案的确定与改进。

专家对形成的方案进行反复的论证，并对其中的缺陷进行改造，直到取得满意的结果。

在运用综摄法时，不一定要完全按照以上八个步骤，关键是要灵活运用类比。另外，在运用综摄法时还有四个问题需要注意：

一是在组建小组时对小组成员要精挑细选。主持人和专家必须由合适的人担当，其他成员要具有不同的知识背景，同时具有一定的隐喻能力、合作态度、冒险精神，这样才能展开大胆的设想，互相合作、集体攻关。

二是对所要解决的问题进行的陈述不能太过详尽，以防小组成员的思维受到限制，影响对问题的深入讨论。

三是在解决问题和确定解决问题的目标时，既要发扬民主，让小组成员充分讨论，尽可能多地提出设想；又要体现集中，由专家挑出2～3个设想，选出的设想要新颖、独特。

四是专家要发挥积极作用，要能及时发现有益的启示。

（四）类比型创新方法的引申方法

1.原型启发法

原型启发法也称垫脚石法。它是指通过观察找到原型，在原型的启发下，产生创新设想的方法。它是一种最为笼统的类比方法。能够起启发作用的事物称为原型。原型可以来自生活、生产和实验。例如，人们通过对鸟翅膀构造的研究，设计出飞机机翼；通过对蝙蝠超声波定位的仿效，制造出雷达；通过对犬鼻构造的分析，发明了电子嗅觉器。原型启发法是科学创造中一个十分有用的方法。

原型启发法的特点：首先，在受到原型启发前，有时创造者的目标并没有确定，有时虽然确定了目标，但不是在有意识地寻找下才发现原型。其次，原型启发法强调的是启发，启发只是一个垫脚石，并不是要求启发物与发明物之间有明显的、严格的相似关系，最终的发明物和启发物之间可能有很大的差别，甚至完全看不出启发物的痕迹。

原型启发法是根据人的创造性思维和运行方式，对偶然遇到的某些事物经过观察和分析，突然间启发出灵感的方法。它是以创新欲望为前提，以类比为基础而进行的一种创造活动。启发带有偶然性、机遇性，因此运用原型启发法需要具备一定的条件。例如，要有强烈的创新欲望，这样才能提高接受启发的敏感性；要明确问题的实质，以鉴别把握可能得到的启发；要增加信息量，扩大知识面，为启发创造更多机会；要能大胆猜测事物之间可能的联系，寻找启发的原型。

运用原型启发法进行发明创造的例子有很多。从飞鸟到飞机，从开水壶到蒸汽机，从海豹皮到南极探险服，从木蛀虫到地道导管软钻机……北京一位四年级小学生发明了一种充气雨衣，雨衣下面是一个气圈，充气后雨衣张开，雨水便不会灌进鞋子了。他的充气雨衣的构想，便是从芭蕾舞旋转长裙和游泳圈这两个原型得来的。只要我们善于观察思考，就可以得到更多的灵感和启发。

2. 移植法

创造学中的移植法是指将某个领域的原理、技术、手段、方法、结构或功能引用和渗透到其他领域，用以创造新事物的方法。从思维角度看，移植是一种侧向思维方法。它通过相似联想、直接类比，力求在表面上看来仿佛是毫不相关的两个事物或现象之间寻找联系。

移植法是一种应用广泛的创新方法。通览人类的科学技术成果，可以在不少地方发现这种方法的应用，而且在21世纪高新技术领域中，此种方法被科学家普遍采用，例如干细胞移植术治疗瘫痪患者、基因重造工程移植记忆等。与原型启发法相比，移植法是更为具体的类比，其发明物与原型之间的相似之处更为明显。而且发明者在运用移植法之前有明确的目标（即要移植的指向），它的特点是从目标出发来寻找被移植的对象。因此，移植往往不是先有原型后使人受到启发或让人模拟的，而是先有问题，然后带着问题去寻找原型，并巧妙地将原型应用到所要解决的问题上来。

移植法具有侧向移植和侧向外推两种运用技巧。

(1)侧向移植。

法国近代微生物学奠基人巴斯德曾花费了大量的时间和心血研究证明酒变酸和肉汤变质的原因都是由于细菌在作怪，经过高温处理的瓶子里的酒或肉汤，只要与外界严密隔离，就不会变味变质。当英国外科医师李斯特看到巴斯德的这一实验报告后，他想，如果说细菌破坏了酒味和使肉汤变质，那么细菌是不是使动过手术的患者的伤口发生化脓溃烂的原因呢？于是，李斯特把巴斯德的理论和经验移植到医疗领域里，发明了外科手术消毒法，拯救了千百万患者的生命。

这个发明实例揭示的道理正是创造性思考的关键所在：不同领域的知识和方法有时可以相互移植和借鉴。这就是侧向移植法，不是按常规的做法，而是主动把注意力引向其他领域，使用其他领域的原理、技术、方案来解决问题。

采用侧向移植，首先要分析问题的关系所在，即搞清创造目的与创造手段之间不协调、不适应的问题；然后借助联想、类比手段，找到被移植的对象，确定移植的具体形式和内容，并通过实验研究和设计活动实现发明创造。

侧向移植包括技术原理的移植、技术手段的移植两种类型。

①由于揭示了大部分技术对象的共性规律，技术原理成为许多专业技术的共同基础。对这种基本的技术原理，只要根据不同的技术要求和技术目的，采用不同的物质手段，就可以物化为不同的技术。当一种技术原理最初在某一特殊技术领域实现后，经过适当提炼，就

很容易移植到其他技术领域或其他技术对象上，从而产生新的创新方案。例如，红外辐射是一种很普通的物理过程，凡是高于绝对温度零度的物体都有红外辐射，只是温度低时辐射量极微罢了。将这一原理移植到其他领域，可产生新奇的成果，如红外线探测、遥感、诊断、治疗、夜视、测距等，在军事领域有红外线自动导引的“响尾蛇导弹”，装有红外瞄准器的枪械、火炮、坦克及红外扫描，红外伪装等。

②技术手段的移植是把一个领域中的技术装置程序或方法移植到另一个技术领域，根据新的技术要求对其进行变换和组合，从而产生新的技术发明的侧向移植类型。例如，贾德森为了解除系鞋带的麻烦而想到发明拉链，并于1905年取得了专利权。这项发明吸引了一个叫霍克的军官，他决定建厂生产拉链。霍克经过19年的时间才研制出拉链机，但是却没有人用生产出的拉链代替鞋带。后来，一个服装店老板将思路引向了鞋带以外，生产出带拉链的钱包，赚了一大笔钱。从那以后，半个世纪以来，拉链几乎渗透到人类社会生产、日常生活的每一个角落，如衣服、枕套、笔盒等。

应用侧向移植，关键是注意两个问题：一是要注意打破传统的思维定式，二是要注意打破专业的界限。

(2)侧向外推。

美国一家制糖公司，每次往南美洲运方糖，方糖都会受潮，故而损失很大。公司里的一位工人受到轮船上通风洞的启发，建议在方糖包装盒的角落里戳个针孔使之通风，以达到防潮的目的。这个建议取得了意想不到的好效果。日本的一位K先生听到戳小孔引出发明的消息后深受启发，于是，他埋头研究，结果发现在打火机的火芯盖上钻个小孔，可以使打火机灌一次油由原来的维持10天变成现在的50天之久，由此他大获收益。K先生运用的发明方法就是侧向外推。

当取得一项发明或看到什么感兴趣的方法后，将它推广应用到其他领域，也就是寻找他的新用途，这就是侧向外推。从思维角度看，侧向外推是一种侧向思维方法。这一点与侧向移植是一致的。两者都是将某个领域的原理、技术、方法引用或渗透到其他领域，用以改造或创造新的事物。从发明者的角度看，侧向外推是先有发明，然后试着把它向其他领域引申和推广；而侧向移植是试着把其他领域的技术拿过来为我所用。显然，两者只是方向不同。

侧向移植与侧向外推的不同之处在于：一是侧向移植是先有问题后有答案(办法)，侧向外推是先有办法(答案)后找问题；二是侧向移植是在没掌握方法之前积极去“寻找”和“引用”，侧向外推是在有了方法(发现)后积极去“推出”和“输出”。对于某个发明主体来说，侧向移植和侧向外推是其应用移植发明的两个不同阶段和环节。侧向移植是发明创造的第一阶段，是寻求一个好办法的环节；侧向外推是发明创造的第二阶段，是将好的发明创造推向更好的领域，是扩充运用这个好的办法的环节。而对于不同的发明主体而言，两者的区别是没有什么实际意义的。例如，激光技术被第一个人应用到工业上，研制出激光打孔机，这无疑是侧向移植。然后他又将这项技术应用到其他领域研制出激光定向仪，这无疑是侧向外推。但如果第二个人受到第一个人激光打印机的启发，将它应用到另外的领域，研制出全息照相机，对第二个人来说，这既可看作是侧向移植，也可看作是侧向外推，只能依照他的主观进行判断。他如果是先掌握了激光技术，然后想到移植，就是侧向外推；反之，就是侧向移植。

因为侧向外推也是运用移植法的原理。因此，侧向移植的主要方法(途径)也适用于侧向外推，具体包括以下两方面。

①技术原理的外推，如将微波炉的工作原理外推到筑路领域，研制成微波筑路机加热沥青，取得了很好的效果。

②技术功能的外推，如在自然界，河川中夹杂的有机物流入海洋却并不会使海洋受到污染，原因是海洋中生长着能消化有机物质的净化细菌，有机物经它们的消化后会变成水和一氧化碳。环保专家将此功能移植于废水处理——引进净化细菌并让它大量繁殖，以达到去污变清的目的。这就是目前污水处理的活性污泥处理法。

3. 仿生法

仿生法是指通过模拟生物的结构、功能或原理等来进行发明创造的方法。

每种生物都有别的生物所不具备的特点和奇妙的功能，如蝙蝠可以发出和听到超声波，螳螂可以在 0.05 秒内计算出飞掠眼前的小昆虫的速度、方向和距离，犬的鼻子可以感觉出 200 万种物质和不同浓度的气味。这些功能是人类根本不具备的。而人脑的思维、创造功能却又是其他生物望尘莫及的。与生物构成的天然自然相比，人创造的人工自然技术只有短暂的历史，人们在有些技术上所遇到的困难或问题，生物界早就在进化过程中妥善地解决了。生物独特的特点和功能，加上人类的创造功能和技术手段，使得人们借鉴生物来解决大量的技术难题或创造出更新的技术成为可能。例如，飞行服的发明。我们知道，长颈鹿的脖子很长，大脑与心脏的距离大约是 3 米，要使血液能输送到头上，血压相对要高，大约是人体的 2 倍。但当长颈鹿低头喝水时，血液却没有一股脑的涌向头部。原来是裹在长颈鹿身体表面的一层厚皮起了作用。长颈鹿低头时，厚皮紧紧地箍住了血管，限制了血压，使其不会因血压突然升高而发生意外。科学家依照长颈鹿皮的原理设计出抗荷飞行服，飞行员穿上后在一定程度上起到了限制血压的作用，当飞行加速时，抗荷飞行服还能压缩空气，也能对血管产生一定的压力，就此而言比长颈鹿的厚皮更高明了一步。

使用仿生法，要遵循一定的步骤：

第一步，有原则地研究生物体的结构与功能。

第二步，将生物资料简化为生物模型。

第三步，通过数学分析抽象成通用的数学模型。

第四步，采用机械、电子、化学手段制成可进行工程技术实验的实物模型。

仿生学于 1960 年前后形成，这意味着仿生法不仅仅是一种方法，更是一种科学。目前仿生学已形成电子仿生、机械仿生、化学仿生、建筑仿生、人体仿生、分子仿生、宇宙仿生等众多分支。利用仿生法做出的仿生发明也极为繁多，如大型飞机、轮船、导弹、鱼雷仿照海洋生物的流线型外观以减少阻力，声呐系统是对蝙蝠、海豚的回声定位的模仿。此外，蛙眼雷达、电光鹰眼、鱼眼瞄准器、响尾蛇导弹定位器、电子警犬、生物地震预报仪、人造丝、生物膜、袋鼠跳跃器、企鹅型极地汽车、恐龙钻头、计氏浮桥、蜂窝状建筑、人工智能装置等的发明都是仿生类比的结果。仿生法可以打开生物界这个丰盛的技术源泉，使发明成果达到更高水平。

五、组合型创新方法

组合在创新活动中极为常见并被广泛运用。在现代技术开发中，组合型成果占全部发明创造的60%～70%。

（一）组合型创新方法的含义

这种方法是以两个或多个事物为基础，按照一定的原理或目的，进行有效组合而产生的创新方法。在当今世界，属于首创、原创的创新成果很少，大多数创新成果都是采用组合型创新方法而取得的。在进行创新时，组合只要合理有效，就是一项成功的创新。组合型创新方法的特点在于以组合为核心，把表面上似乎不相关的事物有机地结合在一起，合多而一，所有特征都为单一目的起作用，并相互支持、促进与补充，从而产生意想不到、奇妙新颖的创新成果。

（二）组合型创新方法的常见形式

1. 功能组合

功能组合就是把不同物品的不同功能、不同用途组合到一个新的物品上，使之具有多种功能和用途。比如，按摩椅就是按摩功能和椅子功能的结合体，具有计算功能的闹钟也是一种新的组合。被世界各国视为珍品的瑞士军刀中有一种被称为“瑞士冠军”的款式，是由大刀、小刀、木塞拔、开罐器、螺丝刀、开瓶器、电线剥皮器、钻孔锥、剪刀、钩子、木锯、凿子、钳子、放大镜、圆珠笔等31种工具组合而成。携刀一把等于带了一个工具箱，但整件长只有9厘米，重量只有185克，完美得令人难以置信。

2. 意义组合

这种组合功能不变，但组合之后赋予了新的意义。比如，在文化衫上印上旅游景点的标志和名字，就变成了具有纪念意义的旅游商品。同样，一本著作有了作者的亲笔签名，其意义也会不同。

3. 构造组合

把两种东西组合在一起，它便有了新的结构和新的实用功能。比如，房车就是房屋与汽车的组合，它不仅可以作为交通工具，还可以作为居住的场所。电脑桌也是一种构造组合的结果。如今，3D打印已得到广泛应用，大到一座城市的交通系统，小到一只茶杯设计理念，3D打印建筑模型、3D打印咖啡厅……它们都完美地呈现着思维的创造力，也在改变我们当下的生活。

4. 成分组合

两种物品成分不相同，组合在一起后，就构成了一种新的产品。比如，将柠檬和红茶组合在一起，就开发出了柠檬茶。调酒师调制鸡尾酒采用的也是一种不同的成分组合。化学家阿伏伽德罗曾和著名的数学家高斯开了个玩笑，他在高斯面前把 2 升氢气放在 1 升氧气中燃烧，结果得到 2 升水蒸气。阿伏伽德罗对高斯说："只要化学愿意的话它能使 2+1=2，而你们数学能做到这一点吗?"

5. 原理组合

把原理相同的两种物品组合在一起能产生一种新产品。比如，将几个相同的衣服架组合在一起，就可构成一个多层挂衣架，以分别挂上衣和裤子，从而达到充分利用衣柜空间的目的。

6. 材料组合

不同材料组合在一起，不仅可以改善原物品的功能，还能带来新的经济效益。比如，现在电力工业使用的远距离电缆，其芯用铁制造，而外层则用铜制造，由两种材料组合制成的新电缆，不仅保持了原有材料的优点(铜的导电性能好，铁硬不下垂)，还大大降低了输电成本。

(三)组合型创新法的典型方法——形态分析法

形态分析法是借助形态学的概念和原理，通过对创造对象的构成要素进行分析(因素分析)，再对构成要素所要求的功能属性进行分析(形态分析)，列出各因素可能的全部形态(包括技术手段)，在因素分析和形态分析的基础上，采取表格的形式进行方案聚合，再从聚合的方案中择优的一种系统思维方法。具体做法:将创新课题分解为若干相互独立的基本因素，找出实现每个因素功能所要求的技术手段或形态，然后加以排列组合得到多种解决问题的方案，最后筛选出最优方案。

形态分析法的实施步骤如下。

1. 确定创新对象

其即明确需要解决的问题和研究的目标。确定创新对象必须十分准确地表述所要解决的创新课题或所要实现的功能，包括该创新对象所要达到的目的等。

2. 基本因素分析

其即确定创新对象有哪些基本因素，筛选出有助于解决问题的所有基本因素，给每个基本因素尽可能多的选择值，编制形态特征表。这是应用形态分析法的重要环节，是确保获取创新设想的基础。

在进行基本因素分析时，要使确定的因素满足两个基本要求:第一，其在功能上应是相对独立的和全面的，不要遗漏重要因素;第二，其在数量上应该是适当的，若数量大，会使系统过大，使下步工作难度增加，组合时过于繁杂，很不方便。

3. 形态分析

其就是寻找每个基本因素的可能解决方案(形态),分别列出与各基本因素相对应的形态。列出的形态要求尽量全面,尽可能列出无论是本专业领域的还是其他专业领域的所有具有这种功能特征的各种形态。

4. 形态组合

根据对创新对象的总体功能要求,分别把各因素的各形态一一交叉组合,绘制形态图,形成解决方案的图解,以获得所有可能的组合设想。

5. 评价选择最合理的具体方案

由于形态分析法会产生多种方案,一般采用新颖性、先进性和实用性几条标准进行初选,选出少数较好的设想后,进行综合评价,通过进一步具体化,好中选优,最后选出最佳方案。

(四)创新方法的引申方法

1. 信息交合法

信息交合法是由我国创造学研究者许国泰提出的。其具体做法是把若干种信息排列在各自的线性轴标上,将它们进行交合,形成"信息反应场",每一轴标上的各信息依次与另一轴标各点上的信息交合而产生新的组合信息。信息交合法的实质就是将现有事物进行分解,然后借助于辐射状的标线重新组合成新事物,是一种在信息交合中进行创新的方法。信息交合法的基本内容:一切创造活动都是信息的运算、交合、复制和繁殖的活动。借用坐标方法,设一个信息为一个要素,同一类或同一系统信息按要素展开,用一根线串起来,这条线称为信息标。要使信息交合,就要提供一个能使信息"反应"的"场",这个场称为"信息反应场",最少由两维信息标相连而成,当然也可以是多维的。各信息标上的要素沿垂直于信息坐标的方向延伸出来,产生许许多多的交合点,即所谓信息交互所产生的信息,其中便可能有新的有价值的信息。

信息交合法的原则:一是整体分解原则。先把对象及其相关条件整体加以分解,按序列得出要素。二是信息交合原则。以一个信息标上的要素信息为母本,以另一个信息标上的要素信息为父本,相交合后可产生新信息。各个信息标上的每个要素都要逐一与另一信息标上的各个要素相交合。三是结晶筛选原则。通过对方案的筛选,找出更好的方案。如果研究的是新产品开发问题,那么在筛选时应注意新产品的实用性、经济性、易生产性和市场可接受性等。

信息交合法的具体步骤:一是定中心。确定立体信息场的聚集原点。确定一个中心,即零坐标。例如,研究"笔"的革新,就应以"笔"为中心。二是画标线。根据信息基点的需要画几条坐标线。绘出若干标线,如研究"肠",则在"肠"的中心点画出水果类、肉禽类、水产类等坐标线。三是注标点。在各信息坐标线上注明有关信息点,如在水产类坐标上注明虾类、鱿鱼、海米等。四是相交合。若干信息标形成信息反应场，信息在信息反应场中交合，以一个坐标线上的信息为“母本”，另一个坐标线上的信息为“父本”，彼此相交后即产生新信息。从这些新信息中可以发现某些有价值的新设想。通过上述四步，信息相交就能够产生出无数新信息。然后，根据需要和生产条件，可以连续不断地开发、设计、制造出一系列新产品，甚至可以创造出能引起顾客购买欲的各种各样的稀奇古怪的新产品。

2. 主体附加法

其又称添加法、主体内插式法等，是指以某一特定的事物为主体，通过补充、置换或插入新的事物，从而得到新的有价值的整体。它是一种“锦上添花”的方式，在主体附加组合中，主体事物的性能基本上保持不变，附加物只是对主体起补充、完善或充分利用主体功能的作用。附加物可以是已有的事物，也可以是为主体设计的附加事物。主体附加法是一种创造性较弱的组合，在生活中应用很广，如安装了载物架、车筐、打气筒的自行车，安装倒油口的锅具；磁铁附在杯子上成为磁化杯，藏在鞋跟里成为磁疗鞋，安在头梳里有护发保健作用，附加在文具盒上便于开关，嵌在开瓶器上不用时顺手吸在冰箱上。江苏省一中学生发明了一种能够让色盲识别的红绿灯，在现行的纯红绿颜色的灯中加入一些白色的有规则形状的图形，如红色圆形中间加入一条横着的白杠，绿色圆形中间加入一条竖着的白杠，以此来让色盲进行识别。

主体附加法的具体步骤：首先要确定主体附加的目的，可以通过全面分析主体的缺点，然后围绕这些缺点提出解决方案，再通过增加附属物来达到改善主体功能的目的。其次，根据附加目的确定附加物。主体附加组合的创新性很大程度上取决于附加物的选择是否别开生面，使主体产生新的功能和价值，以增加其实用性，从而增加其竞争力。

在主体附加组合中需注意：

(1)主体不变或变化不大，即原有的事物、技术、思想等基本保持不变。

(2)附加的事物只是起到补充完整主体的作用，不会导致主体的大的变化。

(3)附加的事物有两种：第一种是已有的事物，第二种是根据主体的情况专门设计的新事物。

(4)附加的事物都是为主体服务的，用于弥补主体的不足。因此，在主体附加组合时应该全面考虑，权衡利弊，否则会事与愿违，费力不讨好。

3. 分解法

分解法是一种将看似一个整体的事物(原理、结构、功能、用途)经过巧妙的分割，形成创新的方法。例如，将电话座机的机身抽离，对听筒部分加以改造和完善就变成了手机。把手套的指套部分分解出来，就成为单独的产品——卫生指套，用无菌塑料薄膜做成的指套附在食品包装中，在食用前将指套套在手指上，以防手指上的细菌污染食品，更适合旅行时使用。分解有两种情况：一种是“分解成若干部分”仍构成“一个整体”，但有了新的功能，这是一种分解而不分立的创新；另一种是从“一个整体”中分出某个组成部分或某几个组成部分，由此构成功能独立的新的“一个整体”，这是一种既分解又分立的创新。

分解法和组合法虽然是不同的创新技法，但是以现有事物的功能为前提，以改变功能为目的，完善旧功能、增添新功能、开发新产品是这两种创新技法的同一思路。组合法作为一种创新技法早就引起人们的注意，并在创新实践中得到广泛应用。而分解法却长期被人们忽视，许多人至今对这一创新技法感到陌生。

按照分解前后的功能对比，可以将分解法分成两类。

(1)原功用分解：将某个整体分成若干部分或分出某一部分作为一个新整体时，其功能结构同整体时的功能目的一样，这样的分解创新称为原功用分解。虽然原功用分解的功能目的、功能结构基本不变，但经过分解，功能的性能、效果、表现形式、载体、代价、寿命、意义等发生了变化，就可能产生新的价值。例如，地毯在使用过程中有诸多的不便，不便于清洗、更换，花色花样比较单调。有人把地毯化整为零，可以任意组合，使得清洗和更换十分方便，且可以随心所欲地进行拼装。

(2)变功用分解：将某个整体分成若干部分或分出某一部分，作为一个新的整体和新的组合整体时，结构基本不变，而功能却不同于整体原来的功能，这样的分解创新称为变功用分解。变功用分解创新追求的是功能的变化。例如，将自行车分解成独轮自行车，虽然其功能结构基本不变，但是其功能目的发生了变化，其用途不再是代步，而是成为杂技表演的道具以供演员使用。

第四节　创新意识的培养

创新能力的培养离不开创新的知识技能、创新的思维品质及创新的人格特征。创新思维是创新能力的核心因素，是创新活动的灵魂。开展创新训练的实质就是对创新思维的开发和引导。一个人的创新能力，特别是创新思维能力的强弱，将决定他的发展前途。

创造性思维方式是培养创新能力，进行开创性的起点。一般来说，常规思维方式是纵向、线性、收敛和刚性的思维方式，而创新思维是多向、发散性的，思维方式是辩证的。在中国古代，诸子百家中的兵家(孙子与孙膑)与纵横家(鬼谷子)就很重视谋略思维。关于谋略的产生，人们通常认为，中略、下略是常规思维的结果，上略是创造性思维的结果。因此，要以中略和下略作为设谋的起点。常规思维为正，创造性思维为奇，设谋要经历参正变奇和参奇再变的过程。只有具备了创造性思维，才有可能进行开创性的工作。

一、培养独立意识

培养创新意识时要注意对自身独立意识的培养。培养自己独立的人格，发展独立获取知识、钻研问题的能力，不依赖别人，不盲从他人。独立意识包括两个方面的内容：一是思想方面的独立性，即独立思考和判断的能力；二是实践方面的独立性，即学习工作、社会交往等方面独立处理问题或事情的行为能力及生活上的独立自理能力。个体的创造性是在后天的实践中形成的，其发挥也受到多种因素的影响和制约，最关键的就是独立性。具备独立性并非就一定具备创造性，但没有独立性绝不可能有创造性。创造性与独立性等非智力因素比智力因素更能决定一个人的成败，在这一点上独立性比创造性更重要。培养独立意识是培养创新意识的前提。

(1)大学生要加强自身的知识储备，培养自立、自强精神。在学习过程中要开阔视野，储备知识，力求融会贯通，将所学知识转化为独立解决问题的能力。当遇到困难时，自觉地从头脑的知识储备中过滤出需要的信息，进而找到解决问题的方法和途径。还要注重对最新理论、最新技术和最新信息的了解，不断探求新的知识，努力掌握社会、文化、科技发展的新动向。自立是指立足于自身奋斗，不依赖他人；自强是指不安于现状，勤奋、独立、自主的精神状态，是一种强烈的、改变自我状态的向上驱动力。

(2)大学生要融入同辈的独立群体之中。同辈群体又称同龄群体，是由一些年龄、兴趣、爱好、态度、价值观、社会地位等方面较为接近的人所组成的一种非正式初级群体。大学生中的同辈群体交往频繁，时常聚集，彼此间有着很大的影响。大学生要充分利用同伴的影响作用，在生活和学习上多与独立性较强的同学、朋友沟通和交流，将他们的行为作为评定自己行为的参照，从同伴对自己的反应中发现自我、认识自我，进而完善自我。

二、培养独立思考的习惯

要真正实现创新，在理论和实践上获得首创和突破，就要敢于对现有研究成果产生怀疑，敢于否定和超越。巴尔扎克曾说过："问号是开辟一切科学的钥匙。"问题是时代的格言，是表现时代自己内心状态的最实际的呼声。有的大学生奉书本为神明，有问题不敢怀疑，有问题不肯思考，这都成为阻碍学生创新的屏障。

(1)大学生在学习过程中，要养成随时收集、记录生活学习过程中产生的疑问的习惯。每天抽出时间整理疑难问题，针对问题进行思考，或者请教老师和同学，并记录下来；同时还要经常给自己和别人提问题。

(2)加强学习，具备一定的知识和智力水平，掌握一定的创造性思维方法，从不同角度提出有价值的问题。要充分重视别人解决问题的方法，探讨别人处理问题的途径，善于从比较中学习，从而纠正自己的错误，发现问题的缘由。

(3)要有坚持真理、挑战权威的勇气。只要有疑问，就要敢于怀疑。有了怀疑，再去求证。即使错了，也会获得经验。在疑问的过程中，可以展开争论，激发自己的灵感，发挥集体的智慧，相互启发。

三、培养合作意识

要进行创新，光靠个人的力量很难完成，必须相互协作。合作是指两个或两个以上的个体为了实现共同目标(共同利益)而自愿地结合在一起，通过相互之间的配合和协调(包括言语和行为)而实现共同目标，最终个人利益也获得满足的一种社会交往活动。培养学生之间的合作精神，能促进大学生学习能力的提高。合作意识很难通过讲座或讨论形式得到培养。

其需要通过某种活动，通过人与人交往过程，通过共同完成任务和对各种结果经历，以及成果的分享及责任的共同承担的关系去培养。靠个人奋斗取得成功的时代已经过去了。合作和竞争并存，在竞争的基础上合作，在合作的基础上竞争，这一时代特征表象越来越明显，大学生应树立竞争意识，并将竞争纳入有序的状态和友好合作的氛围中。

四、培养风险意识

创新意识和冒险精神是创新创业的内在要求。创新是走前人没有走过的路，难免会遇到困难和挫折，创新需要有冒险精神、胆略和胆识，创业实践也要有风险意识，还要有克服困难的勇气和百折不挠的意志。大学生要敢于幻想，大胆试验，做敢作敢为、勇于创新的人。努力保持风险意识和冒险精神的平衡，保持理性思维，才能降低风险和损失。

(1)提高自身对风险的预见性及防范能力。正确认识个人成长过程中可能遇到的各种风险，如不合理饮食、缺乏运动、睡眠不足导致的“亚健康”风险，沉迷网络游戏导致的学业难以完成的风险，就业创业过程中遇到各种“陷阱”而导致的人身、财产风险等，形成正确的人生价值观和完善的人格素养。

(2)树立正确的风险意识观念。认识到对风险的解决有助于积累经验、总结不足、更好地提升自我。风险是包含积极因素的，也是机会和创新的动力。既要看到风险带来的挑战，增强对风险的预警，也要看到风险中孕育的机会和希望。树立科学的风险观，增强抵御风险的能力，减少风险带来的危害。

五、发展全面思维的品质

思维品质是人的思维的个性特征，反映了每个个体智力或思维水平的差异。

(1)发展思维的广阔性：指能全面而细致地考虑问题。考虑问题的整体和细节，考虑问题的本质和相关的其他条件。思维的广阔性以丰富的知识为依据，从事物的不同方面和不同联系上考虑问题，从而避免片面性和狭隘性。

(2)发展思维的批判性：指能使自己的思维受到已知客观事物的充分检验。思维批判性以广阔性为基础，是一种既善于从实际出发，又善于独立思考的思维品质。

(3)发展思维的深刻性：指能深入事物的本质去考虑问题。思维的深刻性是以批判性为前提的。只有通过客观事物的充分检验，丢掉不符合实际的假设，保留符合实际并能真正解决问题的假设，才能为思维的深刻性创造必要的条件。

(4)发展思维的灵活性：指一个人的思维活动能根据客观情况的变化而变化，即能根据所发现的新事实，及时修改自己原来的想法，使思维从成见和教条中解放出来。

(5)发展思维的敏捷性：指能在很快的时间内提出解决问题的正确意见。也就是说，人在解决问题时，能够当机立断，不徘徊、不犹豫。思维敏捷性是思维其他品质发展的结果，是所有优良思维品质的集中表现。

第五节　大学生创业常见思维问题

一、创业思维教育对大学生创业的积极作用

(一)完善创业教育,提升创新思维能力

不同行业和时代背景下,创新思维有着不同的表现形式,但实质上,都是该时代背景下人的一种思维能力的表现,对个人发展至关重要。创新思维的培养能够激发和保护大学生的想象力,能够促进大学生在学习生活中积极主动思考,寻找问题答案的主观能动性。当大学生遇到问题或困难时,不是退缩,而是大胆设想、积极求证。因此,大学生创新思维的培养对创业教育的完善发展、大学生创新思维能力的提升有着重要作用。

(二)优化知识结构,提升综合能力素质

高校教育更多的是专业教育,关于创新创业思维方面的教育并没有形成普及的课程,但大学生的成长离不开创新思维的学习,创新思维的学习有利于优化组合知识结构,有利于大学生将专业理论与实践结合。创业需要知识、技能、态度、行为的综合提升,培养大学生的创新思维并通过创新思维不断促进在校大学生学习新的知识、提升新的技能、塑造好的态度与价值观、养成好的行为习惯,进而全面提升大学生的综合能力素质。

(三)扩大创新成果,促进社会经济发展

创新思维更多地作用于实践,有利于产生更多的成果,如科技专利、创新的管理制度及商业管理模式等。当今市场各行各业的竞争都很激烈,大学生要想创业成功,必须以专业知识为依托,开拓创新,创新管理模式和经营模式,充分依托市场,才能在激烈的竞争中立足。创新思维能够促使大学生在创业的过程中积极思考,积极创造新的产品、建立新的品牌、开拓新的市场。自主品牌的建立,以及企业文化创新、研发创新、管理模式创新等,都离不开创新思维的支持,因此创新思维对于大学生创业而言非常重要。

(四)完善学生思维,促进创业教育体系发展

创新思维有助于大学生充分发挥想象力,积极探索,进而通过对大学生创新创业思维的培养,提升大学生创业技能,完善大学生的创业人格。在创新创业教育中,需要重点培养大学生的创新思维,而这种思维培养,需要新的教育教学方法与手段,需要教师在教学中打破传统教条主义教学束缚,尝试通过更多的方法手段促进大学生打破传统的思维定式,大胆尝试,勇于创新,充分发挥想象力,在激烈的就业竞争中,开创出一分事业。创新思维教育本身就需要创新,最终才能促进创业教育体系的发展。

二、大学生创业中常见的思维问题

（一）创新思维训练不足，对创业思考得过于简单

多数大学生由于在很长时间内一直都没有接触到更多的创新方面的教育，一直接受的是传统的以高考为目的的应试教育；接受的思维训练更多的是逻辑规则的训练，没有更多的创新思维训练，创新的经验不足，需要通过训练来补足这方面的素养。很多学生把创业想得过于简单，凭着一腔热血就开始了创业旅程。笔者曾经遇到一个学生，想做一个连接餐馆与大学生的外卖平台。他有强烈的创业意愿，团队也有软件开发的技术，有足够的初始创业资金，凭着激情很快就开始创业了，然而他们没有经过周密的市场调查，没有咨询专业顾问和教师的意见，没有了解到所在高校的市场总容量非常小，就这样，他们做了一年，亏损了，公司也倒闭了。

（二）创业经验不足，对创业方面的问题判断武断

部分大学生在创业的过程中，由于没有创业的经历，从亲友处学习到的创业经历也比较浅薄。他们在创业的过程中，由于经验定式，往往对事物的判断产生较大的误差，采取的措施也不具有针对性，这种条件下，往往会导致问题处理朝错误的方向进行。有一个学生的创业项目——校园商城，网上采购询价的时候差点被骗。然而后来，他们和一个批发商贩联系，在货物批发的过程中，只是部分产品进行了价格谈判，有些产品根本没有进行价格谈判，对方要求全款，他们都答应了。当货物运到学校的时候，笔者再三叮嘱学生不能付全款，因为还会涉及后续的退换货，但学生还是基本上付了全款。后来某些商品销量并不好，部分产品价格上也吃了亏，学生退货的时候对方要求学生付运费，由于学生基本付了全款，谈判中没有了筹码，最后这批商品亏损了。

（三）从众思想严重，难以独立思考

有部分学生在学校创业也好，做兼职工作也好，都缺乏独立思考的能力，往往看别人怎么做，自己就怎么做。殊不知，我们模仿的只是别人的表象，很多本质的东西我们不一定模仿得好，别人背后的努力我们不一定能看得到。还有一些学生，创业中遇到问题咨询毫无经验的人，采纳他们的建议，最后导致项目失败。学生创新过程中向其他项目学习，向其他人咨询学习，都是好事情，但学习的东西要和实际进行很好的结合，进行深刻的二次思考才行。

（四）迷信权威经历，不结合本地创业实际

现在有很多创业辅导、创业讲座，讲课的教师一提到创业代表必然会提到马云、刘强东、李彦宏、马化腾、史玉柱等，以至于有些同学创业的时候喜欢拿他们的经历与自己的创业项目对比。然而，这些人的创业背景已经和现在不一样了，创业时机也和现在不一样，他们的成功经历真的可以复制吗？答案是否定的，他们的精神、他们的心路历程值得我们思考，但是那条路已经不一样了。我们更应该告诉学生的是结合实际的东西，如关于商业模式的、关

于市场的、关于客户的、关于组织的、关于企业家精神的……学生应学会更多的分析问题、解决问题的思维方式,以及通用的基本知识、基本技能、基本态度、基本行为等。

(五)思维惯性较强,难以轻易改变

现在很多人思维惯性都比较强,需要通过训练逐步改变。有一个故事说,一个老师在课堂上问学生:“售货员曾接待过一个聋哑人,凭借聋哑人的手势,他完全听懂了聋哑人的话。聋哑人走后,又有位盲人顾客走了进来,他想买把剪子。那么,这位盲人将会如何表达他的购买意图呢?请将你认为最快的那种表达方法写在纸条上,然后交上来。”不久,答案交上来了,大家的小纸条上居然都写着:“他只要用两根手指比画剪东西的样子就能买到!”而那位老师看了看大家说:“你们都错了,盲人不是聋哑人,他只要说句‘我买剪子’就行了!”我们生活中还有很多脑筋急转弯的案例,思维惯性较强的人一般都很难回答。大学生要多想想,不是一切东西都是理所当然的。

(六)迷信书本知识,缺乏实践经验

有些学生在创业的过程中,过于迷信书本知识,商业计划书写得也不错,然而在落地执行的时候就思考得不够周到了。笔者在阅读有些学生的商业计划书的时候常看到这样一个问题,本来项目在一个小地方,受到大环境影响较小,不需要拿到更大的环境中进行分析,而他的计划书把政治、经济、技术、环境等宏观的背景分析得特别仔细,却忽略了对当地市场环境的深入分析。这些都是没有和实践结合的表现,大学生在创业项目中一定不要忽略了市场调查,不要忽略了客户真正的感知和需求。

(七)过于自信,不愿深入学习,不愿征询他人建议

有些学生创业前期还算比较顺利,也取得了一定的成绩,心理就开始膨胀,过于相信自己的判断。殊不知,在既定的条件下,如果他们适当地征求专业人士意见,结合公司实际明确发展战略,积极实施,可能会取得更大的成果,就这样他们丧失了飞速发展的时机。有的学生也在征求教师或者创业导师意见,然而咨询的问题往往是现在有什么样的国家政策可以让他减少税收,怎么拿到国家补贴等。即使自己的公司发展过程中有经营困惑,他们也宁愿自己摸索。

(八)思维发散,天马行空,缺乏系统思维

有些学生在创业的过程中,发散思维非常优秀,技术也不错,一旦有了好的想法也可以迅速去执行。他们这种思维值得认可,也能够创造出很多好的项目。然而,如果缺乏系统思维,想到哪做到哪,虽然最后也能够把东西做出来,却浪费了很多的时间,也加大了成本,后期可能还有很多的漏洞需要他们不断去完善。

(九)“管而不理”,个人英雄主义盛行

有些学生在创业过程中从思维上很享受当老板的“管”的感觉,招了很多人,自己带着他们,在市场竞争中冲击,然而由于个人缺乏“理”的实施,管理无序,人工成本极高。虽然也挣

了一些钱，但却非常辛苦，员工中也缺乏独当一面的人。其实，他们在创业过程中，缺乏企业管理知识，这样的企业即使短时间能够存活，也走不了多远。

（十）懒惰拖延，时间管理不当

懒惰拖延是很多人的生活习惯，然而大学生在创业的过程中，最需要的一种精神就是勤奋，有效地利用自己的时间。有些创业者在创业过程中时间管理无序，个人生活都安排得一团糟。笔者遇到有些创业同学，没有协调好创业与学业的关系，短期内挣了些钱，学习成绩一塌糊涂，不及格科目几乎达到要强制退学的情况。一个好的创业者应该能够很好地协调好自己的各项事务。

三、大学生创业中应该树立的思维方式

（一）从思维上告诉自己要成功，并且激发成功的欲望

张三和李四是邻居，都以耍猴谋生。张三的生意很火，因为猴子很敬业听话，所以帮张三赚了不少钱；李四的猴子却经常消极怠工，还时不时地有猴子逃走。李四请工匠加固了猴舍，还在每个猴子的脖子上都加了一道绳索束缚，但仍然收效不大。无奈之下，他去找张三取经。在张三家待了半天，李四也没有发现张三有什么绝招。然而，到了吃饭时间李四发现张三准备了许多新鲜水果的模型。张三先把模型摆出来，然后才拿出真正的水果喂猴子，喂完猴子，就拿起水果模型，向猴子晃一晃，才小心地放回屋里。李四不解地问张三："你摆这么多水果模型干什么？虽然漂亮，但是不能吃啊。"张三轻轻一笑，说："虽然不能吃，但可以激起猴子的欲望，想着这些新鲜的水果，就有了工作的动力和忍受委屈的理由。所以，我的猴子一般不会逃走，因为一旦逃走，它就永远失去了拥有这些新鲜水果的机会。"想要得到更好的东西源自你的动力，而动力就来自你心中想要成功的欲望。

欲望是一个人心底最深处也是最真切的动力，自己想要做什么只有自己知道，不要被外界束缚。做某件事是不是全力以赴，带来的结果一定是不一样的。当我们懒惰的时候，成功的欲望将成为我们前进的主要动力。多思考我们肩负的家庭责任，这可以成为我们取得成功的原始动力。成功的开始需要强烈的成功欲望，这就是奋斗拼搏的动力。

（二）集思广益

唐太宗善于听取魏征正确的见解，他认为"人以铜为镜，可以正衣冠；以古为镜，可以知兴替；以人为镜，可以知得失"。正是因为唐太宗擅于纳谏，才有了贞观之治，才成就一代明君，也造就了他的成功。历史上也有固执己见的人，鸿门宴上，谋士范增劝项羽杀掉刘邦，但是项羽没有听取谋士的建议，放过了刘邦，这也就直接导致其兵败于刘邦，乌江自刎。所以面对困难和超出自己能力的事，积极向创业导师、成功人士或其他朋友征求意见，自己深思判断，可能会少走弯路。可能某个人、某句话，就会给我们很大启发。我们应先于时机成熟时逐渐建立自己的"智囊团"或"研究中心"。

（三）及时反思，善于总结

司马光少时贪睡，为此他没少受先生的责罚和同伴的嘲笑。在先生的谆谆教诲下，他决心改掉贪睡的坏毛病，为了早早起床，他睡觉前喝了满满一肚子水，结果早上没有被憋醒，却尿了床，于是聪明的司马光用圆木头做了一个警枕，早上一翻身，头滑落在床板上，自然惊醒，从此他天天早早地起床读书，坚持不懈，终于成为学识渊博的史学家。反思与总结会提醒我们很多被忽略的东西。运气不会一直伴随我们，处理问题时多一些理性判断，少一些感性的判断，多总结，遵循客观规律，这样在创新创业的路上才会少走弯路。

（四）打破固有经验定式，结合实际

东汉安帝时期，羌族举兵反叛，寇掠武都郡。邓太后用虞诩为武都太守。羌族酋长听说虞诩要到武都赴任，就率领几千人在陈仓崤谷拦截他。虞诩见有兵拦击，就命令军队停止前进，扬言要上书请求援兵，等援兵赶到再出发。羌族酋长听到消息，分兵骚扰其他地区。虞诩趁着羌族兵力分散的机会，命令部队日夜急行军。他还下令，要每个士兵垒筑两个锅灶，每天加倍。这样一来，羌族武装力量便不敢逼近。事后，有人问虞诩说："孙膑当年采取减灶的方法，而您却反其意而用之，采取增灶的方法……这是什么原因呢？"虞诩听了说："敌众我寡，行军速度慢怕被他们追上；而行军迅速，他们则摸不到底细。敌人看我军锅灶每天都在增加，一定会认为郡中派兵来增援我们了。他认为我们人多而且行动迅速，一定会害怕不敢追赶。"从中我们可以看出，固有的经验有时候不一定适合实际的情况，只有充分地结合实际情况，解决问题方有针对性。

大学生创新创业过程中不宜过多依赖于经验，在"互联网＋"时代，经济形势变幻莫测，企业做经营决策或是对市场进行分析仅靠过去的经验、别人的经验都是十分危险的。

（五）树立坚定的意志

东汉班固的《汉书》中说道："孙敬，字文宝，好学，晨夕不休。及至眠睡疲寝，以绳系头，悬屋梁。"这是悬梁刺股中孙敬悬梁的故事，给了后人很多启示。虽然如今我们已经不需要悬梁刺股了，但是这种思想及精神值得我们发扬。大学生创业初期，不可避免地会遇到很多困难，可能稍微气馁，便会失败，这就需要我们有坚定的意志。对创业者来说，遭遇坎坷和困难的时候，要坚信自己能战胜一切困难，并立即付诸行动。

（六）保持创新思维，不断创新前行

企业在市场经济的发展中需要不断地创新来驱动前行，缺乏创新的企业将很难站稳脚跟。不管是知识创新、技术创新、制度创新、管理创新还是其他创新，其源泉都来自创新思维。如果说社会需要社会创新的动力源的话，创新思维就是社会创新的方法源、催化剂。个人想要获得长足的可持续发展，创新思维永远不可或缺，只有一直保持着创新思维，我们的事业、工作、生活才能不断地前进。

第四章　创业团队

第一节　创业团队的概述

一、创业团队的定义及要求

创业团队是指在创业初期(包括企业成立前和成立早期),由一群才能互补、责任共担、愿为共同的创业目标而奋斗的人所组成的特殊群体。从团队的定义我们可以看出,创业团队的组成人员不是一个人,而是一群志同道合的人;创业团队的成员有共同目标,才能互补并愿意共同承担责任。初创团队尤其需要注意以下两点。

(1)创业初期必须选择好自己创业团队的创始人团队,对初创团队来说,尽量不要接纳兼职团队成员,如果确实需要兼职的创业团队成员,那么必须规定好任何兼职加入团队的成员不能拥有公司的股份。大学生创业团队更多时候成员是兼职成员,但是创始人团队一定是一群志同道合的团队,不能随便任何一个人就能加入。

(2)任何一个加入创业团队的成员必须深思熟虑,这些成员都需要很强的综合管理能力和软技能,同时具有极强的学习能力,然后才是独当一面的专业技能。前期创业团队任何一个成员的选择失误都会对后续团队发展造成很大的障碍,创业团队核心竞争力一定在于管理团队的思维合力和思考的互补性。同时,创业团队更没有单纯的管理者,需要市场销售、技术产品、财务管控各方面的专业技术人员。

创业团队的层级结构涉及成员薪酬待遇的等级结构。它既涉及薪酬、分红,也涉及团队管理、股权结构和公司治理等多方面的问题,这将直接影响后续团队的可持续发展。因此,初创团队一定要通过充分的思考来确定。

二、创业团队的类型

创业团队大体上一般可以分为三种类型:星状创业团队、网状创业团队和虚拟星状创业团队。

(一)星状创业团队

星状创业团队,一般在团队中有一个核心主导人物,充当领军的角色。这种团队在形成之前,一般是核心主导人物有了创业的想法,然后根据自己的设想进行创业团队的组织。因此，在团队形成之前，核心主导人物已经就团队组成进行过仔细思考，根据自己的想法选择相应人物加入团队。这些加入创业团队的成员也许是核心主导人物以前熟悉的人，也可能是不熟悉的人，但其他的团队成员在企业中更多时候是支持者角色。

（二）网状创业团队

这种创业团队类型的成员一般在创业之前都有密切的关系，如同学、亲友、同事、朋友等。一般都是在交往过程中，共同认可某一创业想法，并就创业达成了共识以后，开始共同进行创业。在创业团队组成时，没有明确的核心人物，大家根据各自的特点进行自发的组织角色定位。因此，在企业初创时期，各位成员基本上扮演的是协作者或者伙伴角色。

（三）虚拟星状创业团队

这种类型的创业团队是由网状创业团队演化而来的，基本上是前两种类型的中间形态。在团队中，有一个核心成员，但是该核心成员地位的确立是团队成员协商的结果。因此，核心人物从某种意义上说是整个团队的代言人，而不是主导型人物，其在团队中的行为必须充分考虑其他团队成员的意见，不像星状创业团队中的核心主导人物那样有权威。

三、创业团队的五要素

任何组织的团队，都包括五个要素，简称“5P”，即目标（purpose）、定位（place）、权限（power）、计划（plan）和人员（people）。

(1)目标。对于一个企业来说，自从打算在组织内部建设团队开始，就必须树立明确的目标，目标是将人们的努力凝聚起来的重要因素，从本质上来说创业团队的根本目标都在于创造新价值。

(2)定位。明确个人在创业团队中担任的职务和承担的责任，这样才能优势互补。

(3)权限。所谓权限，是指团队负有的职责和相应的权力大小。创业团队成员要明确各自的工作范围、工作重心、工作目标，并根据创业团队发展阶段和所涉及的行业变化做不同的调整。

(4)计划。一是根据外部环境与内部条件的分析，提出未来一定时期内要达到的目标及实现目标的方案。二是用文字和指标等形式，表述在未来一定时期内关于行动方向、内容和方式的安排。

(5)人员。团队是由个人组成的。确定团队目标、定位、职权和计划，都只是为团队取得成功奠定基础，最终能否获得成功取决于个人。人作为知识的载体，所拥有的知识对创业团队的贡献程度将决定创业团队在市场中的命运。

四、优秀团队的八大特征

一个有凝聚力的充满激情的创业团队是优秀团队的最低基准，专业化是创业团队成功的必经之路。

(1)创业团队要有凝聚力。凝聚力是一切执行力得到体现的基础。它体现了这个团队的文化、合作精神、执行效率等。团队没有凝聚力,就没有执行力,即使这个团队的成员个个都是各方面一等一的好手,这个团队也不可能有真正的执行力。团队是一体的,成败是整体的而非个人的,成员能够同甘共苦,经营成果能够公开且合理地分享,团队就会形成坚强的凝聚力与一体感。

(2)创业团队要有激情,并愿意与企业同成长。所谓激情,应该是一种发自内心的,不以任何外力所转移的对成功的渴望。这种对成功的渴望,应该是事业上单纯的渴望。诚然,每个人都向往财富。但是我们要认识到,这些物质层面的回报一定会随着我们事业的成功自然而来。也就是说,它们是我们事业成功的附加产品。我们创业团队的激情如果建立在这些附加产品上面,就不会是真正的激情,因为在创业的路上有太多的艰辛和磨砺。选择创业,就等于选择了一条通往未知目的地的但绝对是充满艰辛的道路,可能成功,也可能失败,各种滋味都要自己去品味。要享受创业的艰辛过程,才能享受创业成功后的喜悦,享受创业成功后的鲜花、掌声、荣誉等。要有良好承受能力的创业团队,才能够真正面对那些创业途中的各种困难。如果创业团队成员的着眼点仅仅在于那些物质回报,而不是去学会享受创业过程的话,那这个团队创业成功的可能性很小。团队成员应一直保持对企业长期经营的信心,对于企业经营成功给予长期的承诺,每一位成员均了解企业在成功之前将会面临的挑战。

(3)企业价值发掘。团队成员全心致力于创造新企业的价值,认为创造新企业价值才是创业活动的主要目标,并认识到唯有企业不断增值,所有参与者才有可能分享到其中的利益。

(4)股权分配合理。平均主义并非合理,团队成员的股权分配不一定要均等,但需要合理、透明与公平。

(5)利益分配公平有弹性。创业之初的股权分配与之后创业过程中的贡献往往并不一致,因此会发生某些具有显著贡献的团队成员拥有股权数较低,贡献与报酬不一致的不公平现象。

(6)能力搭配完美。创业者寻找团队成员,应该基于这样的考虑,主要是弥补当前资源能力上的不足,也就是说考虑创业目标与当前能力的差距,来寻找所需要的配套成员。

(7)创业激情。建立优势互补的团队是创业的关键。作为创业者还需要特别注意,那就是一定要选择对项目有热情的人加入团队,并且要使所有人在企业初创时就要有每天长时间工作的准备。任何人,不管他的专业水平多么高,如果对事业的信心不足,将无法适应创业的需求,而这样一种消极的因素,对创业团队所有成员产生的负面影响可能是致命的。

(8)互信。猜疑会令企业瓦解。近年来,中关村每年的企业倒闭率在25%左右,其中一个很重要的原因,就是创业团队内部不团结。

在创业的路上,打造一个优秀团队还必须要做的就是提高团队的专业化水平。专业化很重要,它能使整个创业团队成员保证在一个水平层次上沟通,是企业文化形成的基准。同领导力所不同的是，管理要的是效率，没有专业化，就没有执行力，也就谈不上任何效率。所以，专业化是优秀创业团队的必经之路，一个优秀的创业团队想要成功，都必须由不专业走向专业。

第二节 创业团队的组建

一、创业团队组建的原则

（一）创新性与实践性

创新性与实践性是大学生创新创业团队区别于其他学习小组团队的最大特征。因此，在组建团队时应牢牢把握这一首要原则，开展团队学术活动也要紧紧围绕这一原则，切实提高大学生的科技创新能力与创业实践能力。团队组建之初所设立的研究领域不宜过窄，否则，可能会限制成员能动性的发挥，导致思想狭隘僵化；也不宜过宽，否则，容易导致团队成员研究过于分散，难有深层次突破。因此，团队需要在指导教师的指导下，确立恰当的选题，力争在研究方法和内容上有所创新。

创新离不开实践，只有实践才能不断促进创新。大学生科技创新团队不能闭门造车，应该坚持理论与实践相结合的原则。团队成员需要不断实践，把创新成果运用到创业实践中。完成团队的实践环节需要社会多方面力量支持。首先，应建立大学生创新创业实践基地和平台，通过这一中间组织为团队提供实践机会；其次，应加强社会宣传，让企业了解并认可大学生创新创业团队，从而提供相关领域的实践机会和相关研究项目，实现“产学研”的充分结合；最后，团队成员也需要自力更生，凭借每个成员的人际关系，以及团队的研究和开发水平，吸引更多企业关注，让企业主动提供实践机会。

（二）基础性与前沿性

大学生创新创业团队在开展创新创业活动过程中，需要从实际出发，保证团队有扎实的研究和实践基础，这就要求团队成员去熟悉创新创业相关领域的基础理论。团队应该充分调动每个成员的积极性，让每个成员把自己的专业学习经验和基础理论知识与其他同学分享，从而夯实整个团队的理论基础，为后续的创新创业做好铺垫。

进行创新创业时应经常邀请本专业的指导教师对其现行研究进行方向指导，不定期参加各种前沿学术讲座，与学术大师近距离对话，利用外语水平较高的团队成员获取国外研究的最新进展。同时，应定期举行团队内部的学术研讨，交流学术心得，使团队成员共同进步。由此，保证团队学术研究的基础性和前沿性。

（三）目标一致性与技能互补性

任何一个成功的团队都需要有共同明确的团队目标，大学生创新创业团队也不例外。团队的每个成员都要认可团队目标，这一目标应该具有挑战性，但同时也应在团队成员能力范围之内，具有可实现性。对团队目标取得共识之后，应进一步定义好团队成员角色，明确每个成员的责任和义务，制定好研究活动的执行方案。团队成员具有不同兴趣爱好和不同技能，他们倾向于在团队中作出某种特定模式的行为，从而影响团队中的其他成员，以及整体的相互作用模式。根据贝宾(Belbin)团队角色理论，每个成功的团队都有主导者、创新者、驱策者、监察者、协调者、执行者、贯彻者、资源查探者和专业者九种角色。大学生创新创业团队需要根据成员个体的不同特征，发挥优势，合理分工，协同作战。

(四)稳定性与可持续发展性

为了保证团队实现既定的目标，在一段时期内需要保持团队稳定性。稳定性既包括人员的稳定，也包括学术活动的稳定开展。人员的稳定，即团队在一定时期内(一学期或一学年)成员基本保持不变，否则不利于团队成员相互配合、不利于学术创新。团队成员应当遵守团队制度和规则，定期有组织地开展学术交流活动，共享学习资源。

团队成员分属不同年级，高年级成员毕业后，团队成员的更新是必然的选择，而且成员的更新也将带来新的思想、新的方法，从而使得团队更加具有活力和生命力。出于团队长远发展的考虑，组建团队的时候应该注意成员的年级搭配，不能因为某一两个成员的离开而出现团队断层甚至解散的情况。毕业后的团队成员也并非完全脱离团队，还可以继续通过网络等方式关注和支持团队的发展，担当团队的“咨询顾问团”。同时，他们还可能会提供更多的资讯和实践机会给团队成员。

二、创业团队的组建过程

一个创新创业团队，其建设过程一般可分为初步建立、培养规范、稳定执行和均衡结束四个阶段。大学生创新创业团队也不例外。

(一)初步建立阶段

创新创业团队的成员由于各自背景、专业不同，而且创新创业团队的目标刚刚建立，对于实现目标的方法和手段仍在摸索阶段。此时创新创业团队的绩效一般，改善速度有限。创新创业团队管理者应当立即掌握团队，督促团队成员进入状态，采取各种方式来减少创新创业团队中不安定的因素，促进团队成员在个性、能力等方面的融合。创新创业团队成员应当互相支持、互相帮助，努力营造和谐愉悦的团队氛围。

(二)培养规范阶段

创新创业团队应采用正确的团队培养战略和方法，团队凝聚力、团队精神、团队标准和团队价值观应被成员所接受。此时创新创业团队的绩效进入快速改善的阶段(正反馈开始启动)。创新创业团队管理者应当在创新创业团队中挑选一些核心成员，通过内部培训及多次参与创新创业团队项目等方式，培养和锻炼他们的创新创业能力。在可控制范围内，对于短期的目标可以适当授权团队核心成员参与决策，但是要注意事前监督、事中控制、事后考核相结合。创新创业团队成员应当对创新创业团队的目标达成共识，努力提高创新创业能力。

(三)稳定执行阶段

进入稳定执行阶段以后,创新创业团队绩效逐渐达到平衡(负反馈开始启动)。创新创业团队管理者应当允许创新创业团队成员公开表达不同的意见,建立愿景,调和团队成员的差异性。创新创业团队成员应当以主人翁的姿态来参与创新创业团队的创新创业。

(四)均衡结束阶段

经历一段时间后,创新创业团队最终进入均衡的结束阶段。需要注意的是,结束阶段并不宣告创新创业的结束,而是指创新创业团队的研究对象和创新创业团队主要成员发生实质性的变化。创新创业团队管理者应当系统思考、纵观全局,并时刻保持危机意识,促进创新创业团队不断学习,以保持成长的动力。创新创业团队成员应当对以前成功和失败的经验进行总结,提出改进的办法和建议。

三、创业团队组建过程中要注意的问题

大学生创新创业团队的组建是一个相当复杂的过程,不同类型的创新创业项目所需的团队不一样,创建步骤也不完全相同。大学生创新创业团队不仅仅是作为一个状态存在才具有研究意义,更应该表现为一种动态的形成过程。大学生创新创业团队的建立过程经常是一个反复和不断调整的过程,团队成员之间的磨合和相互适应都会经过一些环节才能完成。在大学生创新创业团队组建过程中要注意以下问题。

(一)确立创新创业目标

大学生创新创业团队的总目标就是,通过完成创业阶段的技术、市场、规划、组织、管理等各项工作,实现企业的从无到有、从起步到成熟。总目标确定之后,为了推动团队最终实现总目标,要将总目标加以分解,设定若干可行的、阶段性的子目标。共同的价值观、统一的目标是组建创新创业团队的前提,团队成员若不认可团队目标,就不可能全心全意为此目标的实现而与其他团队成员相互合作、共同奋斗。而不同的价值观将直接导致团队成员在创新创业过程中脱离团队,进而削弱创新创业团队作用的发挥。没有一致的目标和共同的价值观,创新创业团队即使组建起来,也无法有效发挥协同作用,将会缺乏战斗力。

(二)制订创新创业计划

在确定了总目标及一个个阶段性子目标之后,紧接着就要研究如何实现这些目标,这就需要制订周密的创新创业计划。创新创业计划是在对创新创业目标进行具体分解的基础上,以团队为整体来考虑的计划。创新创业计划确定了在不同的创新创业阶段需要完成的阶段性任务,通过逐步实现这些阶段性目标来最终实现创新创业目标。

(三)招募合适的团队成员

招募合适的人员是创新创业团队组建最关键的一步。关于创新创业团队成员的招募,

主要应考虑两个方面:一是考虑互补性,即考虑其能否与其他成员在能力或技术上形成互补。这种互补性的形成既有助于强化团队成员间的合作,又能保证整个团队的战斗力,更好地发挥团队的作用。一般而言,创新创业团队至少需要管理、技术和营销三个方面的人才。只有这三个方面的人才形成良好的沟通协作关系,创新创业团队才可能实现稳定高效。二是考虑适度规模。适度的团队规模是保证团队高效运转的重要条件。团队成员太少无法实现团队的功能和优势,团队成员过多又可能产生交流障碍,很可能使团队分裂成许多较小的团体,进而大大削弱团队的凝聚力。一般来说,将创新创业团队的规模控制在 2～12 人为最佳。

(四)明确成员的职权划分

为了保证团队成员执行创新创业计划、顺利开展各项工作,必须预先在团队内部进行职权划分。创新创业团队的职权划分就是根据执行创新创业计划的需要,具体确定每个团队成员所要担负的职责及相应所享有的权益。团队成员间的职权划分必须明确,既要避免职权的重叠和交叉,也要避免无人承担造成工作上的疏漏。此外,企业还处于创新创业过程中,面临的创新创业环境是动态复杂的,会不断面临新的问题,团队成员可能不断更换,因此,创新创业团队成员的职权也应根据需要不断进行调整。

第三节　创业团队的管理

团队管理对任何一个组织来讲都是不可缺少的精髓,否则就如同一盘散沙。“一根筷子容易折,一把筷子折不断”,这就是团队精神重要性力量的直观表现。大学生创业团队建成以后,面临的最大问题就是团队管理,而团队管理的好坏直接影响到企业的经营目标和利润,当然也影响到职业营销人的个人声誉和形象。那么该如何管理好我们的团队呢?

一、管理概述

管理是指在特定的环境下,管理者通过执行计划、组织、领导、控制等职能,整合组织的各项资源,实现组织既定目标的活动过程。它有三层含义。

(1)管理是一种有意识、有目的的活动,它服务并服从于组织目标。

(2)管理是一个连续进行的活动过程、实现组织目标的过程,就是管理者执行计划、组织、领导、控制等职能的过程。由于这一系列职能之间是相互关联的,从而使得管理过程体现为一个连续进行的活动过程。

(3)管理活动是在一定的环境中进行的,在开放的条件下,任何组织都处于千变万化的环境之中,复杂的环境成为决定组织生存与发展的重要因素。

在现代企业管理中,团队管理同样具有十分重要的地位和作用。团队精神是企业真正的核心竞争力所在,是企业的灵魂,缺乏“团队精神”的群体如同一盘散沙,没有任何凝聚力。

二、创业团队管理的基本原理

管理原理是管理学的重要组成部分，是对管理现象的一种抽象表达，是大量管理实践经验的升华。研究和掌握管理原理有助于认识与运用管理的客观规律，有助于管理链的正确运作、提高管理工作的科学性与有效性，对做好管理工作有着普遍的指导意义。掌握管理原理有助于提高管理工作的科学性，避免盲目性。对于管理原理的掌握有助于迅速找到解决管理问题的途径和手段。大学生创业团队管理的原理包括以下几个方面。

（一）人本原理

人是管理活动的主体，也是管理的客体。人的积极性、主观能动性和创造性的充分发挥及人的综合素质提高和全面发展，既是有效管理要达成的目的与结果，也是它的基础和前提。研究、运用人本原理已成为现代管理科学的一个核心内容。

1.人本原理的含义

所谓人本原理，就是在管理中必须把人的因素放在首位，体现以人为本的指导思想。以人为本有两层含义：一是一切管理活动都是以人为本展开的，人既是管理的主体，又是管理的客体，每个人都处在一定的管理层面上，离开人就无所谓管理；二是在管理活动中，管理对象的要素和管理系统的各环节都是需要人掌管、运作、推动和实施的。

2.运用人本原理的原则

(1)动力原则：推动管理活动的基本力量是人，管理必须有能够激发人工作能力的动力，这就是动力原则。对于管理系统，有三种动力，即物质动力、精神动力和信息动力。

(2)能级原则：现代管理认为，单位和个人都具有一定的能量，并且可以按照能量的大小顺序排列，形成管理的能级，就像原子中电子的能级一样。在管理系统中，建立一套合理能级，根据单位和个人能量的大小安排其工作，发挥不同能级的能量，保证结构的稳定性和管理的有效性，这就是能级原则。选拔和任用优秀人才是现代管理的核心，在管理实践中要会察人识人、知人善任，使人尽其才、才尽其用。

(3)激励原则：管理中的激励就是利用某种外部诱因的刺激调动人的积极性和创造性。以科学的手段，激发人的内在潜力，使其充分发挥积极性、主动性和创造性，这就是激励原则。人的工作动力来源于内在动力、外部压力和工作吸引力。

(4)行为原则：需要与动机是人行为的基础，人类的行为规律是需要决定动机，动机产生行为，行为指向目标，目标完成需要得到满足，于是又产生新的需要、动机、行为，以实现新的目标。安全生产工作重点是防止人的不安全行为。

3.人本原理的应用

善于发现人才、培养人才和合理使用人才是人才管理的根本。将人本原理的思想落实到人才管理中去，就要求管理者在工作中实现人岗匹配、人尽其才、才尽其用的目标。如何实现这一目标呢？需要做好以下工作。

第一，进行人才测评。人才测评是建立在心理学、管理学和人才学等学科基础上的一种综合性人才评价系统，它通过心理测试、行为观察分析、情景模拟演练等，对人才的素质、结构和兴趣等方面能够得出一个比较客观的认识，这种认识为管理者认识人才价值、挖掘人才潜能提供了帮助和指导。具体来讲，人才测评能够为组织提供整体的人力资源状况和水平，为组织做好人力资源规划打下基础，在人员的招聘和员工的培养与使用等方面进行有针对性的管理。例如，可以根据人才测评的结果，全面建立人才数据库。然后，根据企业发展的进程找出所缺乏的人才类型，并及时给予补充，建立起与组织发展相适应的人才梯队。再如，组织可以根据人才测评提供的员工业务能力、管理能力和性格特征等情况，组建新的团队，实现员工的优势互补，达到最优的组合，发挥最大的效能。

第二，能级管理。能级是现代物理学的概念，能是做功的本领，能量有大有小，把能量按大到小排列，犹如阶梯。在组织管理中，机构、人员等都有一个能量的问题，能量大，作用大。

现代管理的任务就是建立一种使组织内的每个人都能“各尽其能”的运作机制，为组织合理地配备人才和使用人才打下坚实的基础。实行能级管理就可以达到这个目的。因为能级管理就是要在管理系统中建立一套合理的能级，即根据每个组织和个人的能量大小安排其地位和任务，使人的职位与能力相称。它要求管理的内容能够动态地处于相应的能级中去，以此充分发挥人的能力。

随着知识经济的发展和市场经济的完善，管理对人的能力要求日益提升。能力的内在结构不仅包含着知识、智力和技能，更为重要的是指人的创新能力，这意味着以人为本，必须以人的能力为本。因此，管理者在实施能级管理的过程中，要突出发现能力、使用能力和开发能力三大环节。具体来讲，每个组织都要根据其组织使命和不同岗位特点确定组织认可的能力范围。同时，对组织成员的个人能力进行科学测定，在此基础上实现按能配岗、按岗配人的人岗配置使用模式，即将具有不同能力的组织成员配置到不同的岗位上，实现组织成员能力的优化组合，使能力与能级相符。而处在不同能级的组织成员则享受不同的待遇，组织成员的能力越高，结构越合理，得到的待遇就越好。这说明在注重能力与职位、岗位和责任相匹配的同时，还要将责任、权力和利益统一起来。而能力开发则是管理者按照组织长远发展的需要，采取各种有效的激励措施促使组织成员将潜在能力转化为现实能力，促使组织成员不断提高已有的能力。组织成员的能力一旦得到开发，其能力水平会发生变化，此时组织成员所处的能级也必须与之动态对应。只有这样，才能做到人尽其才，发挥组织的最佳管理效能。

第三，工作丰富化。组织管理者要实行以人为本的管理，就必须创设一个让人全面发展的场所，间接地引导人自由地发展自己的潜能。从企业组织来讲，为了提高工作效率，必须进行专业分工，而且每个人担负的工作越单纯，工作的效率会越高。这样企业只需要员工长期重复做某项工作，它必定引发出相应的问题，如果员工成为机械手，就意味着其无法看到个人的工作和整体工作的联系，就会失去享受劳动成果的欣慰感。又由于企业对员工的知识与能力的要求有限，员工长期从事于某一道工序，必然会感到枯燥无味甚至厌倦。可以讲，效率的获取是以员工的片面发展为代价的。如何将工作效率与员工多方面的技能发展相结合，是实现人本原理的重要问题。管理者运用工作丰富化的管理手段，可以妥善地解决这一问题。

所谓工作丰富化，是指通过改进工作设计、丰富工作内容、赋予更多的尝试机会来增加工作本身的刺激性和挑战性，使职工获得发挥聪明才智和取得个人成就的机会。在企业环境中，可采取以下措施促进工作丰富化：在工作方式、工作次序和作业速度方面给职工以更大的自由，使每个职工对自己的工作负有明确的责任；安排和鼓励职工定期轮换工作岗位和工种；扩大职工的工作范围，让职工参与某项业务活动的全过程，使职工明确认识到自己的工作对企业整体发展的意义及所做出的贡献等。劳动者只有看到了自我发展的可能性，才能不断提高工作的积极性、主动性和创造性。工作丰富化，使工作不再是一种烦琐的、冗长的、沉重的劳作，而是一种具有丰富意义和乐趣、讲究质量的生活方式。它能够在提高工作效率的同时，起到增进员工满足感的作用。

(二)系统原理

事物都是一定环境的产物，都是由若干元素组成的系统，事物内部各元素相互联系形成一定的结构，系统结构取决于事物所处的环境并在外部环境因素推动下不断发展变化，系统的结构决定系统的功能，系统的整体功能大于其各组成部分孤立功能之和。

管理人员的职责是需要全力实现企业目标，因此管理组织的宗旨就是要确保管理人员尽到上述职责。团队管理具有强大的威力，能使各个本来分散的个体和具有不同能力、不同个性的人组成一个有共同目标的相互协调的整体。这一团队管理的能力并不是他的所属成员能力的简单算术和，而是不论从数量上，还是从质量上都远远超过原有成员能力的新的力量。就如同一根由无数细线组成的绳索，单根细线的承载量是有限的，一旦它们被拧成绳索，其承载力却不可小视。但如果这一团队管理发挥得不好，反而会使成员力量发生内耗。团队管理就是要具有不断改善、不断革新的精神，使每个人的才能不停留在原有水平上，而是不断地发展和增强，从而起到 1＋1＞2 的效果。同时，在团队里每个人都能知道整个团队的工作，因此也都能对整体负责。而且团队易于接受新观点和新的工作方式，因此团队具有极大的适应性。中国载人航天飞船神舟六号的成功发射和返回，除了党中央的英明领导和全国人民的大力支持外，更是航天飞船工作组成员团结协作、集体智慧的结晶，也更充分说明了团队精神在复杂的系统工程中的作用。像载人航天这样庞大的系统工程，即火箭系统、飞船系统、发射场系统、通信和数字传输系统、监测系统、宇航员系统、返回系统等任何一个环节，都是在整个团队精神的充分合作基础上完成的，不难想象，其中任何一个环节出了问题，都会影响到整个任务的顺利完成。

(三)权变原理

权变，乃权宜应变之意。管理之“变”，是结合变化了的情况，做到以变应变，以提高管理的适应性、有效性。权变原理可为管理活动提供正确的行动指导和思想武装。权变管理理论以系统观点为基础，将组织视为由若干子系统有机组成的开放系统，管理中要根据组织所处的内外环境随机应变，不存在一种一成不变、普遍适用、一劳永逸的最好的管理理论与方法，管理的成效取决于组织与其环境之间的适应性。该理论贴近于人们对具体问题进行分析、具体对待的科学认识过程，较之单纯追逐抽象的、普遍适用的管理理论与方法更能为人们所接受，也能更有效地解决具体的管理问题。这就为我们把这个理论归结为管理的权变原理提供了扎实的依据基础。例如，公司确定了股权分配方案之后，还要有一个合理的利益分配体系。因为在创业过程中，会发生某些具有突出贡献的部门和个人所拥有的股份与贡献不相符的现象，因此需要一套弹性的利益分配机制来弥补仅仅按照股份分红这一单一分配机制产生的问题。例如，创业之初，留出10%的利润用于奖励那些有突出贡献的部门和个人。

（四）责任原理

在实际的团队建设中，分工协作也是一个非常重要的方面。“一人是龙，三人是虫”的现象必须要消除。有个大家耳熟能详的故事，即三只老鼠一同去偷油喝。很快便找到了一个油瓶，三只老鼠商量，一只踩着一只的肩膀，轮流上去喝油。于是三只老鼠开始叠罗汉，当一只老鼠刚刚爬到另外两只老鼠的肩膀上，不知什么原因，油瓶倒了，最后惊动了人，三只老鼠逃跑了。回到老鼠窝，大家开会讨论为什么会失败。最上面的老鼠说：“我没有喝到油，而且推倒了油瓶，是因为下面第二只老鼠抖动了一下，所以我推倒了油瓶。”第二只老鼠说：“我抖了一下，但我感觉到第三只老鼠也抽搐了一下，我才抖动了一下。”第三只老鼠说：“对，对，因为我好像听见门外有猫的叫声，所以抖了一下。”“哦，原来如此呀！”于是，大家都没有责任了。结论：猫的责任。从这个例子我们不难看出，团队要发挥它的力量就必须在团队工作前对分工和细节部署清楚，这样大家才能明确理解自己的角色和分工，才有默契的合作。

大学生创业若想成功，必须要加强企业执行力的塑造。市场竞争日益激烈，在大多数情况下，企业与竞争对手的差别就在于双方的执行力。余世维先生在《赢在执行》一书中写道，那些在激烈竞争中能够最终胜出的企业无疑都具有很强的执行力。因此，执行力是决定企业成败的一个重要因素，是21世纪构成企业竞争力的重要一环。可以说，核心竞争力就是所谓的执行力，没有执行力就没有核心竞争力！所以，纵观世界各大知名企业的成功，无不和团队出色的执行力有着直接的关系。联邦、沃尔玛、通用电气、联想等公司的发家史都已经很明白地告诉我们这个道理。联邦公司有句名言：速度大于完美，胜利大于公平，结果大于理由。这恰恰是对企业执行力的最好诠释。

（五）激励原理

激励是指管理人员促进团队成员形成动机，并引导行为指向目标的活动过程。由于人们一般是跟随那些他们认为有助于达到个人目标的人，因此管理人员应了解什么最能激励下级，以及这些因素如何发挥作用，并把这些认识体现在管理活动中。

许多管理学家、心理学家和社会学家从不同角度研究了如何激励人的问题，并提出了相应的激励方法，其中最著名的是美国心理学家亚伯拉罕·马斯洛的需求层次理论，他将个人的需求分五个层次，即生理的需求、安定或安全的需求、社交和爱情需求、自尊和受人尊重的需求及自我实现的需求。他认为人类的需求是以层次的形式出现的，由低级的需求开始逐级发展到高级需求。当一组需求得到满足时，这组需求就不再成为激励因素了。因此，为了激发小组成员的团队意识，加强团队管理，必须针对小组成员的不同需求层次进行适当的激励，对他们进行适当的物质鼓励或精神鼓励，其中，让他们能够实现自我价值、让其有充分的成就感的，就是对他们最大的激励。

正因为不同人的需求层次是不同的，我们应该针对不同人群采取不同的激励方法，对于级别较低的人群，如操作工等低收入群体，物质奖励能极大地提高他们的工作积极性，因此我们可以给予一定的物质和经济奖励，从而起到奖一而激励一百的效果；对于中级别的工作群体，如工程师，他们最希望的是职务的提升和自我价值的实现，则应该对其中的佼佼者给予升职的机会；对于级别较高的企业管理者，金钱和地位已不是他们最希望的（除非数目巨大），他们需要的是自我价值的实现，因此应该尽可能大地发挥他们的价值，授之以权，让他们放手去干一番事业。因此，恰当的激励措施，有利于充分调动所有小组成员的积极性，提高团队的整体工作效率和战斗力。

美国的行为科学家弗雷德里克·赫茨伯格提出的激励—保健因素理论，又称双因素理论，是激励原则的理论依据。他通过调查得出结论，认为满足人类各种需求产生的效果通常是不一样的。物质需求的满足是必要的，没有它会导致不满，但是仅仅满足物质需求又是远远不够的，因为即使获得满足，它的作用往往是很有限的，不能持久。要调动人的积极性，不仅要注意物质利益和工作条件等外部因素，更重要的是要从精神上给予鼓励，使员工从内心情感上真正得到满足。美国南北战争期间亚伯拉罕·林肯认为他做了一件最伟大的事情，他精心设计了一份赢得人类心灵的文件《解放宣言》，上面写着："所有过去被奴役的人，从现在开始将获得自由。"林肯的文件使所有受奴役、被监管及束缚的人们被无条件解放出来，使其从压制下获得自由，从而激励了他们无限的劳动热情。管理工作就是要找出人们不能做好工作的症结所在，然后纠正它。多数情况下意味着让那些做真正工作的人能够摆脱陈规旧俗。

在校大学生创业者具有极强的进取精神，创业团队又通常是较为团结的组织。他们不仅仅为追求经济利益而进行创业活动，也为了得到成就感及荣誉和地位上的满足感。Mclelland 在其《成就激励论》中指出，在人的基本需要得到满足的情况下，人们还有权力需要、友谊需要和成就需要。对于在校大学生创业者来说权力的追求可能少些，但对于成就、荣誉和在学校乃至社会上的地位的诉求愿望则可能非常强烈。这些荣誉、地位和社会认可度激励着这些在校大学生创业团队的创业激情。

总之，采用科学的方法激发人的内在潜力，会使每个人都能尽其所能，展其所长，自觉地努力工作。

三、创业团队管理的基本方法

创业团队的管理方法有行政方法、经济方法、教育方法和目标管理法。

(一)行政方法

行政管理方法是指在行政管理领域中,行政组织及其行政人员为开展行政工作和实现行政目标所采取的各种管理措施、手段、办法、技巧等的总和。行政方法的主要特征:强制性、权威性、层次性、具体性、无偿性。

应用行政管理的方法能够使国家的政策、法律和上级的意图快速地向下贯彻,有利于行政管理系统的集中统一。如果没有集中统一的意志、统一的指挥和统一的行动,下级就会成为一盘散沙、各自为政,根本不能完成国家任务并实现行政目标。另外,上级可以针对下级的工作情况及时、灵活地发出各种指令,使行政管理中出现的新情况、新问题得到及时处理,尤其是对一些突发事件的处理,更显示出这种方法的灵活快捷的优点。但是,行政方法以强制性的指令、命令支配下级的行为,下级总处于被动服从的状态,长此以往,会压抑下级的积极性和主动性,造成下级对上级的过分依赖。同时,行政指令是以垂直方向传达的,在指示、命令的下行传达过程中容易忽略横向的协调,有可能造成条块之间的矛盾,反过来制约了行政系统的高度统一。大学生创业团队管理由于范围小、对象少,宜于多用行政方法进行管理提高效率。

行政管理过程中应遵循的原则:调查研究在先、坚持具体指导、思想政治工作领先。

(二)经济方法

经济方法是运用奖金、津贴、福利、待遇等手段激励被管理人员的方法。由于与人们的物质利益紧密相连,这种方法对于调动人员的积极性有较大的作用。

管理者运用经济方法实施行政管理,可以充分发挥被管理者的自主性。同时,由于经济方法触动的是人们最敏感的神经,人们必然会做出迅速反应,按管理者发出的信号行动,效果较为显著。但是,经济方法仅以满足人们的物质利益为前提,因而作用范围仅集中在经济行政管理方面或与经济有连带关系的工作方面。因此,靠这种方法不能解决行政管理中的一切问题。同时,这种方法强调以物质利益为核心,掌握及运用不当会对意识形态和政治生活产生副作用。

(三)教育方法

教育方法是用不同的形式解决被管理人员思想问题的方法,人们常说的精神激励、思想政治工作、行为科学就属于教育方法。与宏观经济管理不同,企业管理由于范围小、对象少,宜于多用行政方法进行管理,才能提高效率。制度方法又称企业"法律方法",是指用一定的规范约束管理客体的方法,它对于保持管理的稳定性、连续性和标准性有很大的作用。教育方法是用不同的形式解决被管理人员思想问题的方法。大学生团队管理教育包括以下两方面。

1. 开设适量的创业教育课程

大学生创业走向成了一道难题。据不完全统计，全国大学生创业成功率只有2%～3%。怎样防范大学生创业失败已经成为所有大学生创业教育无法回避的问题。因此，在大学生学习期间开设适量的创业教育课程对大学生创业教育来说至关重要。在创业教育课程目标的选取上要体现多样性和层次性。多样性是指课程目标设置要在认知、情感、技能等领域都有所体现，层次性是指创业教育课程要根据不同的教育对象设置不同的目标。在课程内容的选择上，要理论知识与实务知识兼顾；在课程内容的组织上，要将创业活动的实际与创业学科体系内在的逻辑兼顾；在课程的评价上，要过程评价与结果评价兼顾。

2. 建立大学生创业教育实践基地

创业教育是实践性很强的教育，想在教育中让大学生获得创业的感性认识、获得宝贵的创业经验，建立大学生创业孵化基地是实现这一目的最好的选择。学校要引导学生在创业方向和形式上与地方经济社会发展相适应，并争取社会各界对创业教育的支持，使创业孵化基地成为创业项目的集散地和创业教育的实践基地。

(四)目标管理法

1. 目标管理法的含义

目标管理(management by objectives，MBO)源于美国管理学家彼得·德鲁克，他在1954年出版的《管理的实践》一书中首先提出了"目标管理和自我控制的主张"，认为"企业的目的和任务必须转化为目标。企业如果无总目标及与总目标相一致的分目标来指导职工的生产和管理活动，则企业规模越大，人员越多，发生内耗和浪费的可能性越大"。概括来说，目标管理即是让企业的管理人员和员工亲自参加工作目标的制定，在工作中实行"自我控制"并努力完成工作目标的一种管理制度。目标管理是指由下级与上级共同决定具体的绩效目标，并且定期检查实现目标进展情况的一种管理方式。由此而产生的奖励或处罚则根据目标的完成情况来确定。目标管理法属于结果导向型的考评方法之一，以实际产出为基础，考评的重点是员工工作的成效和劳动的结果。

2. 目标管理法的步骤

(1)制定目标，包括制定目标的依据、对目标进行分类、判断是否符合SMART原则、目标须沟通一致等。

(2)实施目标。

(3)信息反馈处理。

(4)检查实施结果及奖惩。

MBO不是用目标来控制，而是用它们来激励下级。MBO方式通常有四个共同的要素，即明确目标、参与决策、规定期限和反馈绩效。

MBO通过一种专门设计的过程使目标具有可操作性，这种过程一级接一级地将目标分解到组织的各个单位。组织的整体目标被转换为每一级组织的具体目标，即从整体组织目标到经营单位目标，再到部门目标，最后到个人目标。在此结构中，某一层的目标与下一级的目标连接在一起，而且对每一位员工而言，MBO都提供了具体的个人绩效目标。因此，每个人对他所在单位的成果贡献都很关键。如果所有人都实现了他们各自的目标，则他们所在单位的目标也将达到，而组织整体目标的完成也将成为现实。

3. 目标管理法的实施程序

（1）制定组织的整体目标和战略。

（2）在经营单位和部门之间分配主要的目标。

（3）各单位管理者和他们的上级一起设定本部门具体目标。

（4）部门的所有成员参与设定自己的具体目标。

（5）管理者与下级共同商定如何实现目标的行动计划。

（6）实施行动计划。

（7）定期检查实现目标的进展情况，并向有关单位和个人反馈。

（8）基于绩效的奖励将促进目标的成功实现。

每个企业对营销团队下达的都有一个具体的目标，这个目标与企业总的经营目标相一致。那么经理人在制定团队成员具体的目标时，必须结合市场环境、以往的业绩表现与成员共同制定，并形成具体的计划。适度的目标有利于对成员进行激励。适度目标一般是指有一定难度但通过努力能够达到的目标。由于团队成员参与了目标和计划的制定，他就会兑现承诺并努力去实现它。

四、创业团队的绩效管理

我们必须清楚地看到，创业给我们带来令人热血沸腾的激情的时候，同时还孕育着创业失败的高风险。雅虎创办人之一杨致远指出，创业者的成功机会非常少，不管是在中国还是在美国，创业能取得小成功的概率大概是十分之一，取得中等成功的概率是百分之一，达到巨大成功的概率仅为千分之一、万分之一。美国有统计表明，要成为企业家，失败率是99%，只有1%的企业家能在市场上生存5年或者更长时间。而大学生创业成功的概率只有2%～3%，更是低得可怜。所以，在如此恶劣的形势下，创业绝对不是一个人的事，还需要有一个优势互补而又具有很强竞争力的团队作为支撑，尤其是大学生创业。俗语说："一个篱笆三个桩，一个好汉三个帮。"这个时代已经不是一个人战斗的时代了，单打独斗已经成了过去式。因此，为了创业成功，你需要打造一支优势互补、高度认同、目标一致且具有很高执行力的管理团队，在创业的道路上一起披荆斩棘、乘风破浪。

（一）大学生创业团队绩效评价

1. 大学生创业团队绩效评价的意义

大学生创业能否成功的关键性因素在于创业团队的综合实力，一个优秀的创业团队是大学生创业成功的保障，也是推动大学生创业顺利实现的基础。因此，对大学生创业团队绩效进行评价是具有极其重要意义的。

首先，对于大学生创业主体来说，合理评价团队绩效有利于大学生更好地了解团队的优势和劣势，有利于更好地推动创业项目的进行，有利于更好地促进创业成功。合理评价大学生犹如一面明镜，可督促大学生创业者剖析自身实力，分析自身弱点，积极改进，不断进步，从而更好地实现创业目标，为社会发展做出贡献。

其次，对于投资者（如风险投资公司或者公益性投资机构）而言，科学地评价大学生创业团队绩效有利于投资者为投资决策提供较好的参考和意见，有利于投资者合理控制和了解大学生创业进程，有利于科学地掌握大学生创业的项目的过程。大学生创业团队在创业项目中有着非常重要的作用，如何正确评价大学生创业团队的绩效对于投资者而言非常重要。一个欠佳的大学生创业团队不利于创业项目的成功进行，因此即使投资项目非常诱人，倘若没有一个绩效高的团队来推动，投资者也会望而却步。

最后，对于大学生创业的指导者和推动者（如高校和政府等机构）而言，正确地评价大学生创业团队绩效，有利于他们更好地指导大学生创业，推动更多的大学生积极投身于创业实践之中，有利于更好地制定和执行科学的创业政策，推动创业实践的转化。同时，合理评价大学生创业团队绩效，有利于在他们的指导下更好地促进资源的合理配置，鼓励大学生为社会创造更大的价值。

2.大学生创业团队绩效评价的内容

Covin认为，绩效可分成成长性与获利性两个方面，应该把成长性和获利性两个方面综合起来作为考核绩效的基本指标，要考虑的指标有销售增长率、资产报酬率、单位销售利润率等。胡桂兰等通过对创业团队的调查，分析认为创业绩效的影响因素有信用等级、好评率、增长速度、顾客积累增长程度等。苏海泉等建立了由团队基本能力评价、经营管理能力评价、未来发展能力评价三个方面构成的大学生创业团队胜任力综合评价系统，从团队关系和文化、团队专业背景、核心人物素质、公民意识和法律意识、经营状况、管理及执行力、技术或创意优势、团队的存续性、把握机会能力和融资能力等方面来评价大学生创业团队的能力。

大学生创业团队绩效对大学生创业成败至关重要，如何有效合理地评价大学生创业团队的绩效这个问题极为重要，但相关方面的研究较少。苏海泉等运用灰色聚类的方法，对大学生创业团队胜任能力进行了综合评价，选择了影响大学生创业团队胜任能力的十个二级评价指标，确定了四个评估分类，采用专家打分法进行评分，确定权函数，从而评估大学生创业的团队胜任能力。夏志芳运用模糊综合评价法对大学生创业进行了评价，构建了一个基于创业素质、创业教育、创业环境、创业绩效等方面的综合评价体系，通过这个综合评价体系来评价大学生创业是否能取得成功。我们认为应用层次分析法和模糊评价来对大学生创业团队绩效的综合评价体系进行评估，对大学生创业具有参考价值和指导意义。

3. 大学生创业团队绩效评价的方法

(1)综合记分卡。此方法是在1992年由哈佛商学院教授罗伯特·卡普兰和复兴方案公司总裁戴维·诺顿首次提出的。1996年,罗伯特·卡普兰和戴维·诺顿出版了《综合记分卡:一种革命性的评估和管理系统》和《战略中心型组织》两本专著,系统阐述了综合记分卡的思想及原理,提出了组织中存在的问题并且给出了解决建议。综合记分卡被广泛地运用在各个行业,被称为“七十五年来最具影响力的战略管理工具”。综合记分卡是从财务、客户、内部运营、学习与成长四个角度,将组织的战略落实为可操作的衡量指标和目标值的一种新型绩效管理体系。与传统的只衡量过去发生事项的财务会计模式不同之处在于,综合记分卡的方法既考虑了财务方面的因素,又考虑了企业长远发展、顾客支持等方面的因素;既衡量了过去发生的事项,又考虑了未来的发展可能性,因此对于衡量绩效非常合适。结合大学生创业团队的特点,我们可分别从大学生创业企业的财务、客户、内部运营、学习与成长四个方面来评价大学生创业团队的绩效。

(2)层次分析法(AHP)。其是指将与决策有关的元素分解成目标、准则、方案等层次,在此基础之上进行定性和定量分析的决策方法。层次分析法是将一个复杂的多目标决策问题作为一个系统,将目标分解为多个目标或准则,进而分解为多指标(或准则、约束)的若干层次,通过定性指标模糊量化方法算出层次单排序(权数)和总排序,以作为目标(多指标)、多方案优化决策的系统方法。

(3)模糊综合评价法。其是一种基于模糊数学的综合评价方法,它根据模糊数学的隶属程度把定性评价转化为定量评价,即用模糊数学对受到多种因素制约的事物或对象做出一个总体的评价。它具有结果清晰、系统性强的特点,能较好地解决模糊的、难以量化的问题,适合各种非确定性问题的解决。模糊综合评价法的最显著特点:①有利于相互比较。模糊综合评价方法有利于分析多种情况下的不同方案的优劣,通过不同情况下的方案的比较,分析出最优的方案。②可以依据各个因素的特征,确定评价值与评价因素值之间的函数关系。确定这种函数关系(隶属度函数)有很多种方法,如统计方法、各种类型的分布等。当然,也可以请有经验的评标专家进行评价,直接给出评价值。

4. 大学生创业团队的绩效评价指标

在理论分析的基础上,基于综合记分卡的基本原理,研究出影响大学生创业团队的绩效因素主要有以下方面:财务方面,如利润指标、净资产收益率;客户方面,如市场发展能力、市场容量;内部运营方面,如团队文化建设、团队关系融洽度、管理模式、信息沟通;学习与成长方面,如团队专业背景、团队学历水平、团队学习能力(见图4—1)。

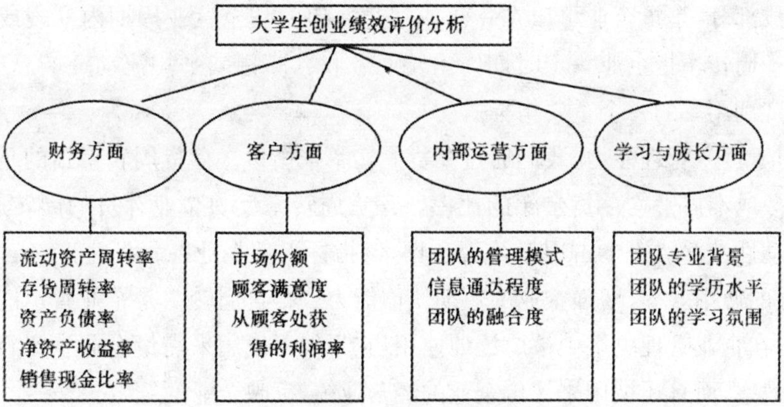

图 4-1 大学生创业团队的绩效分析图

(1)财务方面。财务方面指标是从财务的层面上,通过财务报表、财务数据等方面的信息来体现大学生创业团队绩效的水平。财务因素是最直观、最重要的反映大学生创业团队绩效的因素。从传统的评价大学生创业水平的方法来看,国内外学者们讨论的主要注意力集中在财务方面的因素上,无论是创业主体,还是投资者,都非常关注企业财务方面的因素。财务方面的指标主要通过资金变现能力、资产管理水平、负债水平、盈利能力和现金流比率进行反映。财务方面的指标主要有以下特点。

①财务方面的指标具有可量化性。一般来说,无论企业规模大小,无论企业是哪个行业,都有以货币为单位的财务数据,能比较直观地度量企业的财务状况,有利于不同企业之间的衡量和比较,如企业的净资产收益率是可以通过企业的财务数据计算得出的,而相同行业和相似状况下的企业的净资产收益率是可以进行比较的,从而可以看出企业的盈利状况。

②财务方面的指标具有可比性。一般来说,尽管企业有大小之分,企业所处行业各有不同,企业所在地域也有差异,但是对于相同的行业、相似的状况下的企业之间的财务数据是可以进行比较的。通过对比和分析,我们可以发现企业的变现能力、资产管理水平、盈利能力等方面的不一样,从而评价大学生创业团队的绩效。

③财务方面的指标具有相对性。由于不同行业、不同规模和不同经济社会条件下的企业具有差异性,财务方面的指标具有相对性,如金融行业的资产负债率与制造业的资产负债率水平差异很大,若仅仅从资产负债率的高低来衡量两者的资产负债情况,则不太科学。因此,在利用企业的财务数据进行绩效分析时要考虑其相对性,这样才能更加科学合理地评价大学生创业团队的绩效。

④财务方面的指标具有可选择性。不同的企业所使用的会计制度和会计规定不一样,有可能导致在某些方面的差异,因此在选择财务数据进行大学生创业团队的绩效评价时,要结合客观情况挑选能合理反映企业的因素进行分析。

由于财务方面的指标具有以上特点,结合大学生创业团队的特点,并综合国内外的理论,我们将选择以下指标来评价大学生创业团队的绩效。

其一,对于企业变现能力,我们通过流动资产周转率来衡量。流动资产是企业资产中必不可少的组成部分，是指企业可以在一年或超过一年的一个营业周期内变现或者运用的资产。流动资产周转率指企业一定时期内主营业务收入净额同平均流动资产总额的比率，是评价企业资产利用率的一个重要指标。

其二，对于资产管理能力，我们通过存货周转率来衡量。存货周转率指的是企业在计算期内主营业务成本占平均存货余额的比率。存货周转率反映企业存货的周转速度，反映企业存货的流动性及存货资金占用量是否合理，该指标促使企业在保证生产经营连续性的同时，提高资金的使用效率，增强企业的短期偿债能力。存货周转率是企业营运能力分析的重要指标之一，在企业管理决策中被广泛地使用，它不仅可以用来衡量企业生产经营各环节中的存货运营效率，而且还被用来评价企业的经营业绩，反映企业的绩效。

其三，对于企业负债水平，我们通过资产负债率来衡量。资产负债率反映公司总资产中负债所占的比率，反映企业利用举借的资金进行经营活动的能力，是评价公司负债高低的综合指标。资产负债率等于公司年末的负债总额除以资产总额。其中，负债总额指公司承担的各项负债的总和，包括流动负债和长期负债。资产总额指公司拥有的各项资产的总和，包括流动资产和长期资产。

其四，对于盈利能力，我们通过净资产收益率来衡量。净资产收益率是净利润与平均股东权益的百分比，是公司税后利润除以净资产得到的百分比率，该指标反映股东权益的收益水平，用以衡量公司运用自有资本的效率。指标值越高，说明投资带来的收益越高。

其五，对于现金流状况，我们通过销售现金比率来衡量。销售现金比率等于企业经营活动现金流量净额除以企业销售额。它反映企业每份销售收入得到的现金流量净额，其数值越大，表明企业的收入质量越好，资金利用效果越好。该指标反映的企业赊销情况，也是判断其是否虚假销售的关键因素。

(2)客户方面。客户方面的因素是企业产品或服务是否受欢迎的指示灯，对于评价大学生创业团队的绩效有很重要的作用。一个好的企业应该以目标顾客和目标市场为方向，应当关注于是否满足核心顾客需求，而不是企图满足所有客户的偏好。客户方面的因素主要有以下特点。

①客户方面的指标具有普遍性。对于大学生创业企业，不管是生产产品，还是提供服务，都需要面对顾客群体，顾客的支持度、顾客的满意度、市场的占有率等因素都是企业所关心的，企业是否能得到市场的支持也是其生存的关键。大学生创业团队的绩效也需要通过客户方面的指标来衡量和体现。

②客户方面的指标具有客观性。大学生创业所成立的企业均需与客户打交道，顾客的支持是企业成功的保障。作为大学生创业者，其创立企业、壮大企业、巩固企业地位都需要把客户因素作为重要因素来考虑，认真调查研究，详细分析市场，多方面了解客户需求，寻求产品或服务与客户需求的对接。

③客户方面的指标具有抽象性。尽管客户和顾客因素深受社会的重视，关于客户因素的讨论也非常多，但是客户方面的指标还是具有抽象性，对客户因素的计量方式也没有统一

的定论。

综合以上讨论，客户方面的指标对于大学生创业团队的绩效评价有非常重要的作用，结合对大学生创业团队的调查研究及大学生这个特殊的创业群体的特点，本书将选择以下因素来衡量大学生创业团队的绩效，即市场份额、顾客满意度、从客户处获得的利润率。

首先，关于市场份额的因素，它是指一个企业产品的销售量或服务的接受度在市场同类产品或服务中所占的比重，它直接反映了消费者和用户对企业所提供的商品和劳务的认可程度，表明了企业的商品或者劳务在市场上所处的地位。市场份额是企业的产品在市场上所占份额，也就是企业对市场的掌控能力。市场份额越高，表明企业经营、竞争能力越强。

其次，关于顾客满意度因素，它是指顾客的需求或期望被满足程度的感受。满意度是顾客心理状况的反映，它是顾客对产品或者服务性能及产品或者服务本身的评价，给出了（或者正在给出）一个与消费的满足感有关的快乐水平，包括低于或者超过满足感的水平，是一种心理体验。顾客满意度是一个可变的目标，在不同的情况下，对于同一个消费者来说，顾客满意度水平可能不同。因此，对于这个指标，我们将在调查的基础上，采用专家评分和调查问卷的情况综合得出结论。

最后，关于从客户处获得的利润率，顾名思义，指的是企业通过出售产品或者提供服务而获得的、来自客户的利润率。从客户处获得的利润率在结合财务数据和企业的市场情况后体现了消费者对企业产品或服务的支持度。该指标体现了顾客对企业产品或服务的认可，有利于衡量大学生创业团队的绩效水平。

(3)内部运营方面。内部运营对于企业来说好比人的大脑，它统筹企业的运营，无论是企业的财务方面的目标、顾客层面的支持，还是企业的学习与成长因素，都与内部运营息息相关。大学生创业团队的绩效也需要通过内部运营来衡量。大学生作为一个特殊的创业团体，在内部运营方面有很大的特殊性，他们有个性化、运营经验不足、涉世经验不足等特点，导致其内部运营与其他主体有很大不同，因而衡量大学生创业团队绩效的内部运营因素有以下特点。

①内部运营因素所选择的指标具有特殊性。由于大学生作为创业者，其具有该年龄阶段的特点，因此在衡量大学生创业团队的绩效时，所选择的指标也应具有特殊性，如选择团队关系的融洽度作为因素，是因为大学生创业主体来自不同的大学、所学的是不同的专业、有不同的性格和特点，因此以个性张扬的大学生为主体的创业团队，是否能团结、融洽地相处是内部健康运营的基本要素。

②内部运营因素具有创新性。正因为内部运营因素的特殊性，我们在选择衡量大学生创业团体绩效的因素时，要创造性地结合理论基础和大学生团队的特色，选择有利于较好地评价大学生创业团队绩效的因素，如选择信息通达度来衡量大学生创业团队沟通渠道是否畅通，大学生创业者与顾客之间的沟通是否畅通，反馈机制是否有效合理。

③内部运营因素具有难以量化性。由于内部运营的因素涉及企业的组织结构、企业的内部管理模式等因素，这些因素难以用具体的数字和单位来表达，因此企业的内部运营指标

具有难以量化性。例如，企业的管理模式是开放的还是传统的，不是通过简单的数字可表现的。

综合以上分析，由于企业的内部运营因素具有特殊性、创新性和难以量化性，本书通过详细调查研究，综合国内外的理论研究结果，结合大学生创业团队的特点，总结出以下因素，即团队管理模式、信息通达程度、团队关系融洽度。

首先，关于团队的管理模式，指的是大学生创业团队选择什么样的模式对企业进行管理。管理模式大体可以分为三类：传统的管理模式、系统模式和人际关系管理模式。传统的管理模式侧重于组织内管理体制和管理技术的提升与完善，强调组织内正式或非正式团体的建设，目的在于提高组织的效率，对员工实行平等式的管理。系统模式下，管理的侧重点转向于注重组织的整体性和目标性，强调人与人之间、人与部门之间、部门与部门之间的整体协调，对员工实行协作互动式管理。人际关系管理模式则强调以人为中心，强调个体在组织中的作用，管理的中心任务是围绕如何调动员工的工作积极性而开展的人力资源管理与开发，目的在于使组织更富有活力，对员工实行民主的、开放的管理。

其次，关于信息通达程度，是指大学生创业团队所创立的企业是否能有效地开展企业内部与政府的沟通等。能否有效地传达信息是衡量大学生创业团队绩效水平的因素，倘若企业内部管理中存在着大量的信息沟通障碍，将影响企业的正常运转，更为甚者，将会给企业带来损失或者致命伤害。

最后，关于团队的融洽度，是指大学生创业团队是否能相处融洽，是否能团结起来完成创业各个阶段的工作。团队的融洽度是分析大学生创业团队绩效水平的重要基础，是衡量企业是否具有较好的内部运营状态的关键。

(4)学习与成长方面。学习与成长方面的因素是指企业在发展过程中、在未来的运营中，是否能跟上市场的角度，努力学习，与市场同发展，与社会同进步。在如今的市场，竞争越来越激烈，一个企业能否有持续、健康、稳定的发展，学习和成长水平非常关键。因此，学习与成长方面的因素也是衡量大学生创业团队绩效水平的重要因素。学习与成长因素具有如下特点。

①学习与成长因素具有持续性。这个因素，无论在什么时候、在什么地方，都有重要的意义。学习与成长的因素具有持续性，这是指在企业的各个阶段、在企业发展到任何规模的时候，都需要积极学习，努力壮大。培养一个具有学习与成长能力的团队是一个持续性发展的课题。

②学习与成长因素具有挑战性。随着社会的不断发展，市场的不断变化，企业之间的竞争越来越激烈，因此对于学习能力的要求也越来越高，一支具有较强学习与成长能力的团队能积极面对来自各方面的挑战，能促使企业在激烈竞争中取得较大进步和成功。学习和成长因素对于大学生创业团队来说具有挑战性，同时也是衡量大学生创业团队绩效水平高低的重要因素。

③学习与成长因素具有较强的连带效应。学习与成长因素影响企业的财务状况、顾客

满意程度、企业的内部运营,一个具有强大学习能力的团队,有利于提高企业的盈利能力和财务状况,有利于促进企业内部运营更有效的发展,有利于提高顾客的满意程度,提高企业产品或服务的市场占有率,因此学习与成长因素具有较强的连带效应。

综合以上分析,结合大学创业团队的特点,我们主要通过以下因素来衡量大学生创业团队的绩效,即团队专业背景、团队学历水平、团队学习氛围。

首先,关于团队专业背景,指的是在大学生创业团队中,团队成员的专业结构是否合理,是否能满足企业在不同阶段的发展需求,是否能实现有效的资源配置。团队的专业背景不是说需要大学生创业团队拥有一个包罗万象的专业团队,而是指在创业中需要一个能满足企业发展的综合的专业团队。

其次,关于团队的学历水平,指的是在大学生创业团队中,团队成员的学历成分是否合理,是否能有效地合作、合理地分配资源,从而带动整个企业的健康发展。学历不是考验个人能力的唯一标准,在大学生创业团队的绩效衡量中,不见得团队平均学历水平越高就越能提高团队绩效,而是要寻求一个较优配置的团队,在这个团队中,成员受过较好的教育,成员之间能发挥各自的特点,从而促进企业的发展。

最后,关于团队的学习氛围,指的是企业中学习的氛围和环境。例如,在大学生创业团队中,是否有较好的制度提倡和鼓励员工学习,是否有较多的学习和交流的机会,是否会提供一些学习和交流的平台,这些都是学习氛围和环境的体现。一个拥有较好学习氛围的团队有利于较好地实现企业的发展目标,因此团队的学习氛围有利于衡量大学生创业团队的绩效水平。

(二)提高大学生创业团队的绩效

如何有效地实施团队管理并提高团队的绩效呢?应该做好如下几方面的工作。

1.加强工作的计划性

计划就是对整个项目的进展进行总体规划。从广义上讲,计划包括制订计划、执行计划和检查计划的执行情况三个阶段,就是要根据组织内部的实际情况,权衡客观需要的主观可能性,通过科学预测,提出未来一定时期内组织所要达到的目标及实现目标的方法。也就是我们通常所说的5W1H:要做什么(what),为什么要做(why),确定何时要去做(when),到何地去做(where),由谁去做(who)及如何去做(how)。制订计划时应注意计划的全面性、合理性和可实施性,并注意要充分调动整个团队成员的积极性和创造性,做到目标正确、分工具体、权责清楚。

搞好计划的前提条件是对计划在实施过程中可能遇到的情况进行合理预测并制订应对预案,全面合理的计划是整个项目能够顺利进行的前提。制订出一份全面而合理的计划,标志着该项目已经成功了一半。为了使计划全面而合理,就要求在制订计划时由整个小组成员充分讨论协商,调动整个团队的积极性。计划的全面性不仅包括计划的内容要涵盖整个项目的所有要点,而且还包括各项要素的负责人和完成日期,这样就便于小组负责人跟踪项目的具体进展情况。计划的可实施性是指计划要符合实际,具有可行性,不能只做表面文章,看起来好像非常翔实,实施起来却无法进行。

常用的编写项目计划的形式有甘特图表法和微软公司项目计划软件(Microsoft project)。无论哪种方法,都应包括项目进行的内容、负责人、目标完成时间、实际进展状况等基本内容。

2.加强团队的有效控制

团队活动是为了实现团队目标,目标确定后就需要层层分解,落实到组织的各个单位甚至个人。主管人员怎样才能知道这些单位和成员的工作是否有助于实现目标呢?这就需要控制工作。控制(control)是对计划的监督,对管理进度的跟进及改善,对偏差的校正,这种偏差包括计划制订偏差和计划执行偏差。控制工作是指主管人员或小组组长对小组成员的工作进行测量、衡量和评价,并采取相应纠正措施的过程,因此控制包括三个基本步骤:拟定标准、衡量成效、纠正偏差。在制订计划的过程中,即使经过了小组成员的充分讨论,进行了比较周密和具体的安排,但在计划执行过程中,仍会出现一些人们预想不到的情况和矛盾,需要进行适当调整。因此,必须及时监督和检查计划的执行情况,发现偏差进行调节和校正,调节和校正偏差的目的是为了更好地执行计划。这时,控制工作就起了执行和完成计划的保障作用,以及在管理体制中产生新的计划、新的目标和新的控制标准的作用。控制工作能够为小组组长及全体成员提供有用的信息,使他们了解计划的执行进程和执行中出现的偏差及偏差的大小,并据此分析偏差产生的原因,对于那些可控偏差可通过组织结构查究责任,予以纠正;对于那些不可控制的偏差,则应立即修正计划,使之符合实际。一位管理学家曾经指出:"在某种特殊情况下,一个复杂的计划可能失常,控制系统应当报告这些失常情况,它还应当含有足够的灵活的要素以便在出现任何失常情况下都能保持对运行过程的管理控制。"可见,计划的制订、执行和控制过程都离不开小组成员的相互配合、协调和理解,离不开团队精神,只有充分发挥团队精神,才能使项目顺利进行。

因此,在计划的执行过程中,应及时通报信息,使全体小组成员能够了解到整个项目的进展情况。通报信息可以采取定期小组会议的形式进行,充分调动小组成员的参与意识,集思广益、尽其所能,充分发挥团队精神在项目管理中的作用。这种定期更新针对不同的项目应设定不同的频次:对于紧急项目,应该每天更新通报情况;对于短期项目,应该每周更新通报情况;对于中长期项目,应该每月或每半个月更新通报进展状况。管理控制的目的不仅要使整个团体按照原定计划维持正常活动,实现目标,而且还要力求使小组的活动有新前进、有新创新,以达到新的高度,提出和实现新的目标。

3.提高团队的学习能力

作为一个管理人员,无论是企业的管理者,还是部门主管或跨部门功能小组组长,必须充分认识到学习在组织决定自己目标时的作用,必须弄清楚自己需要哪些智慧和这些智慧的源泉,必须调整学习以达到创新和变革的目的,必须了解进行哪些活动和采取哪些措施才能完成项目并达到目的。

学习的方法和途径是多种多样的,随着电子技术和网络的发展,几乎所有的信息我们都可以从网上获得。因此,网络是一种非常重要的获取新知识的手段。另一个获取信息和新知识的途径就是从供应商那里获取相关信息。应经常虚心地向材料或设备供应商学习,从他们那里获取相关领域的最新技术动态,积极将这些新技术应用到所负责的项目中去,以提高项目的科技含量和竞争力,并有可能赢得时间和经济上的节约。

就新项目的管理而言,整个事物对于小组成员来说都是新生的,因此应该通过多种渠道来获取信息,集思广益,调动整个团队的智慧。为了证明对某项学习投入大量时间和资金是正确的,为了赢得对学习的持续不断的支持,我们一定要取得富含意义的成果。学习主导者要使学习与本小组的目标协调一致,并要以达到工作目标的结果来证明这一点,离开有效的学习而想达到目的是不可能的。《小组的智慧》一书的作者之一道格拉斯·米密斯经常把自己的智慧用于使学习变为有形行动。他说:"人们发现自己越是接近真正的工作挑战,而且这一挑战又关系到自身、自己的组织和利益持有者时,他们总是会更努力地工作,用各种办法来对付挑战,同时也会更勤奋地进行学习。"

4. 加强团队成员间的沟通

沟通是信息交流的过程,是指将某一信息传递给客体或对象,以期得到客体或对象做出相应反应的过程,如果将信息传递给了对方,但对方并没有相应的反应,就是沟而不通。沟通是一个双向性的过程,在企业管理和团队管理中具有十分重要的作用。我们应加强沟通,开诚布公。显然,较大差异的学术背景、性格特征和工作经历等因素先天决定了团队成员在决策时不可避免地会产生一定的矛盾和冲突,因此调和这些矛盾和冲突的最有效方法就是鼓励组织内部自由地开展沟通和讨论,集思广益。

沟通有上下级之间的沟通、同级成员间的信息沟通、企业同客户之间的信息沟通。适时的信息沟通有利于小组成员相互了解工作的进展状况,消除误会,还可以相互为对方提供有价值的信息情报,避免重复操作或走弯路,从而找到解决问题的最佳途径。一名称职的管理者(或小组组长)能够创造一种环境和文化氛围,鼓励下属和小组成员好好工作,协调相关人员的关系,消除不利于合作的紧张气氛。

由于组织中所有成员的知识经验或职位工种的不同,对同一消息可能有不同的理解和看法,因此我们在进行沟通时应力求表达清楚、传递准确,避免盲目下结论而误导对方,以提高沟通的效果、提高效率。有实验表明,信息每传递一次要损失信息的30%,职工只记得他接收到的信息的50%,领导只记得60%,因此应尽量避免信息在传递过程中的损失,以提高沟通效率。有调查表明,缺乏有效沟通、误解或误会而造成的工作效率低下及重复性工作或扯皮推诿现象达60%以上,由此可以看出沟通在提高团队工作效率中的地位。同时,在沟通的过程中应尽量消除对方(尤其是下级)的顾虑,做到坦诚相待。

加强沟通的方式有很多,通常我们采用较多的有谈心、座谈会、工作汇报、定期小组会议、利用现代通信信息技术进行远程电话会议或利用电子邮件将信息适时地发布给所有小组成员等，以使所有成员对项目进展状况的了解程度保持同步。上述方法是比较正式的沟通方法，还有些非正式的沟通方法，如聊天等也非常有效。适时而有效的沟通有利于我们顺利地完成小组目标。在和他人交谈时，可能碰到对方咄咄逼人、脾气火暴的情况，如果任由争辩的话，沟通将会毫无成果，因此在沟通时应掌握适当的技巧。

(1)倾听谈话。过激的反应并不是我们想要的最终结果，对方如果有过激言论时，你可以暂时保持沉默，倾听他的讲话，仔细分析他所说的话，考虑怎么来回应他。

(2)反应不反抗。沟通时，不管对方的反应如何，我们尽量保持清醒的意识、平和的心态、礼貌和亲切的态度，不随意使用对抗性的语言打断别人的谈话。在听完对方的讲话后，提出自己的疑问，并且明确地表达自己的观点。

(3)明了对方意图。对方的意图、信仰和关注的事情，这些都隐藏在激烈言辞的背后。通过询问对方“你是否关心某某事情？你最关心的事情是什么?”之类的问题，不仅转变了谈话的内容，也可以洞悉对方的真实想法，继而把谈话拉到正题上来，掌握谈话的主动权。

(4)说明沟通目的。平息争辩的一个方法是表明自己的谈话态度，如“我认为这次谈话的目的不是争论，而是互相交流想法，对谈论的事情做出决定”。

(5)延期交流。如果不能将谈话拉回正轨，最好建议延期再沟通，让双方都能稍稍冷静。

(6)表达谢意。不管双方的交流是否有成效，都要向对方诚实、积极的交流表示感谢，这也是为下一次的沟通打好基础。

5.采取必要的激励措施

适当的激励措施在加强企业管理、提高团队工作效率方面有着十分重要的作用。不同企业的实际情况各不相同，企业文化也不相同，因此应根据不同情况采取不同的激励手段。最常见的有以下几种。

(1)建立团队协作机制。赋予团队一定的自主决策权，促进员工互相学习、协作。

(2)建议轮岗制。这种轮岗的工作方式可能会造成工作的混乱，听上去确实不是一个好主意，不过倒是可以作为建议提供给员工选择，如果愿意接受挑战，他们勇于选择了这个方式，那么就充分信任他们吧。他们会给你一份优秀的成绩单。

(3)建设流畅的工作成绩反馈机制。良好的工作成绩反馈机制不仅能满足员工的心理诉求，而且还能对他们今后工作的改善和提高提供最好的帮助。

(4)鼓励员工参与决策。员工如果也能有机会参与决策过程，那么他们将会具有更强烈的责任心、更积极的工作态度及更高涨的工作热情。

(5)鼓励员工的创造力。为员工搭建一个能展示他们能力的舞台，创建一个员工敢于分享新想法的工作氛围，并对员工的创新给予一定的力度支持。

(6)采取有效的绩效评估体系。传统的绩效评估体系和绩效管理只关注个人绩效如何，而不去考虑个人绩效与团队绩效的结合。造成这种状况的原因多种多样，包括评估不及时、各方意见不能真实反映实际情况、评估含糊不清、易掺入情感因素、忽略了被评估人的绩效给他人带来的影响等。成功的公司在绩效管理方面已经不再只注重个人的绩效，而是进行了改进——进行实时交流、更加注重整体表现。这样的交流能让员工个人了解团队合作是何等的重要，个人需要进行调整以适应不断变化的环境和业务需要。

解放团队成员的思想，放手让他们去工作，授之以权也是对他们工作的最好激励手段，这种放权有可能会让某个小组成员犯错误，但是这种失败意味着向成功迈进了一步。电脑制造商惠普公司从建立之日起就鼓励创新冒险和允许光荣的失败，在公司原则中有一项被称为“H－P”的方法，即“我们保留犯错误的权利”，允许小组成员做他们想做的事情，能够充分地调动小组成员的积极性和创造性，充分发挥小组成员的团队意识，为了更好地完成这项工作任务，他们会想方设法地去尝试、去寻找解决问题的最佳途径。总部设在西雅图的百货连锁商店诺特斯斯朗公司有一条规则：“在所有场合运用你的判断力。”这是该公司唯一的一条政策条例，恰恰就是这句话使他们在销售和服务方面都处于领先地位。

总而言之，要充分调动整个小组成员的团队意识，加强协作，相互理解和支持，形成合力以组成一个有效的团队、一个有竞争力的团队，充分发挥团队精神在整个小组以致整个企业中的作用，为实现团队的目标和企业的最终经营目标服务，团队精神是企业抵达成功彼岸的基石。

第五章 创业资源

第一节 创业资源

一、创业资源的内涵与分类

很多大学生带着满腔的创业热情，却在创业过程中感叹创业难。难就难在大学生缺乏启动资金、经营管理经验欠缺、人脉不广、专业技术薄弱。在激烈的市场竞争中，大学生创业者常因缺乏创业必备的条件而陷入劣势，导致被市场淘汰。没有充足的创业资源，空有创业热情是不可能创业成功的。

（一）创业资源的内涵

所谓资源是一切可被人类开发和利用的物质、能量和信息的总称，也就是自然界和人类社会中可以用以创造物质财富和精神财富的具有一定量的积累的客观存在形态，如土地资源、矿产资源、森林资源、海洋资源、石油资源、人力资源、信息资源等。

创业资源是指企业在创立和成长过程中需要的特定资产，包括有形资产与无形资产。其是经由创业者识别并开发利用，充分实现其新效用、获得新价值甚至是超额利润，具有异质性的商业资源。创业资源是创业企业创立和运营的必要条件，主要表现形式为创业人才、创业资本、创业机会、创业技术和创业管理等方面。简单地说，创业资源就是支撑创业者创业的条件，是企业创立和成长过程中必需的要素，没有创业资源，就没有创业基础，创业项目就会成为无源之水，无本之木，很难实现真正意义的创业。

（二）创业资源的分类

1. 按照创业资源对企业成长的作用划分

(1)要素资源：指直接参与企业日常生产、经营活动的资源。它包括场地内部的基础设施建设、计算机通信系统、周边方便的交通和生活配套设施及物业管理与商务中心等场地资源；银行贷款和风险投资、各种政策性的低息或无偿扶持基金、写字楼或者孵化器所提供的租金等资金资源；高级科技人才和管理人才、高水平专家顾问队伍、聘用的合格员工等人才资源；企业诊断、市场营销策划、制度化和正规化企业管理咨询等管理资源；对口的研究所和高校科研力量的帮助，与企业产品相关的科技成果及进行产品开发时用到的专业化的科技试验平台等科技资源。

(2)环境资源:指未直接参与企业生产,但其存在可以极大地提高企业运营有效性的资源。它包括鼓励大学生创业的政策资源;宣传和推介、合作、采购和销售渠道等信息资源;企业间相互学习和交流、相互合作和支持的文化氛围,以及相互追赶和超越的文化氛围等文化资源;借助大学或优秀企业、借助科技园或孵化器、借助社会上有影响力的人士对企业的认可等品牌资源。

2. 按照创业资源的来源划分

(1)内部资源:主要是创业者或创业团队自身拥有的可用于创业的资源,如创业者或创业团队自身拥有的可用于创业的资金、设备及自己拥有的技术、自己获得的创业机会信息、营销网络和经营管理才能等。创业者的家族资源也可以看作创业者的内部资源。

(2)外部资源:指创业者从外部获得的各种资源,如从亲友、同学等处取得的资金、场地、设备及其他原材料等。

3. 按照创业资源的存在形态划分

(1)有形资源:指可用货币衡量的物质形态,如场地、设备、原材料等。

(2)无形资源:指无法用货币衡量的非物质形态,如技术、信息等。

4. 按照创业资源的性质划分

(1)物质资源:指创业活动所需的有形资源,如场地、机器设备、原材料等;也包括土地、森林、矿山等自然资源。物质资源是创业企业更快更好发展的保证。

(2)人力资源:指创业者与创业团队所拥有的能够被企业所用,且对价值创造起贡献作用的知识、技能、经验、体力、愿景、人际关系等的总称。人力资源在创业中占有举足轻重的地位,是企业的核心资源。在创业初期,相对于其他创业资源,人力资源是核心,也是实现企业可持续发展的关键资源。

(3)财务资源:包括资金、资产、股票等,是创业成功和顺利经营的前提。大学生创业的财务资源多来自个人、家人、亲朋好友。近年来,随着国家鼓励大学生创业扶持力度的加大,大学生创业贷款、创业扶持资金、风险投资、参加创业比赛获得资助支持等形式都成为大学生获取创业财务资源的有效途径。

(4)技术资源:包括两个方面,一是在创业过程中解决与实际问题有关的软件方面的知识,如工艺流程、加工方法、关键技术、有效组织和管理的经验和方法等;二是为解决这些实际问题而使用的设备、工具等硬件方面的知识,如将工艺流程、加工方法、关键技术等付诸实施所对应的生产工具和物资设备。管理和利用好技术资源,可提高企业的核心竞争力。

(5)组织资源:指组织内部的管理系统、管理方法和管理手段,包括新创企业的最初设计和不断调整,还包括对环境的适应和对成功经验的学习。其是创业企业具有标志性意义的一种资源。

创业者和创业团队通过组织和协调,把各类创业资源整合成一个为新创企业服务的系统,可以取得 1+1>2 的效果。

(三)创业资源与商业资源的区别

(1)创业资源是一种具有异质性的商业资源,是能够实现价值的商业资源。只有创业者或创业团队拥有或可以利用的商业资源才是创业资源,不是所有的商业资源都能成为创业资源。比如,土地、煤炭、矿山、石油等自然界的商业资源,只有被创业者开发或利用后才能成为创业资源。

(2)创业资源的表现形式多是无形的,一般的商业资源则多为有形资源。

(3)创业资源的独特性更强。创业者的个人能力和社会网络资源是企业竞争力的基石,是创业中最关键的资源。一般的商业资源中,规范的管理制度是企业成功的基础资源。

二、创业资源在大学生创业过程中的重要作用

对于初创企业尤其是大学生创业来说,合理配置和利用创业资源尤为重要。

成功的创业者大多是资源整合的高手,创造性地整合资源是他们创业成功的关键因素之一。《中国大学生就业创业发展报告(2015—2016)》相关数据显示,2016 届全国高校毕业生创业率为 2.93%。参与调查的大学生创业者们认为影响创业成功的三大客观因素依次是人脉关系、市场环境和资金。大学生创业者面临的三大主要困境依次是个人创业经验能力不足、团队合作不好和难以找到合格、稳定的员工。可以说,在影响创业成功的诸多因素中,创业资源不足或不能被充分利用是主要原因。

资源是一切创业活动的根本。创业者获取创业资源的最终目的是为了组织创业资源并实现创业机会,提高创业绩效,获得创业的成功。无论是哪种资源,无论它们是否直接参与企业的生产经营,它们的存在都会对创业成效产生积极的影响。创业资源也是大学生创业的前提和基础,缺少创业资源,大学生创业就成为"无米之炊",成功创业就无从谈起。

(1)创业的过程就是创业者和创业团队进行创业资源整合的过程。企业资源的获取和整合贯穿于整个创业过程之中。企业竞争优势的真正来源就是企业对资源整合的能力。这种能力可以让创业者及其团队基于对未来发展趋势的正确预测判断而有效地识别、选择、获取、配置、融合、组织内外部资源,通过一系列整合,提升企业的竞争优势。因此,不仅一个企业的创办需要依靠创业资源,一个企业的成长也要依靠创业资源。

(2)创业资源可以直接促进大学生新创企业的成长和发展。比如,舒适的研究开发环境和高速网络通信系统、便捷的商务中心和配套设施等物质资源,会有助于新创企业更快更好地成长。大学生在校期间具备的专业知识、技能和对某个领域的独到见解与专长等技术资源与市场相结合,将产生很高的社会价值和经济利益。有效吸收充足的资金资源将有助于加速新创企业的发展运行,避免让资金不足成为企业高速发展的瓶颈。对于高科技企业的成长和发展而言,高素质人才资源的获取和开发成了现代企业可持续发展的关键。拥有完整而高效的管理组织资源是新创企业尤其是高科技创业企业提高生产和运作效率的宝贵财富,更是创业企业具有标志性意义的一种资源。引进有商业价值的科技成果和高校科研院

所产学研合作等科技资源，可加快企业产品研制和成型的速度，缩短产品进入市场的时间，为企业的市场竞争提供有力支持。

(3)创业资源还可以间接促进新创企业的成长。比如，在我国的创业环境下，在政策允许和鼓励的条件下，新创企业可以获得更多的国内外人才、贷款和投资，具有明确产权关系的科技成果，各种服务和帮助及场地优惠等。因此，鼓励大学生创业的政策资源可以使大学生得到更便利和实惠的创业指导、创业培训、工商登记、融资服务、税收优惠、场地扶持等各项服务和政策优惠，从而极大地激发了大学生创业的激情和热情，并为他们提供了良好的创业环境；丰富、及时、准确、专业的信息资源可以为创业者制定研发、采购、生产和销售的决策提供指导和参考；企业深厚的文化资源对创业企业和创业者具有精神激励作用，使企业以更强的动力和能力进行有效组合并创造价值；创业企业拥有的品牌资源可为创业企业提供品牌保证，从而提高政府、投资商和其他企业对新创企业信誉度的估价，有助于新创企业获取更多更好的资金、人才、科技、管理等资源，增强社会影响力。

三、大学生创业资源的获取

俗话说，巧妇难为无米之炊。企业要进行正常的生产经营必须拥有一定的可以带来未来收益的创业资源，从而才能依靠资源的潜力赢得利润，获得成功。但更重要的是，企业资源再雄厚、再优越，资源潜力再大，如果缺乏足够的资源配置力的激活和放大，这个企业也只能处于休眠状态，无法形成现实的竞争能力。

资源配置的核心是要做好物质资源之间、人力资源之间及人力资源与物质资源之间的配合。特别是对人力资源而言，若不能有效激发其积极性、自觉性与创造性，不能协调好各种人际关系，其结果就不仅仅是资源潜力难以发挥的问题了，它还会因为企业成员之间的有害冲突与矛盾而引起内耗，轻则增加企业的经营成本，重则危及企业的生存。正如法国著名企业家、世界服装品牌皮尔·卡丹的创始人皮尔·卡丹所言："用人上一加一不一定等于二，搞不好等于零。"创业者只有注重开发、整合和充分利用创业资源，才能建立起企业的竞争优势，从而提高大学生创业的成功率。

对于创业者来说，那些能够对其项目和企业发展有帮助的要素都是创业资源。其中，最基本要素是人、财、物三种资源。

(一)获得创业"人"资源的途径

创业企业的"人"资源不仅包含企业的员工，还包括创业者和创业团队所拥有的知识、技能、经验、人脉、关系网络、营销渠道等。这些资源大多是创业者或创业团队自身拥有的，可以通过内部的培育、开发、学习等途径获得。因此，立志创业的大学生要努力扩大、提升自己的自有创业资源，在创业前，充分利用大学时光，培养和完善自己的人格，树立正确的世界观和价值观，努力学习专业知识，积极参加各类创业实训实践活动，开阔视野，接触社会，提高经营、管理、组织协调、沟通等能力。通过兼职、社团、创业的经历学习行业知识，建立客户资源渠道，了解企业运作模式，学习市场开发技巧，拓展各行各业、各种背景的人脉资源。同时，还要发挥大学生的优势，借助自身的专业理论和技能，开发出具有高价值的新技术、新产品或新的商务模式，组建高效的、专业的创业团队，以此作为自己的优势资源，去吸引和聚合其他的创业资源，以便在商机到来之时有更多的资源储备去实现创业项目。

（二）获得创业“财”资源的途径

大学生创业所需要的“财”资源，往往是在确定项目和创业团队之后，从父母、亲戚、朋友那里得到的资助，也可选择合伙人共同投资创业，减轻创业初期资金的压力。除此之外，大学生创业者还可以加入孵化计划，赢取创业基金。很多城市和大学的创业园区都有为创业者提供创业基金的政策和孵化器，并提供办公的场所和初始基金，一些知名创业扶植服务机构、基金也会定期举办创业大赛、Demo 活动。用赢取创业基金的方式筹集创业的“第一桶金”，不失为一个高效、可行的办法。大学生创业者还可以申请银行小额担保贷款、创业贷款，以满足企业日常生产经营的资金周转。

随着互联网金融的兴起，创业者可以把自己的产品或创意提交到众筹平台，发起募集资金，由感兴趣的人来捐献指定数目的资金。目前，越来越多的国外创业者开始在一些众筹网站募集资金，我国也出现了很多出色的众筹平台，如天使汇、大家投、点名时间、追梦网等。对于绝大部分创业者来讲，创业股权式众筹的先锋式尝试可以帮助他们有效地找到资金。

（三）获得创业“物”资源的途径

此类资源包括两个方面，一是产品或技术，二是市场信息、场地、设备等物质资源。大学生创业者要结合自己的实际情况，经常关注学校、老师和学生的科研成果，查阅各种申请专利，及时关注科技信息和科技成果，养成发现巨大商机技术的习惯，获取有效的、适合自己的信息。

大学生创业者可通过市场和非市场途径获取创业“物”资源。比如，通过社会关系用最小代价甚至免费获得信息、技术等资源，通过支付费用购买产品、设备、原材料等物质资源。

四、大学生创业资源的利用

创业资源是饼也是坑。比如，在当今的“互联网＋”时代，越来越多的人想利用互联网，通过自己的创意或资源一夜成功，“手机 App”“网络平台”这样的创业项目层出不穷。然而，其大多停留在主观的、美好的设想和概念上，没有合理配置资源，没有做好周密的计划，最终导致企业走向死亡。只有合理配置创业资源才能创造最大的价值。

（一）整合创业资源的作用

（1）整合创业资源能够帮助创业者明确企业的竞争优势，对创业机会进行评估、识别与开发，制订切实可行的战略规划，取得所需资源，为新创企业成长打下良好基础。

（2）整合创业资源有利于形成企业的核心能力。在创业过程中，对各种资源进行识别、获取、配置，扬己所长、补己所短，借用多方力量为己所用，保障组织持续稳定运作，从而取得创业绩效。

(3)整合创业资源有利于提高大学生创业者的创业能力,在整合资源过程中提升知人善任的技能。沟通技能、信息获取与利用等技能将为创业者成功创业提供良好保障。

(二)创业资源的有效利用

大学生在创业过程中面临的许多危机往往是由资源投入过多或不够所致。只有准确评估所需资源并充分利用它们,才能为创业打好坚实的基础。

1. 充分利用已有的创业资源

(1)专业知识与技能。大学生在校期间学习并掌握了大量专业理论知识,为自主创业打下了深厚的理论基础。因此,大学生可利用这一专业优势,扬长避短,从自己熟悉的行业入手,突出企业的专业性。

(2)创业实践活动。目前,各高校大多开设创业相关课程,创业协会、创业论坛、创业沙龙、创客空间比比皆是,为大学生提供了和成功企业家、创业导师面对面的机会。大学生更在各类创业实训实践过程中积累了经验,提升了技能。大学生要抓住上述教育和培训的机会,全面了解创业要素、创业过程、创业实务,为将来的创业活动打好基础。

(3)创业基金。绝大多数大学生在校期间没有任何收入,即使通过兼职等途径获得了一定的经济报酬,但以此作为创业资金仍然是杯水车薪,资金匮乏现象严重。近年来,国家为鼓励高校毕业生创业设置了各种扶持基金,国家和政府部门出台了很多鼓励大学生创业的政策,大学生在创业时一定要注意用足这些优惠政策,如免税优惠、在某地注册企业可享受比其他地区更优惠的税率等。这些政策可大大减少创业初期的成本,使创业风险大为降低。

(4)身边资源。一是大学生可选择与自己学习、工作密切相关的领域,善于利用学习、实践活动中积累的经验和获得的技能寻找商机,将自己的专长与市场相结合。二是组建高质量的大学生团队。创业企业除了要有相关领域的专业人才以外,还要求创业者精通财务、研发、管理、销售、公关等技能。由于大学生所处的校园环境中拥有多学科、多专业人才,从客观上培养了大批具有不同门类专业知识背景的大学生,使得创业团队所必需的人力组合容易实现。

2. 创造性地利用有限资源

大学生大多整体创业水平较低,资金缺乏。因此,要充分利用有限资源,发挥资源的杠杆效应,提高各种资源的利用效率。

重复利用有限资源即重复多次使用一些特定技能或技术资源,以尽可能少的付出获取尽可能多的收获。例如,格力于2017年从空调等家电领域大步迈入机器人等智能制造设备行业,采取“自主发展”慢慢干路径,试图借助在空调制造领域的一些传统经验,谋求在机器人等智能设备领域的突破。格力电器董事长兼总裁董明珠表示,未来格力将紧密围绕机器人和精密机床两大领域深入研究,在推动格力自身制造系统转型升级的同时,为“中国制造2025”提供一批自主研发的高端装备。同样,以空调起家的格力,利用在空调业的高知名度,不断推出全新产品。目前格力已自主研发超100种自动化产品,生产的智能装备产品已覆盖了伺服机械手、工业机器人、智能仓储设备、智能检测、换热器专用机床设备、无人自动化生产线体、数控机床等多个领域,格力智能装备也应用到电器、新能源、食品、节能等多个领域。重复利用品牌资源,让这些“非空调”产品同其他同期新产品相比,使格力在市场中占据了高知名度的竞争优势。

3.把握资源的时间和地点

时代的快速进步使得技术预测的风险越来越大,预测消费者经济状态、通货膨胀、市场反应变得越来越困难。对于大学生创业而言,逐步投入资源才有弹性,允许创业者针对环境的响应做适度的修正,一次将所有资源投入既不可能,也不现实,是非常没有必要的冒险行为,逐步投入才是最佳选择。

创业者容易犯的错误是,自己认为好的就会一厢情愿地断定顾客也应该认为好。通常可以采用市场测试的方法确定顾客的偏好,将产品或服务拿到真实的市场中进行检验。如雀巢咖啡为打开中国市场就使用了市场测试,选择一些城市向住户投递小袋包装咖啡。

1996年5月,中国的第一家网吧在上海诞生,当时每小时20元人民币的价格成为新一代时髦的象征。当很多人开始追求时髦的时候,也有少数派意识到了“网吧”背后存在的巨大商机。谢尚健就是其中之一。而这时的他,尚不到20岁。在多日的奔波之后,他获得了为数不多的网吧牌照,经营起了自己的网吧。“互联网的发展速度快到让人无法相信,变化只能用始料未及来形容,这时候,静下心来思考显得尤为重要,人们上网在做什么?互联网能做什么?”这些新的想法从谢尚健的脑海中萌生,于是他创立了电脑硬件销售公司。同样,当互联网进入百姓的生活后,电子商务的萌芽也渐渐破土而出,而B2C电商的成熟却是从2003年开始的,这时的谢尚健也开始准备转战电商,于2004年成立电商垂直B2C网站艾视网,2006年再次创立可得眼镜网。2013年11月,两家网站成功合并运营。

不同的创业阶段应该选用不同的资源整合利用方式,这样才能使创业资源发挥应有的效用。一是寻找式资源利用。这主要是在创业初期的资源利用方法。其基本方法是结合自身创业团队的资源情况,分析资源储备存在的不足,提出整合外界资源的方案,积极地寻找和整合所能利用的创业资源。二是累积式资源利用。这主要是在创业中期的资源利用方法。其基本方法是在初创企业的发展过程中,进一步了解创业资源的特征,对已有的资源进行准确的分析定位,并在此基础上进行进一步的整合利用,发挥资源的最大效能。三是开拓式资源利用。这主要是在企业取得初步发展之后的资源利用方法。其基本方法是把创新式思维注入其中,用创新的视角去寻找创新点的创业资源,特别是继续寻找企业新的增长点,在新的增长点上充分开拓和整合资源,这一点对创业基础较为薄弱的大学生创业者来说尤为重要。

创业资源在于整合而不在于拥有。创业者不是在拥有资源的时候才去创业,而应在没有资源的情况下寻找资源来创业。创业者最重要的不是拥有多少资源,而是利用了多少资源。无论何种创业资源，无论它们是否直接参与企业的生产，它们的存在都会对创业绩效产生积极的影响。大学生要学会获取创业资源，并使各种创业资源在不同阶段实现最佳的配置。

第二节 创业融资

一、创业融资的概念及重要性

（一）融资的概念

融资，是指资金的融通。狭义的融资，主要是指资金的融入，也就是通常意义的资金来源，具体是指通过一定的渠道、采用一定的方法、以一定的经济利益付出为代价，从资金持有者手中筹集资金，组织对资金使用者的资金供应，满足资金使用者在经济活动中对资金需要的一种经济行为。广义的融资，不仅包括资金的融入，也包括资金的运用，即包括狭义融资和投资两个方面。

创业融资是指创业者为了将某种创意转化为商业现实，通过不同渠道、采用不同方式筹集资金以建立企业的过程。创业者应该根据新创企业在不同发展阶段的资本需求特征，结合创业计划及企业发展战略，合理确定资本结构与资本需求数量。

（二）创业融资的重要性

任何企业的生产经营活动都需要资金的支撑。尤其是对于新创企业来说，在企业的销售活动能够产生现金流之前，企业需要技术研发，需要为购买和生产存货支付资金，需要进行广告宣传，需要支付员工薪酬，还可能需要对员工进行培训。另外，要实现规模经济效应，企业需要持续地进行资本投资，加上产品或服务的开发周期一般比较漫长，这就使得新创企业在早期需要大量筹集资金。

对创业者来说，融资的重要性主要表现在以下三个方面。

第一，资金是企业的血液。资金不仅是企业生产经营过程的起点，更是企业生存发展的基础。资金链的断裂是企业致命的威胁。

第二，合理融资有利于降低创业风险。新创企业使用的资金，是从各种渠道借来的资金，都具有一定的资金成本。因此，合理选择融资渠道和融资方式，有利于降低资金成本，将新创企业的财务风险控制在一定范围之内。

第三，科学的融资决策有利于企业可持续发展，为新创企业植入“健康的基因”，保证新创企业可持续发展。

二、创业融资的利弊分析

创业融资是创业管理的关键内容，在企业成长的不同阶段具有不同的侧重点和要求。

创业者在融资前需要权衡以下几个因素。

(一)创业者的自由和独立的价值

创业意味着自己做自己的主人,不需要按照别人的命令行事,这就是创业带给创业者的独立和自由。作为自负盈亏的独立经营者,其所做的每一个决定要考虑的仅仅是顾客和市场的需求,而不是别人的眼色。

(二)得到资金将会削弱自主权

这种可贵的自由的感觉,你愿意为赢得银行或基金的资金而放弃吗?世界上没有免费的午餐。一旦某些基金贷款给你之后,你的经营决策就要受制于人。天使基金会以占用企业股份的方式给你投资,银行会要求你按期向他们提供财务报表,业务人员会经常到你的企业"视察"。

(三)金融资本会干扰独立决策

当你得到贷款后,尽管银行贷款人员对经营知之甚少,但是同样出于规避风险的目的,其将会善意地阻止你去冒险,这样的规劝会使你的经营热情受到无情的打击。

(四)企业没有资金就像人没有血液

当你确定了创业项目,又拟订好了创业计划书之后,就可以确定你的创业项目在启动时所需资金的具体数额了,就好像你已经制造好了一台机器,还需要有润滑剂之后,才可以开始启动,资金就好比机器的润滑剂。企业没有资金,就像人没有血液,是不能生存的。

(五)银行也是企业,不是慈善机构

企业向银行贷款,一般都被要求提供某种担保。因为银行与企业一样,也是营利性机构,而不是慈善机构。因此,当企业不能按期归还贷款时,企业用于担保的资产会被变卖抵债,这就是银行为了不至于出现坏账的一种自保手段。从银行的角度来说,储户将钱存入银行,银行必须要保证储户在取款时不会遇到提不到款的情况。因此,银行贷出去的款收不回来是无法跟储户交代的。银行的运作就是基于这样的基本理念。

三、创业融资的渠道

在进行融资前,需要明确以下两个问题。

第一,是否没有担保,创业者就贷不到款呢?或者说,没有担保,银行就绝对不给创业者贷款吗?这些问题与当前国家的政策是密不可分的。因此,创业者不要因为自己没有担保的财产而放弃向银行贷款。况且,目前为创业准备的融资渠道很多,在很大程度上,政策都给予了优惠,社会上也有很多鼓励和扶持创业的基金和公益基金,这些组织都把扶持青年创业当成了一种社会责任,对年轻的创业者给予了很大的支持。

第二,资金并不是企业成败的根本因素。人们常说:"钱不是万能的,而没钱是万万不能的。"可见资金在创业过程中的重要性。但是,白手起家的创业者也给了我们一些重要的启示:信誉和勇气永远比资金更有用。

通常来说,创业启动资金的多少应视创业项目大小和其所在的行业而定,一般情况下,有如下几种融资渠道。

(一)自我融资

很多成功的创业者是靠自己最初给别人打工来赚取第一桶金和获得宝贵的职业经验的。用自己打工积累的钱做资金创业,既有一种白手起家的荣耀感,且他们打工的过程也是创业的实习过程。

(二)亲情融资

有资料表明,亲情融资是创业者最普遍的融资方式,也是融资成功率最高的方式。如果你的创业计划需要的资金额不是很大,而且你未来的事业也想从小到大慢慢做起,亲戚朋友拿出多年的积蓄来帮助你创业,这种情况在一些传统的小项目融资和那些最初创业的年轻人中很常见。因为亲情的关系,大家彼此之间不需要更多的信誉担保,即使创业失败,亲友的钱还可以慢慢还。但对于比较大的投资项目,一般亲情融资的方法就不可行了。

(三)信誉融资

信誉融资是指根据你或者你亲属的以往信誉获得贷款人的信任,同意给你贷款或者允许一个账期的融资方式。通俗地说,就是先拿货,在约定时间或者货物售出之后再付款。

(四)天使投资

天使投资是权益资本投资的一种形式,是指富有的个人出资协助具有专门技术或独特概念的原创项目或小型初创企业,进行一次性的前期投资。它是风险投资的一种形式,根据天使投资人的投资数量及对被投资企业可能提供的综合资源进行投资。

1.设立大学生创业“天使基金”

大学生创办企业可获得 5 万～100 万元的支持,要求创业者自有资金与天使基金是 1∶1 的投入比例,天使基金以股份形式加入创业团队,因此即使创业失败,也无须创业者承担赔偿。这个基金是专门为了激发大学生创业热情而设立的。

2.风险投资基金

风险投资基金又称创业基金,是当今世界上广泛流行的一种新型投资机构。它以一定的方式吸收机构和个人的资金,投向那些不具备上市资格的中小企业和新兴企业,尤其是高新技术企业。

风险投资基金无须风险企业的资产抵押担保,手续相对简单。它的经营方针是在高风险中追求高收益。风险投资基金多以股份的形式参与投资,其目的就是帮助所投资的企业尽快成熟,取得上市资格,从而使资本增值。一旦公司股票上市后,风险投资基金就可以通过证券市场转让股权而收回资金,继续投向其他风险企业。现在成功的企业如百度、阿里巴巴等,都是通过得到风险投资基金的支持而发展起来的。

(五)商业银行贷款

商业银行贷款是指商业银行为实现其经营目标而制定的指导贷款业务的各项方针和措施的总称,也是商业银行为贯彻安全性、流动性、营利性三项原则的具体方针与措施。

(1)商业银行贷款政策的主要内容:①确定指导银行贷款活动的基本原则,即商业银行的经营目标和经营方针;②明确信贷政策委员会或贷款委员会的组织形式和职责;③建立贷款审批的权限责任制及批准贷款的程序;④规定贷款额度,包括对每一位借款人的贷款最高限额、银行贷款额度占存款或资本的比例;⑤贷款的抵押或担保;⑥贷款的定价;⑦贷款的种类及区域的限制。上述贷款政策的内容应当体现商业银行的经营目的与经营策略,决定商业银行的经营特点和业务方向。

(2)商业银行制定的贷款政策的主要依据:①所在国的金融法律、法规、政策的财政政策和中央银行的货币政策;②银行的资金来源及其结构,即资本状况及负债结构;③本国经济发展的状况;④银行工作人员的能力和经验。

(六)担保机构融资

其多为青年大学生创业信用贷款。如成都市科技局、财政局《成都市青年大学生创业融资风险补偿资金池资金管理暂行办法》(成科字〔2015〕39 号)资助政策指出,青年大学生创业贷款额度最高为 50 万元,贷款期限最长不超过 3 年。对青年大学生创业贷款所产生的贷款利息,纳入成都市科技金融资助管理办法范围,按同期人民银行贷款基准利率计算给予贷款利息 50%的补助。

(七)政府创业扶持基金融资

如四川青年创业促进计划(SYE)是团省委为贯彻落实《四川省人民政府关于进一步加强就业创业工作的意见》(川府发〔2013〕25 号)、《关于加大力度促进高校毕业生就业创业的意见》(川办发〔2014〕26 号),多渠道引导、激励、帮助、支持广大青年创业就业,按照四川省委、省政府的要求,经省政府与群团部门联席会议通过,在全省范围内实施的青年创业扶持项目。

(1)SYE 帮扶对象。向全省 18~40 岁有创业梦想和创业激情,有很好的商业点子,筹措不到创业启动资金,缺乏商业经验,创业一年以内的青年人,提供 3 万~10 万元免息、免担保的创业启动资金贷款、咨询培训和三年“一对一”导师志愿者陪伴式辅导,引导创业青年进入工商网络,帮助青年创业。

(2)SYE 模式标准。SYE 在借鉴现今扶持创业优秀组织的基础上,整理出一套可推广、可复制、可操作的有效解决创业难题的模式标准。SYE 模式标准是 SYE 网络的统一行动纲领和行为准则,其主要包括社会平衡发展的思想和理念、建立 SYE 网络组织模式和方法、启动创业和发展企业的扶持模式和方法、管理志愿服务的运营模式和方法。

(3)SYE 网络。SYE 网络是各市(州)获得 SYE 模式标准授权的扶持创业的公益组织建立的伙伴关系。四川青年创业促进计划办公室授权市(州)创业办公室使用 SYE 模式标准,在全省共同构建 SYE 公益创业体系,推广和实施 SYE 项目。SYE 网络的工作平台包括 SYE 总部和市级创业办公室。他们分工协作,为创业者和导师志愿者提供专业化的公益服务。SYE 总部是指四川青年创业促进计划办公室,负责战略规划、品牌管理、资源筹募和配置,以及 SYE 项目在全省的推广和实施。市(州)创业办公室是指 SYE 办公室下设市级创业办公室,市级创业办公室可下设创业工作站、志愿服务站和 SYE 俱乐部,负责 SYE 项目在本市的推广和实施、资源筹募和配置、创业者和导师志愿者的能力建设、伙伴关系的建立和维护等。

(4)资源与伙伴关系。导师志愿者是汇流公益资源、构建 SYE 伙伴关系的重要纽带。SYE 在坚持公益目标的前提下,不断发展和汇聚合作伙伴,与其建立了共同贡献、共担风险、共享利益的伙伴关系,从而汇集了多元化的资源,包括资金、智力、政策、技术、知识、经验、品牌、影响力及声誉等多种社会资本。这些资源由创业者、导师志愿者和合作伙伴共同带入,是创业精神和职员精神的汇流。

(5)品牌与文化。在全省范围内打造一个具有公信力和美誉度的公益品牌,得到各级政府和众多一流组织的关注和认同;凝聚志愿者群体,以“尊重人的生存和发展的权利”为动力,以“平衡发展”为理念和指导思想,以“公平化、市场化、民主化”的制度理念进行治理和制度设计。

(八)政府小额贷款融资

如成都市出台了《关于进一步做好新形势下就业创业工作的实施意见》(成府发〔2015〕27 号)。为优化创业创新环境,该意见提出以市场化手段支持创业载体建设,培育创业创新公共平台。比如,鼓励、吸引和支持各类投资主体建设创客空间、创业咖啡、创新工场、孵化大楼、孵化园区等新型孵化平台和众创空间,并减半收取创业服务平台建设项目基础设施配套费。对新认定的国家、省、市级大学生创业孵化园,给予 10 万～30 万元的奖励。该意见还加大了对初创期创业政策支持的力度,比如,将小额担保贷款调整为创业担保贷款,最高额度 10 万元,2 年内由财政给予全额贴息。

再如成都妇女创业小额贷款优惠政策:主要适用于成都市武侯区,从事农业生产经营活动或持有工商行政管理部门颁发的个体工商营业执照及尚未有个体工商户执照从事家庭作坊的妇女,如果是辖区内经商办企业的,在可以控制风险的前提下也可以是贷款对象。妇女小额担保贷款申请额度不超过 10 万元,期限不超过 2 年;妇女合伙经营、组织起来的经济实体申请贷款额度不超过 20 万元,期限不超过 2 年;劳动密集型小企业申请贷款额度不超过 200 万元,期限不超过 2 年。

(九)私募基金融资

所谓私募基金,是指通过非公开方式,面向少数机构投资者或资金量比较大的个人投资者募集资金而设立的基金。通常而言,在我国,私募基金是指一种针对少数投资者私下(非公开)募集资金并成立运作的投资基金。他们也关注创业项目这部分资源,投资数额视其感兴趣的项目而定。

(十)知识产权融资

知识产权融资也是值得创业者关注的融资方式，在国内外已有诸多成功案例。知识产权融资可以采用知识产权作价入股、知识产权质押贷款、知识产权信托、知识产权资产证券化等方式。

1.知识产权作价入股

2014年3月1日实施的《中华人民共和国公司法》第二十七条规定："股东可以用货币出资，也可以用实物、知识产权、土地使用权等可以用货币估价并可以依法转让的非货币财产作价出资。"允许知识产权入股，明确了知识产权作为生产要素的原则。《中华人民共和国公司法》还规定，不再限制股东(发起人)的货币出资比例，无形资产可以百分之百出资。这说明股东可以专利、商标、软件著作权等无形资产进行百分之百的出资，有效地减轻股东货币出资的压力。

根据《中华人民共和国公司法》的规定，除了法律、行政法规规定不得作为出资的财产以外，股东可以对知识产权等用货币估价，并可以用依法转让的非货币财产作价出资。对作为出资的非货币财产应当评估作价，核实财产，不得高估或者低估，必须经过专业的知识产权评估才可以作为出资依据。

2.知识产权质押贷款

知识产权质押贷款是指以合法拥有的专利权、商标权、著作权中的财产权，经评估后向银行申请融资，是商业银行积极探索的中小企业融资途径。2006年全国首例知识产权质押贷款在北京诞生，2008年国家知识产权局确定了知识产权质押融资的试点城市。很多地市出台了质押贷款管理办法，如浙江于2009年1月20日出台《浙江省专利权质押贷款管理办法》，为金融机构、企业操作知识产权质押提供了规范指引；2009年9月和11月，广州市知识产权局、武汉市知识产权局分别和有关银行签署了促进知识产权质押融资的合作协议；2010年，财政部、工业和信息化部、中国银行业监督管理委员会、国家知识产权局、国家工商行政管理总局、国家版权局共同发布了《关于加强知识产权质押融资与评估管理支持中小企业发展的通知》，进一步推进了知识产权质押融资工作的开展。

知识产权质押融资可以采用以下三种形式：质押——知识产权质押作为贷款的唯一担保形式；质押加保证——以知识产权质押作为主要担保形式，以第三方连带责任保证(担保公司作为补充组合担保)；质押加其他抵押担保——以知识产权作为主要担保形式，以房产、设备等固定资产抵押，或个人连带责任保证等其他担保方式作为补充担保的组合担保形式。

知识产权质押贷款仅限于借款人在生产经营过程中的正常资金需求，贷款期限一般为1年，最长不超过3年；贷款额度一般控制在1000万元以内，最高达5000万元；贷款利率采用风险定价机制，原则上在中国人民银行基准利率基础上按不低于10%的比例上浮。质押率：发明专利最高为4000万元，实用新型专利最高为3000万元；驰名商标最高为4000万元，普通商标最高为3000万元。质物要求投放市场1年以上，根据企业的现金流情况采取灵活多样的还款方式。

四、创业融资的选择策略

企业的创立、生存和发展，必须以一次次融资、投资、再融资为前提。资本是企业的血脉，是企业经济活动的第一推动力和持续推动力。随着我国市场经济体制的逐步完善和金融市场的快速发展，企业作为市场经济的主体置身于动态的市场环境之中，计划经济的融资方式已经得到了根本性改变，企业融资效率越来越成为企业发展的关键。

由于经济发展的需要，一些新的融资方式应运而生，融资渠道纷繁复杂。对于中小企业而言，如何选择融资方式，如何把握融资规模及各种融资方式的利用时机、条件、成本和风险等问题都是企业在融资之前就需要进行认真分析和研究的。

（一）融资总收益大于融资总成本

目前，随着经济的发展，融资已成为中小企业的热门话题。然而，在企业进行融资之前，先不要把目光直接对向各式各样令人心动的融资途径，更不要草率地做出融资决策。首先应该考虑的是：企业必须融资吗？融资后的投资收益如何？

因为融资则意味着需要成本，融资成本既有资金的利息成本，还有可能是昂贵的融资费用和不确定的风险成本。因此，只有经过深入分析，确信利用筹集的资金所预期的总收益要大于融资的总成本时，才有必要考虑如何融资。这是企业进行融资决策的首要前提。

（二）企业融资规模要量力而行

由于企业融资需要付出成本，因此企业在筹集资金时，首先要确定企业的融资规模。融资过多，可能造成资金闲置浪费，增加融资成本；也可能导致企业负债过多，使其无法承受，偿还困难，增加经营风险。而如果企业融资不足，则又会影响企业投融资计划及其他业务的正常开展。因此，企业在进行融资决策之初，要根据企业对资金的需要、企业自身的实际条件及融资的难易程度和成本情况，量力而行来确定企业合理的融资规模。

在实际操作中，企业确定融资规模一般可使用经验法和财务分析法。

经验法是指企业在确定融资规模时，首先要根据企业内部融资与外部融资的不同性质，优先考虑企业自有资金，然后再考虑外部融资。二者之间的差额即为应从外部融资的数额。此外，企业融资数额多少，通常要考虑企业自身规模的大小、实力强弱，以及企业处于哪一个发展阶段，再结合不同融资方式的特点来选择适合本企业发展的融资方式。比如，不同规模的企业要进行融资，一般来说，已获得较大发展、具有相当规模和实力的股份制企业，可考虑在主权市场发行股票融资；属于高科技行业的中小企业可考虑到创业板市场发行股票融资；一些不符合上市条件的企业则可考虑银行贷款融资。再如，初创期的小企业，可选择银行融资；如果是高科技型的小企业，可考虑风险投资基金融资；如果企业已发展到相当规模时，可发行债券融资，也可考虑通过并购重组进行企业战略融资。

财务分析法是指通过对企业财务报表的分析，判断企业的财务状况与经营管理状况，从而确定合理的融资规模。由于这种方法比较复杂，需要有较高的分析技能，因此一般在融资决策过程中存在许多不确定性因素的情况下运用。使用该种方法确定筹资规模，一般要求企业公开财务报表，以便资金供应者能根据报表确定提供给企业的资金额，而企业本身也必须通过报表分析确定可以筹集到多少自有资金。

第六章　创业机会与风险识别

第一节　创业机会

一、创业机会的内涵

（一）创业机会的概念

创业机会（也称商机）是外部环境所提供的独特的创新和创造价值的可能性。它是一种具有潜在的增长性、一定模糊性、较高回报性、适度风险性，并与创业者的资源相适应的、未被别人发现或未被满足的市场需求。

（二）创业机会的特征

（1）潜在增长性的社会需求。创业机会是外部环境因素中一种尚未显现的具有足够潜在增长空间的正向市场需求趋势。就像现在盛行的“美团外卖”“百度外卖”“饿了么”，随着智能手机的发展，网上支付方便快捷，大家在休闲的时间通过手机 App 在网上直接点餐，不出门就可以吃到饭店、街边小店、商场里的美味，既节省了往返的时间，又节省了往返的路费，这种潜在的社会需求的数量是庞大的。

（2）一定模糊性的市场需求。创业机会是隐藏于模糊的环境中尚未清晰显现的市场需求，一旦清晰了，创业机会就可能不存在了。很多企业创业前都会遇见一些无法预计的创业风险，正是因为很多风险不能评估，所以只有少数人愿意把握机会、迎难而上。创业者在创业前要做好充足的准备，有不怕苦、不怕累的创业精神，把握住机会，通过多方努力才能实现成功创业。如果市场清晰明了，挣钱就成为空谈。还记得多年前，大街小巷都在叫卖的土家酱香饼吗？很短一段时间，犹如雨后春笋般，土家酱香饼的店铺好似无处不在，不到一年的时间又销声匿迹。之所以没有在市场上站稳脚步，就是因为大家都知道这个项目挣钱，市场巨大，导致后来加盟的店铺越来越多，没有节制地售卖配方，导致低价竞争的恶性循环，最后加盟的不但没有赚到钱，还赔掉了购买制作土家酱香饼的机器的本金。

（3）较高回报性的市场需求。创业机会是一种具有潜在的高价值回报的市场需求。在欧盟成立后，温州人向欧盟国家出口皮质钱包，但是很多钱包在欧洲滞销被退回，损失惨重。为什么销路一直很好的钱包没有了市场呢？通过调查研究发现，原来在欧盟国家通行的货币是欧元，大面值的欧元比人民币要宽，先前出口的钱包相对较窄。所以，之后温州人在钱包的大小上做了改进，再次出口欧盟国家，顺应了市场需求，得到了较高的利润回报。

(4)适度风险性的市场需求。创业机会中的利益与风险永远是对等的。适度挑战创业风险而不做冒险家、看重结果而不计较金钱损失、善于捕捉“铤而走险”的机会而获得高价值收益，是作为一个创业家要具备的三大人格特征。

(5)与资源相适应的市场需求。能够把握的创业机会才是创业机会。资源不足而无法把握的创业机会，只能是别人的创业机会，因此，突破资源限制的创新是创业的重要内容。对于微信大家再熟悉不过了，在微信产生前，腾讯公司的游戏、视频等几大平台收入颇丰，后来由腾讯广州研发中心产品团队打造了微信平台。该团队经理张小龙所带领的团队曾成功开发过 Foxmail、QQ 邮箱等互联网项目，经过几年的创新，突破了原有资源的限制，使微信成了亚洲地区最大用户群体的移动即时通信软件。

(6)未被发现和未被满足的市场需求。创业机会是未被发现的或未被满足的市场需求，它往往隐藏于市场的夹缝中。创业活动不仅仅是满足市场需求的过程，更是创造需求的过程。淘宝网解决了很多宅男宅女的购物问题。2016 年 4 月 1 日，淘宝再次发布消息表示将推出全新购物方式——淘宝 buy+，这款号称让消费者在家就能身临其境去全世界“买买买”的高科技一经发布就牢牢抓住了各位网购达人的眼球，试穿衣服、体验家居、试用生活用品都将在眼前实现。它主要是利用计算机图形系统和辅助传感器，生成可交互的三维购物环境，通过快速建模甚至能让你直接实现在家试衣。只要戴上神奇的 VR 眼镜，就能够随时随地展开一场“说买就买的购物”，无论是家具、服装，还是电子产品，淘宝都将把商品进行 1∶1 复原，让你能够进行身临其境的试用体验。

创业机会(商机)如同沙中的黄金，极具稀缺性和隐藏性，需要独特的创新视角和创新思维才能发掘，因此发现商机的创新思维是创业的重要内容之一。

二、创业机会的发掘

商机是创业的核心，发现商机是实现创业者的核心能力。商机既然是一种客观存在，就必然有其客观规律，只要有创新之心并辅以创新之法，就能够发现它。

(一)发现创业机会的三部曲

发现商机的过程是一个创新过程，这个过程大致分为三步：一是在脑海里生成创业思路(概念)，二是付出行动将思路展开为备选项目，三是从备选项目中识别出商机。

(二)发现创业机会的过程

创业思路、备选项目和商机之间既有联系，又有区别。发现商机的过程是一个创业思路展开成若干个备选项目(商机)的过程。

(1)从创业思路开始。创业思路又被称为创业点子，是一种未经市场需求评价和竞争分析检验的概念，它可能来自环境日益变化的趋势，也可能来自生活中的突发奇想，可能成为创业的备选项目甚至最终成为具有商业价值的创业项目，但其中绝大多数创业思路会因为没有通过商机评估而被创业者所放弃。

因此，创业思路不等于商机，思路与创业项目之间还有着遥远的距离。例如，某大学护理专业的同学准备考取护士资格证，在购买辅导书的过程中发现纸质指导书众多，电子版上线练习或历年真题的辅导书非常少，于是就产生了建立护士资格考试题库的网站的想法。但是考虑到真题来源、网站建设、网站维护要花费大量的人力、物力、财力，作为一名在校学生，既没有创业经验，也没有人脉，没有办法实现这个梦想，所以没有付出行动，这种单纯体现在“想”和“计划阶段”的想法就是创业思路。

(2)把创业思路展开为备选项目。一个创业思路可以展开成为一系列具体的创业备选项目，如一系列产品或服务、一系列营销模式或一系列新的管理体制等。备选项目是创业项目的具体化，如某大学某专业的学生认为自己的大学课余时间充裕，有足够的精力可以进行创业，通过跟寝室的同学研究，发现挣在校大学生的钱比较容易，于是几个人在一起商量卖某种产品还是卖某种服务，最后总结出以下几项：①化妆品、饰品；②饮料、零食；③文具、充电台灯；④取、送、代发快递或食品；⑤复印、打印复习资料；⑥毕业论文设计资料；⑦摄影、毕业纪念品制作等。这些都是在校园进行创业的备选项目。

(3)从备选项目中评估有商机价值的创业项目。创业项目是创业机会的载体，备选项目经过商业评估(即评估备选项目在一定时空条件下，是否具有潜在增长性、一定模糊性、较高回报性、适度风险性、与创业者资源的适应性及未被发现的市场需求)才可能生成创业项目(也可能一个都没评估出来)。如上一个创业案例，经过问卷调查做市场调研和风险评估，发现帮助大学生取、送快递服务具有以下优势：①成本低，几乎是零成本；②需要的创业资金少；③技术含量低、上手快、易操作；④学生需求量大，很多同学不愿意排队取快递；⑤业余时间充足；⑥得到创业团队支持，有劳动力。综上所述，通过评估得出的结论是该项目可行，于是速递公司就开始运行了。

(三)发现创业机会过程中的误区

大学生创业失败率很高，其中一个重要原因就是很多大学生创业者分不清创业思路、创业备选项目和创业商机(项目)的区别。创业思路或备选项目的价值往往被高估，他们热衷于对创业思路或备选项目进行研究，觉得创业项目新、稀、奇、特就是好的，而常常忽略市场存在的竞争和顾客的实际需要，缺乏创业实战经验，其表现如下：

(1)误认为创业思路就是商机。一个好的创业思路未必是一个好的商机，还需要创业者经过商机评估来最后确定是否值得人们去经营。很多人把突发奇想的创业思路或道听途说的生意点子误认为商机，对创业项目未进行有效评估，盲目地投资创业，结果没有客源，经营惨淡，凄凉倒闭，对创业者无论在精神上还是在物质上都造成了巨大伤害。

(2)不能把创业思路具体化。在创业大赛的参赛作品中，很多同学提出了创业项目，但是不能具体地说明提供的是什么商品或者哪种服务，甚至产品分类、营销渠道、财务分析和资产评估只字未提，不能把一个好的创业思路表达成一个具体的产品或一个商业模式，给人感觉就只是在做创业的梦，而重点突出在“想”上，就是在提出一个创意或者一个创业点子，而不是实实在在地做这件事。

(3)注重过程而忽视结果。具体表现为热衷于创业思路的新颖性而忽视创业的商业规律和财务成果。大学生往往把创业活动看作是谁更聪明、谁点子更精的较量，而不是看作谁能够把思路变成赚钱生意的实践。他们没有意识到创业思路(点子)的重要性。在参加创业大赛的大部分创业计划书中，很多同学都写出自己想干什么，服务内容包含哪些，确实让评委眼睛一亮，但是后面却没有写怎么做这件事？和谁合伙？怎么筹钱？准备筹多少钱？钱花在哪里？怎么宣传营销？怎么赚钱？多久能挣回本金？这样的创业计划书只会石沉大海、无人欣赏。因此，一部完整的计划书应该是这样的：①投资者看过觉得可行，愿意投钱支持创业；②合伙人看完觉得合情合理，此项目可以开展进行；③消费者看完创业计划书后知道你提供的是什么服务，服务的层次和价格，他们愿意去购买。

所以说，创业思路、备选项目和创业商机(项目)是发现创业机会的三部曲，它们互为基础，既有联系，又有区别。

(四)创业思路产生的途径

(1)在不满意中找创业思路。因为在生活中存在着许许多多的“不满意”，如太贵、太差、太乱、太慢，不诚信、不安全、不道德等。之前的不满意解决了，又会出现新的不满意。“不满意”的背后是消费者诸多的诉求和期望，这些诉求和期望对创业者来说往往就是创业思路之源。因为从某种意义上讲，创业就是解决人们不满意的创新活动。请看以下案例介绍。

截至2007年，全国有1.59亿人在创业。在现实环境中，高额的店铺租金成为创业者的最大创业风险，很多创业者在创业初期缺乏创业资金，根本支付不起昂贵的店铺租金，不满意当前的创业环境。针对这一不满意，马云顺应市场需求，在2008年创建了B2C(商家对应客户)创业平台——淘宝网，为创业者提供零元店铺租金的电子商务创业平台，解决了很多人因为资金不足开不起店铺的难题。同时，随着淘宝入驻的商家越来越多，马云也收获了巨额的电子商务平台管理费。

可见，不满意中蕴含着商机。对于生活中的不满意，有的人选择发牢骚，有的人选择默默地承受，但敏锐的创业者却能从不满意中发现商机。我们身边有太多的不满意，大学生想要创业成功，就要挖掘身边的不满意，分析不满意的原因，找到解决不满意的途径。

(2)从环境变化中找创业思路。机会产生于变化的环境中，因此商机无限。创业者应从变化的环境中发现创业思路。伴随着环境污染的加重，全国大部分地区出现了不同程度的雾霾，很多人外出都会戴厚厚的防雾霾口罩，我们在逛商场的时候也发现很多商家售卖空气净化器。就是因为生活环境的改变，人们越来越重视健康，商家加大了研发和生产空气净化器的投入，最终占领消费市场，挣取高额的利润。

(3)在调查研究中找创业思路。在寻找创业项目的过程中，很多大学生不去市场调研，单凭自己的想象，最终因不能满足顾客的需要而导致创业失败。只看不想，缺乏深入的分析，仅凭表面现象就得出“无市场”或“市场巨大”的结论是不理智的。

大学生不仅要把调查研究作为寻找和发现创业机会的途径，更要把调查研究作为了解社会、学习社会、增长社会阅历与提高人际交往能力的途径。当代大学生最容易犯的错误就是忽视对市场的实际调查研究，凭空想象，要小聪明，以为随便上网搜索一下，同学之间讨论一下就可以搞定一个创业项目，就可以进行创业了，这是十分危险的。应该结合周边的环境和自身的条件，注意创业项目质量，避免选择没有技术含量的创业项目，同时注意避免同行竞争恶意压价的创业风险。

(4)从社会热点中找创业思路。社会热点又分为社会时尚和社会趋势两类。创业者要特别关注那些具有大趋势性质的社会热点现象，这些热点往往是社会的新需求和创业机会的诞生之地。我国目前具有许多大趋势性质的社会热点现象。

案例1：社会老龄化产生的老年服务业需求热导致各种养老机构的诞生，比如“老年幼儿园”“老年托管所”。白天子女上班，可以将老年人“寄放”在日托机构，使老年人得到全面的照顾，解决了子女白天工作无暇照顾老人的难题。

案例2：高考产生的报考指导热。很多家长对目前高校招生政策不太了解，不少学生对大学也不是很了解，报考志愿的时候都是凭分报志愿，脱离了自己兴趣、爱好，导致报考不理想，所以社会上出现了一些高考辅助报考机构，这些机构提供职业生涯规划师，其大部分来自高校或来自在招生办公室工作过的人员，他们通过一些简单的职业测评，归纳总结出考生的兴趣、性格、能力、价值观等，结合高考分数填报志愿，既满足孩子的兴趣需要，又能保证投档相对稳定。

(五)专业领域的创业机会

大学生创业成功率低的原因众多，其中之一是大学生的生活轨迹普遍是“校门到校门”，对学校以外的大千世界知之甚少。很多专业性比较强的高校不重视创业，不注重培养创业导师，很多大学老师都没有接受过创新创业的相关知识和技能培训，创业指导课敷衍了事，导致学生对创业知之甚少。在我国，大学生普遍社会经验有限，学校中的专业学习和训练是大学生重要的社会学习方式与经验来源，是大学生相对熟悉的领域，也是自身优势和劣势的体现。因此，有创业意愿的大学生应该更加专注专业型创业，在学习专业知识的过程中，注意专业领域内的商机特点、商业模式和建立社会资源网络关系，结合自身的专业特点，提高创业的技术含量，减少竞争风险。

第二节　创业风险

一、创业风险的概念与特征

创业风险，是指创业环境的不确定性，创业机会与创业企业的复杂性，创业者、创业团队与创业投资者的能力与实力的有限性，而导致创业活动偏离预期目标的可能性及其后果。如果一个企业不能及时地发现并及时规避风险，将会陷入万劫不复的境地。

创业有风险，企业必须及时充分地认识风险、规避风险，那么创业风险有哪些显著特征呢？

（一）创业风险的客观性

创业风险是客观存在的，是不以人的意志为转移的。在创业的过程中，由于内外部事物发展的不确定性是客观存在的，因而创业风险也必然是客观存在的。

（二）创业风险的不确定性

创业的过程往往是将创业者的某一个奇思妙想或创新技术变为现实的产品或服务的过程。在这一过程中，创业者面临各种各样的不确定因素，例如，可能遭受到已有市场竞争对手的排斥，进入新市场面临着需求的不确定，新技术难以转化为生产力等。网上服装零售商 Boo. com 是欧洲第一家破产的互联网公司，公司主要创立者是两位著名模特，他们拥有40%的股份，Boo. com 的出现正迎合了当时英国网络公司的时尚——明星加盟、美人主理。由于其投资者都是国际大公司，包括法国贝纳德·阿诺尔集团、贝纳通家族、美国 J. P. 摩根集团、高盛集团等，Boo. com 轻松筹集到 1. 35 亿美元，也因此被誉为欧洲资金最雄厚的互联网公司。Boo. com 一名经理承认，公司的失败原因还有全球市场推广和广告开销过大、技术投入太少，短短 2 年时间吞噬了其 1. 35 亿美元的投资。公司的债权人大多是广告代理公司，这些广告代理从公司手中至少挣了 2500 万美元。

（三）创业风险的损益双重性

风险带来的影响不仅包括损失，而且包括收益。风险越高，收益可能越大。所以，规避风险同样意味着规避收益。

（四）创业风险的相关性

创业者面临的风险与其创业行为及决策是紧密相连的。同一风险事件对不同的创业者会产生不同的风险，同一创业者由于其决策或采取的策略不同，会面临不同的风险结果。例如，技术标准的提高这一技术类风险事件，对大学生产生的可能是低风险，对农民工产生的可能是高风险。

（五）创业风险的可变性

当创业的内部与外部条件发生变化时，必然会引起创业风险的变化。例如，投资方负责人变动，不再对其进行投资。Caspian Networks 先是想要打造核心路由，帮助电信运营商提升服务质量，结果创业未半就炒了投资方鱿鱼。2002 年早期公司又获得 1. 2 亿美元投资，2003 年核心路由上市，但几个月后便转移了市场策略，效仿思科（Cisco），帮助电信运营商监测和控制对等网络。2005 年 5 月，公司又获得 5500 万美元投资，总融资额超过 3 亿美元，这让私募行业大为震惊，公司也表示将在 2006 年初开始盈利。但 2006 年 4 月，Caspian 发明了“公平使用策略框架”(一种分配不同服务间流量的解决方案),号称自己是“网络中立”议题的终结者。到2006年9月,Caspian终于把资金用完,难以为继,宣布破产。

(六)创业风险的可测性与测不准性

创业风险的可测性是指可以通过定性或定量的方法对创业风险进行评估。创业风险的测不准性是指对创业风险的预测与实际结果常常会出现偏离误差范围的状况,例如创业产品周期的测不准与创业产品市场的测不准。

二、创业风险的构成

(一)风险因素

风险因素是指能够引起或增加风险事件发生概率的机会或影响损失严重程度的因素。其是风险事件发生的潜在条件,一般又称风险条件。创业风险因素从形态上可以分为人的因素和物的因素两个方面:人的因素方面包括意识风险、道德风险、心理风险等,物的因素方面包括技术的不确定性、经济条件恶化等。

大嫂水饺是一个曾经发展得还不错的企业,在其发展中期,曾高薪聘请一批职业经理人加入管理团队。2014年前后,这批高管相继离职。高管的频繁离职所带来的负面影响是不言而喻的,一方面决策面临考验,另一方面政策的持续性面临调整,严重影响团队执行力。起初,大嫂水饺为了提升管理人员的权限,激发其责任感和事业心,对经营良好的店面进行“包保责任制”,店长全权处理店面人员的去留、工资标准和物资配送的工作。然而,店长过高的权限致使工资不平等、营业额作假等事件频发,很多员工的工资都是在这个时候被克扣了。大嫂水饺被迫在2015年调整为“店长轮岗制”,即店长需要在不同的店面进行轮换管理。问题并没有那么简单,由于连锁门店的业绩各不相同,店长在轮岗中收益下降,总公司与店长之间的矛盾也彻底激化,最终引发了店长率领店员集体离职讨薪事件。

(二)风险事件

风险事件是风险因素综合作用的结果,是风险损失产生的媒介物。创业风险事件是指创业风险的可能性变成现实,以致引起损失后果的事件。例如,经济条件的恶化导致销售额下降,产品被测出含有致癌物质导致产品收回等。

Webvan曾是美国风光无限的网上杂货零售商,初期就吸引了包括红杉、Benchmark、软银、高盛、雅虎在内的高达1.2亿美元的风险投资,在短短18个月的时间里,Webvan成功上市融资3.75亿美元,市场范围从旧金山海岸地区扩张到美国其他8个城市,并从零开始建立起了一套巨大的配套基础设施(其中包括耗资10亿美元购入的一片高科技园区仓库)。1999年11月上市后,公司最高市值一度达到76亿美元,然而疯狂的“烧钱”策略让它未能扛过2000年网络泡沫破灭的灾难,短短两年就宣布破产。两年时间内,其总计亏损超过12亿美元,平均每单亏损130美元。2001年7月,Webvan倒闭,2000多名员工失业。

从中我们可以看出,在企业商业模式没有达到稳定成熟的情况下就进行大规模的扩张,势必会增加企业的财务负担，而且在2000年互联网经济泡沫破灭的时候，外部的经济条件恶化，使得企业融资受到强烈影响，现金流随时都有中断的可能，这种情况下的扩张“烧钱”无疑是雪上加霜。

（三）风险损益

风险损益是指风险事件的出现给创业者或创业企业带来的能够用货币计量的经济损失或收益，包括直接损益和间接损益，例如由产品研发失败引起的损失或无法及时将产品投放市场又恰遇产品畅销带来的收益。

联想曾经在国内手机市场的份额排名第二，仅次于三星。时至今日，小米、华为强势崛起，联想已被远远甩在后面。论技术实力及管理经验，联想都不输小米、华为，但其手机销量却不及小米、华为。有人把原因归咎于联想并购重组后内耗过大，其实并不是这么简单。从体量和销售渠道上看，联想收购摩托罗拉之后理应愈加强大，然而在收购了摩托罗拉手机业务之后，却不进反退。联想这个巨头又为何输了呢？联想的商业模式比较传统，它需要依赖于硬件来赚钱，在营销推广上，联想仍然坚持“运营商合作＋线下实体店”的营销模式。但是，在互联网风潮侵袭下，线下渠道的市场份额逐渐被侵蚀，线上渠道成为主流。一位传统电子企业的老板曾说：“这几年的互联网发展得非常快，传统企业不转型一定会死，转型还有可能会活。”回顾联想这几年的战略，行动迟缓、坚持封闭、故步自封是常态，即使联想移动业务赋予其新的活力，也很难与其他品牌相争。作为该产品用户，个人体验感觉较差，即使再有新品，也不会再买了。

三、创业风险的常见类型

不少人也许还记得2000年北京街头出现的大大小小的亿唐广告牌，“今天你是否亿唐”的这句仿效雅虎的广告词着实让亿唐风光了好一阵子。亿唐想做一个针对中国年轻人的包罗万象的互联网门户。亿唐将中国年轻人定义为“明黄一代”，横空出世，迅速在各大高校攻城略地，在全国范围快速“烧钱”。除了在北京、广州、深圳三地建立分公司外，亿唐还广招人手，并在各地进行规模浩大的宣传造势活动。2000年年底，互联网的寒冬突如其来，亿唐钱烧光了大半，仍然无法盈利。此后的转型也一直没有取得成功，2008年亿唐公司只剩下空壳，昔日的“梦幻团队”在公司烧光钱后也纷纷选择出走。创业有风险，这是一种典型的行业风险带来的严重后果，不同形式的风险带来的结果不同。创业风险主要有以下类型。

（一）创业风险按照风险的性质划分

（1）纯粹风险，指只有损失可能性而无获利可能性的风险。纯粹风险所导致的结果只有有损失或无损失两种，例如地震、火灾、水灾、车祸、坠机、死亡、疾病和战争等。

（2）投机风险，或称机会风险，指既存在损失可能性，也存在获利可能性的风险。投机风险导致的结果为有损失、无损失、获利三种，例如股市波动、商品价格变动、风险投资等。

(二)创业风险按照风险的状态划分

(1)静态风险,指在社会政治经济环境正常的情况下,由自然力的不规则变动和人们的错误行为所导致的风险。静态风险造成的后果主要是经济上的损失,而不会因此获得意外的收益,一般属于不可回避风险,例如地震、洪水、飓风等自然灾害,交通事故、火灾、工业伤害等意外事故。

(2)动态风险,指与社会变动有关的风险,主要是社会经济、政治和技术、组织机构发生变动而产生的风险。动态风险造成的后果是难以估计的,但通常是可以规避的,例如,通货膨胀、汇率风险、罢工、暴动、消费偏好改变、国家政策变动等均属于动态风险。

2004 年 7 月,亚洲互动传媒在英属百慕大群岛设立,自称"中国提供跨媒体平台电视节目指南解决方案的领导者",其销售收入以电视广告代理业务为主,以 TVPG(电视节目指南)和 EPG(电子节目指南)为辅。2005 年 10 月,公司获得红杉资本的投资。在红杉资本之后,亚洲互动传媒先后吸纳了包括新加坡野村证券公司、美林日本证券公司、日本最大的广告公司电通、NTT 移动通信公司、日本最大的卫星通信公司 JSAT、伊藤忠商事 Itochu 等日本著名的金融、广告公司的投资。2007 年 4 月,亚洲互动传媒在东京证券交易所上市,根据其上市《招股说明书》,2005 年该公司净利润达到 4.65 亿日元(约 3000 万元人民币),净资产 18.97 亿日元(约 1.26 亿元人民币)。但仅过了一年,它就悄无声息地退市了。其导火索是亚洲互动传媒的会计师事务所拒绝为其出具 2007 年年报审计意见,并爆出了其 CEO 挪用公司资产的丑闻。亚洲互动传媒的退市,让 11 家财务投资人同时失手,以致退出平台。在亚洲互动传媒陨落的过程中我们可以看出,这种风险是动态的、不可控的,如果能够及早发现并改正,这种风险是可控的。

(三)创业风险按照风险的来源划分

(1)主观风险,指在创业阶段,由创业者的思想意识、心理素质等主观方面的因素导致创业失败的风险,例如认知偏见带来的风险、考虑不足带来的风险等。

(2)客观风险,指在创业阶段,客观因素导致创业失败的可能性较大,例如市场的变动、政策的变化、竞争对手的出现、创业资金缺乏等。若邻网创建于 2004 年,其目标是模仿 LinkedIn,做中国最大的商务社交网站。

当年,还在斯坦福大学求学的人人网创始人陈一舟等根据当时美国流行的几个社区网站的特点,设计了一个结合体,取名 ChinaRen。但硅谷没人愿意投资他们的项目,最后在斯坦福大学的同学那里众筹了 20 万美元。1999 年 3 月,他们回国注册公司,在得到了高盛投资之后,很快推出 ChinaRen 社区,并获得了千万美元的新融资。开始时,陈一舟觉得害怕,而投资人说没关系。但很快,2000 年美国股灾,资本进入寒冬。于是,原本支持"烧钱"的投资人态度大变,明确告诉陈一舟,不会再有新的投资,赶快把公司卖掉。陈一舟只好把 ChinaRen 社区卖给了搜狐。在 ChinaRen 运营的过程中,资金链断裂是其失败的主要原因。然而,美国股灾这一客观事实却是导致其资金链断裂的重要原因,可见在创业过程中,客观风险不容忽视。

(四)创业风险按照风险的影响范围划分

(1)系统风险,指外部经济社会的整体变化带来的风险,这些变化包括社会、经济、政治等创业者和企业难以控制的事实或事件。这类风险对企业影响的程度不一,但所有的企业都要面对,如商品市场风险、资本市场风险等。

互联网泡沫是从1999年开始的,那时候美国处于一个相对低迷的周期,只有4%左右的利率。流动性开始涌入以互联网企业为代表的网络广告,这是当时互联网企业唯一能够盈利的商业模式。“新经济概念+营收增长+新商业”模式(其实就是网络销售B2C、B2B)带来的预期增长,形成了“戴维斯双击错觉+正循环”效应,让所有的人都心潮澎湃,纳斯达克指数的斜率陡然攀升,互联网大泡沫开始形成。很多企业在寻求上市的时候,就享受2~5倍的股价攀升,分析师、投资者、企业家、风投、银行全部都陷入狂热的情绪当中。但是流动性的减少,带来了企业净利润的削弱和广告投放的减少,外加B2B、B2C业务和并购业务的繁荣,这些因素疯狂蚕食了互联网企业的现金流。

《巴伦周刊》的一篇基于207家互联网公司的研究报告的报道指出,将会有51家网络公司现金流面临枯竭,而且股价下行,高管套现,投资风险厌恶上升,市场资金缩减,再融资市场的冷却。在多重效应叠加下,这些公司的再融资问题无法得到解决,最终将会面临行业的大洗牌。在互联网泡沫这场灾难中,大部分互联网新兴企业破产,加息、经济波动及整个互联投资环境的恶化,引起了整个行业的连锁反应,最终造成了系统性的风险,大部分企业没能幸免。

(2)非系统风险,指由企业内部因素导致的风险,源于创业者、创业企业本身的商业活动和财务活动。这种风险只造成企业自身的不确定性,对其他企业不产生影响。其可以通过一定的手段进行预防和分散,如团队风险、技术风险和财务风险等。

(五)创业风险按照风险在创业过程中出现的环节划分

(1)机会的识别与评估风险,指由于信息缺失、推理偏误、处理不当等各种主客观因素的影响,创业面临方向选择和决策失误的风险。这种风险存在于机会甄别的过程中,如在高校附近开办服装店(未充分了解高校学生在服装消费上喜欢追求隐蔽性的心理)。

(2)团队组建风险,指在团队组建过程中,由团队成员选择不当或缺少合适的团队成员导致的风险。组建人没能很好地评估团队成员的定位,使团队运行处于低效状态,如团队中缺乏管理人才或技术专家。

(3)获取资源风险,指存在资源缺口,无法获得所需资源,或获得资源成本较高给创业活动带来的风险。例如,“长江野生鱼庄”所需长江野生鱼经常缺货或成本高就是一种典型的获取资源风险。

(4)创业计划风险,创业计划制订过程中未排除一些不确定因素的存在,或制订者自身能力的限制导致的创业风险。例如,对市场需求规模单凭估计,缺乏调查分析。

(5)企业管理风险,指企业文化、管理模式、细节管理等方面不当引发的风险。例如,粗暴管理或拖欠员工工资可能引发的破坏性事件。

在企业运行的过程中，还需要符合当地的法律法规，与监督部门保持良好的关系才能够给企业运行提供稳定的经营环境。考虑到风险内容有很多，每个阶段面临的风险类型不一样，需要创业企业及时调整，做好足够准备以应对风险。

(六)创业风险按照风险内容的表现形式划分

(1)机会选择风险，指创业者由于选择创业而放弃自己原先从事的职业，所丧失的潜在的晋升或发展机会的风险。例如，辞职开办个体网吧，影响自己的职称评聘、职位晋升和所学专业上的建树。

(2)环境风险，指由创业活动所处的社会、政治、经济、法律环境等变化或意外灾害导致创业者或企业蒙受损失的可能性。例如，战争、国际关系变化或有关国家政权更迭、政策改变，宏观经济环境发生大幅度波动或调整，法律法规的修改，或者创业相关事项得不到政府许可，合作者违反契约等给创业活动带来的风险。

(3)人力资源风险，指由人的因素对创业活动的开展产生不良影响或偏离经营目标的潜在可能性。例如，创业者自身的素质和能力有限，创业团队成员的知识和技能水平不匹配，管理过程中用人不当，关键员工离职等是人力资源风险的主要诱因。

(4)技术风险，指由技术方面的因素及其变化的不确定性而导致创业失败的可能性，如技术成功的不确定性、技术前景的不确定性、技术寿命的不确定性、技术效果的不确定性、技术成果转化的不确定性等。

(5)市场风险，指由市场情况的不确定性导致创业者或创业企业损失的可能性。市场风险包括产品市场风险和资本市场风险两大类，如市场供给和需求的变化、市场接受时间的不确定、市场价格的变化、市场战略失误等。

(6)管理风险，指管理运作过程中因信息不对称、管理不善、判断失误等影响管理科学性而带来的风险。例如，水平低下的家庭式管理：管理者素质低下，缺乏诚信，权力分配不合理，管理不规范，随意决策等。

(7)财务风险，指创业者或创业企业在理财活动中存在的风险。例如，对创业所需资金估计不足，难以及时筹措创业资金，创业企业财务结构不合理、融资不当、现金流管理不力等可能会使创业企业丧失偿债能力，导致预期收益下降，形成一定财务风险。

(七)创业风险按照标的不同划分

(1)财产风险，指导致财产损毁和贬值的风险，如由火灾、水灾等带来的财产损毁风险，由经济因素带来的财产贬值风险等。

(2)人身风险，指导致人的死亡、残疾、疾病、衰老及劳动能力丧失或降低的风险。人身风险通常又可分为生命风险、意外伤害风险和健康风险三类，如马航 MH370 客机失联。

(3)责任风险，指个人或团体的疏忽或过失行为，造成他人财产损失或人身伤亡，依照法律或契约应承担民事法律责任的风险，例如煤矿失事、工伤事故等。

(4)信用风险,指在经济交往中,权利人与义务人之间因一方违约或违法致使对方遭受经济损失的风险,例如债务人不能或不愿履行债务而给债权人造成损失的风险,交易一方不履行义务而给交易双方造成损失的风险。

四、创业风险的识别

创业风险识别指创业者依据创业活动的迹象,在各类风险事件发生之前运用各种方法对风险进行的辨认和鉴别,其是系统地、连续地发现风险和不确定性的过程。由于创业的特殊性,企业除了要识别如国家经济政策的调整、市场需求的变化等显性风险,还要识别当某一形势变化引发连锁反应所可能带来的半显性风险,同时还要识别遭遇突发事件带来的隐性风险。它具有以下几个特点。

(1)系统性。风险识别是一项复杂的系统工程。系统性是指风险识别不能局限于某一部门和环节,而应对整个企业各个方面的风险进行识别和分析。其不仅包括识别实物资产风险、金融资产风险,还包括识别客户资产、雇员、供应商资产和组织资产的风险。

(2)连续性。风险识别是一项连续性的工作。连续性是指风险识别不可能是一成不变、一劳永逸的,随着企业及其经营环境的不断变化,风险管理者必须时刻关注新出现的风险和各种潜在的风险。

(3)制度性。风险识别是一项制度性的工作。制度性是指风险管理作为一项科学的管理活动本身需要有组织上和制度上的保障,否则就难以保证此项工作的系统性、连续性。

创业的过程充满风险,在企业运行的过程中,不仅需要良好的经营环境,更需要创始人能够及时识别风险,做出适当调整,在识别风险的过程中做到系统性、连续性、制度性,规范化识别风险,否则企业很难经得起市场的考验,一些简单的风险可能就会使企业发展陷入两难境地,甚至是宣告破产。

五、大学生创业的市场风险及防范

我们清晰地知道,大学生创业也存在着很多风险。由于大学生的年龄、心理成熟程度、阅历等多方面原因,大学生的创业风险更值得我们警惕。一般情况下,大学生创业要在以下几个方面做好充分的风险防范。

(一)人力资源管理风险

我们在辅导创业团队的过程中经常可以看到,艰难过程中大家可以一起努力,稍微有些起色,团队就矛盾重重,最后不欢而散,甚至还存在反目成仇的现象等,这些风险存在的概率都是非常高的。我们还可以看到,在有的创业团队管理过程中,团队不齐心,各有想法,遇到问题时团队成员观点不同,难以做出决策。

那么,我们应该怎么防范这类风险呢?

首先,要用科学手段构建和谐团队。团队成员的股份比例、薪酬待遇等方面不是一定要人人平等，因为过于松散的民主气氛常使得企业管理软弱无力，绝对的平等就是不平等。有些即使股份平等，也一定要在契约中明确集中决策权，并不是有相同股份就一定有相同的表决权，一定要有一个素质能力强的人做到充分决策，不受影响。

其次，企业在试运行阶段就应该充分地去了解和观察团队成员的能力，将成员的问题暴露出来。不能单纯以感情投资希望得到回报的心理来处理团队成员的关系，也不要太相信有“背叛”前科的人。企业团队应该有动态的发展观，团队组成应随着成员的实际贡献的变化而变化，因为具有发展观念的团队才有可能建立一套完善的内部调节机制，也有利于成员体面地离开。

（二）关键员工离职风险

契约或管理制度的不完备性、员工个人目标与组织整体目标不一致，或员工在企业中受到不公平的对待，或企业无法提供足够的发展空间等内部原因都将使员工产生去意。一旦外界提供了更好的发展机遇，他们便会通过比较利润的高低和机会成本的大小最终选择是否离开。我们在创业团队辅导的过程中，还遇到核心团队成员发现自己创业比在团队中更好，最终离开团队自己去创业，这样也会导致原来的创业团队失败。

防范这一类风险需要定时或不定时地了解员工的情况，如待遇、工作成就感、自我发展、人际关系、公平感、地位、生活或对企业的信心、对企业战略的认同感等；用培训和开发来激发员工，因为对于高素质的关键员工而言，这比提高薪水更有意义；契约约束，如签订“竞业禁止”协定，要求员工在离职后一段时间内不得从事与本企业有竞争关系的工作，并要为企业保守商业、技术机密。

（三）创业项目选择风险

目前来说，自主创业需要人、财、物、信息等多项内容的系统化规划。大学生创业初期，资源拥有有限，风险较大；项目市场需求量的不确定性、项目市场接受时间的不确定性、项目产品的市场扩散速度的不确定性等也都会造成创业风险。我们也在学生创业指导过程中发现，有的学生选择了项目，对市场情况一知半解，对自己团队项目建设的水平也不了解，不知己不知彼，到市场上就会碰得头破血流。

针对项目选择风险，创业前应进行详细的市场评估和预测并写好创业计划书。很多学生忽略了详细评估和计划的重要性，完全凭着一股精神创业，这样往往会走很多弯路。

（四）市场营销风险

市场营销风险是指企业制订并实施的营销计划与其营销环境的不协调，从而使营销策略无法顺利实施，导致目标市场缩小，无法实现盈利的可能性。这种风险往往来源于营销模式不转变、当影响的目标市场发生变化时缺乏应对新形势的新思路、对消费者的变化缺乏调查和研究、盲目依赖广告、缺乏危机管理等。

针对这类风险，应该建立市场监测及策略调整机制，也就是在企业运营过程中，定期分析市场，保持对关键市场信号的敏感度，结合试销阶段，调整前期制定的营销策略；也可以借助行业中强势企业的力量，有效规避市场风险。

（五）创业管理风险

创业管理风险是指在创业管理运作过程中，因信息不对称、管理不善、判断失误等影响管理的水平，而导致创业失败的风险。创业者的素质、创业者决策错误等都会导致创业失败。新创企业的高速发展如果不能及时适应发展环境，也会成为企业潜在的重大危机。

针对这类风险，大学生创业者要培养企业家的精神，锻炼自我的诚信力、决策力、管理力、创新力、社交力、理财力。大学生创业者要养成终身学习的习惯，经常阅读管理类书籍，掌握科学的管理理念和方法，并运用到创业团队的管理中去。

（六）财务风险

财务风险是指公司财务结构不合理、融资不当使公司可能丧失偿债能力而导致投资者预期收益下降的风险。企业财务风险产生的原因很多，既有企业外部的原因，也有企业自身的原因，且不同的财务风险形成的具体原因也不尽相同。

企业财务管理的宏观环境复杂多变，而企业管理系统不能适应是企业产生财务风险的外部原因。财务管理的宏观环境包括经济环境、法律环境、市场环境、社会文化环境、资源环境等因素，这些因素存在于企业之外，但会对企业财务管理产生重大的影响。

企业财务管理人员对财务风险的客观性认识不足，员工缺乏风险意识也是财务风险产生的重要原因之一。财务决策失误、企业内部财务关系不明等也是引起财务风险的因素。

针对这类风险，应该建立一套完整的风险预警机制和财务信息网络。保持自有资金和借入资金的比例及适当的负债结构（长短结合，避免还款期过于集中或处于销售淡季），当投资利润率高于利息率时，企业扩大负债，适当提高借入资金与自有资金之间的比例，就会增加企业权益资本收益率；反之，当投资利率低于利息率时，企业负债越多，企业权益资本收益率也就越低，严重时企业会发生亏损甚至破产。制订还款计划，谨慎负债；利用举债加速企业发展的同时，必须加强企业管理，加速资金周转，努力降低资金占用额，尽力缩短生产周期，提高产销率，降低收账款项，保证企业信誉。

总的来说，大学生创业风险很多，因此大学生创业者应该经常向指导老师或顾问专家请教，或许他们无意中的一番话就会使我们少一些风险。

第三节　创新创业计划书

一、创新创业计划书的概述

（一）创新创业计划

1. 创新创业计划的内涵

踌躇满志的大学生要把创新创业的梦想变为现实，必须绘就一幅蓝图，把自己的理想和希望具体化，有步骤地加以实施。所谓计划，就是通过对组织外部环境与内部条件的分析，制定出组织在未来一定时期内要达到的目标及实现目标的方案、途径。而创新创业计划就是对与创新创业项目有关的所有事项进行总体的部署安排，包括对人员、资金、技术、物资等各种资源的有效整合、前景展望、战略确定等。创新创业计划作为一种商业计划，是整个创新创业活动过程的行为指南。

大学生在制订创新创业计划时不能好高骛远，要在充分进行市场调研的基础上，有理有据地说明企业的发展目标，实现目标的时间、方式及所需资源。尤其是对计划的可行性必须进行充分的论证，让合作者或客户相信新企业的投资价值，从而予以合作。

2. 创新创业计划的特征

新创一个企业、开发一个新产品，必须要进行详尽的全方位筹划，统筹安排好人员、资金、技术、营销、管理等各项活动。创新创业计划既具有计划的一般特征，又有其自身的特殊性。归纳起来，创新创业计划的特征表现在以下几个方面。

(1)预见性。

善于预见，是创新创业成功的重要条件。所谓预见，就是事先知道，是在事情发生之前对事物的出现和出现的大体过程所作的判断。大学生创新创业不是要先干，而是要先想。未雨绸缪、成竹在胸，在行动之前对行动的任务、目标、方法、措施作出预见性的确认，这就是计划。预想不是空想，它来自经验和推理。比尔·盖茨、乔布斯、李嘉诚、马云等企业精英的成功，无一不与他们的非凡的预见能力相关。可见，善于预见是创新创业者的一项重要基本功。因此，准备踏入创新创业门槛的大学生，必须要加强自身的理论修养和科学知识的学习，不断提高思维能力，学会调查研究，从市场的变化中发现商机。

(2)目标性。

创新创业的目标一般包括三个层次：一是选择方向，即确定干什么；二是确定方法，即准备怎么干；三是预测结果，即预期结果。有目标才会有成功，创新创业计划目标选准了，成功就有希望。大学生在编制创新创业计划时，不能笼统地写出一个总目标，还必须将创新创业计划细化，分为若干阶段，给每一阶段设定不同的目标，明确企业努力的方向、具体操作方法及可能面临的困难。当然，细分阶段的目标必须保持前后的连续性。

(3)可行性。

可行性是和预见性紧密联系在一起的，预见准确，在实践中才真正可行。创新创业计划是实事求是的产物，是客观要求的产物，必须建立在充分的可行性研究之上。创新创业项目实施的可行性包括市场发展前景、技术、财务、效益分析等。制订创新创业计划时空话、套话、大话连篇，进行市场调研时蜻蜓点水，论证时马马虎虎，都会把项目引入歧途。例如，某学生创业团队计划建一缫丝厂，计划前工序设备进一台煮茧机，后工序设备进一台缫丝机。这一计划在内行看来存在明显漏洞，一般一台煮茧机产量足以供十台缫丝机使用，前后工序存在产能不协调，明显会造成浪费。

(4)创造性。

计划的可行性并不是指计划四平八稳、因循守旧。计划在遵循规律的同时,必须富有创造性,以新颖奇特来创造新的商机。例如,英国伦敦的威廉创业之初仅是一名小商贩,经过一段时间的调查,开了一间"左撇子用品商店"。这是伦敦独一无二的一家特种商店,销售的左撇子用品一应俱全。威廉获得了成功,生意兴隆。

(5)整体性。

创新创业计划不是组织内的部门计划,而是整个创新创业过程的整体计划,因此,创新创业计划要周全、缜密,要瞻前顾后、考虑缜密,注意计划的完整性,相互协调,使具体目标、阶段目标与总体目标、长远目标相衔接。计划的完整性还强调,要抓住重点、关节点、难点,对轻重缓急做到胸中有数。

(二)创新创业计划书

1. 创新创业计划书的内涵

创业计划书起源于风险投资。20世纪六七十年代后,美国的一些创业者为了吸引资本投向蕴藏着失败风险的高新技术及其产品的研究开发领域,促使高新技术成果尽快商品化、产业化,编制创业计划书,向投资者全面介绍新企业及项目的情况及未来的发展潜力。

按照熊彼特的说法,创新即构建一个新的生产函数。其实,创业也是构建一个新的函数,在这个函数里,"建立新组织"这一变量的作用不可轻视,甚至要足够重视。我们认为,创业的本质是创新,甚至在某些时候,一些创新唯有以创业的形式来实施才可能实现。因此,创业便是创新的实现方式之一。在某些时候,如果没有创业,就不可能有后续一轮又一轮的创新。乔布斯有不少创新,但如果没有苹果公司的建立,也就不可能有苹果公司后续的一系列创新。因此,从这个意义上说,创业计划书就是创新创业计划书。

创新创业计划书是商业计划书的一种。商业计划书是公司、企业或项目单位为了达到招商融资和其他发展目标,在经过前期对项目科学地调研、分析、收集与整理有关资料的基础上,根据一定的格式和内容的具体要求而编辑整理的一个向投资者全面展示公司和项目目前状况、未来发展潜力的书面材料。商业计划书以书面的形式全面描述企业所从事的业务。它详尽地介绍了一个公司的产品服务、生产工艺、市场和客户、营销策略、人力资源、组织架构、对基础设施和供给的需求、融资需求,以及资源和资金的利用情况。

编写商业计划书的直接目的是协调风险投资家、技术专家、投资者的关系。其主要阅读对象不外乎以下两类。

一是创业者及其团队。对创业者及其团队来说,撰写一份具有明确愿景的创新创业计划书十分重要。一些创业者认为撰写计划书是在浪费时间,计划赶不上变化。其实不然,一份有价值的计划书能让团队仔细考虑新创企业的目标、架构等方方面面的问题,与企业愿景达成一致,增强团队的凝聚力。

二是投资者和其他外部资源相关者。投资者、潜在商业伙伴、潜在客户、前来应聘的关键员工等是新创企业的外部利益相关者。利益相关者的加盟是新企业发展的必要条件。但他们的加盟是有条件的，吸引他们的是企业发展的美好未来。因此，在计划书中，最吸引他们的是建立在事实基础上的可行性分析结论，以及具有竞争力的独特商业模式的描述。

2.创新创业计划书的类型

对计划书的类型，我们可以从编写目的及篇幅的长短加以划分。其大致可以分成以下几种类型。

(1)争取风险资金投入的计划书。

这一类计划书主要针对投资者，特别是风险投资者。争取风险资金投入是创新创业计划书最主要的目的。风险投资主要投向以高新技术为基础的技术密集型项目。风险资本的主要来源是养老基金、保险公司、商业银行、投资银行、大公司、大学捐赠基金、富有的个人及家族等。在融资阶段，风险投资者最关心的是，项目有足够大的市场容量和较强的持续盈利能力，有一个完善、务实和可操作的项目实施计划，有完全具备成功实施项目的管理团队并且具备项目成功运营的条件。因此，撰写争取风险资金投入的计划书必须注意，以投资者需求为出发点，让投资者对投资项目的运作和效果心中有数，这样才能吸引其投资。

(2)吸引人才加盟的计划书。

这一类计划书主要针对新创企业急需的优秀人才。创新创业融资固然重要，但资金和技术跟着人才走，人才资源才是第一资源。为了吸引优秀人才加入创新创业团队，计划书不仅要清晰地阐明企业的商业模式和未来发展规划，更要对如何吸纳新的合作伙伴、如何针对这些合作伙伴分配利益和权限作出说明。例如，采取技术入股、干股、期股等方式，在更大的范围内寻找创业伙伴。

(3)争取政府支持的计划书。

针对大学生创新创业，各级政府都有一系列的支持政策。为了得到政府的政策支持，创业者必须研究、编制、提供一份创新创业计划书。计划书应当强调企业的项目投资可行性，尤其要着重突出企业的社会收益和生态效益，只有项目有利于经济社会发展，符合国家鼓励发展的产业方向，才有可能获得政府的人才引进奖励、低息贷款、税收优惠等政策支持。编制这类计划书，必须认真研究国家的宏观经济政策，瞄准产业结构调整的主方向，以创新促进创业，加快转变经济发展方式。

(4)争取合作伙伴的计划书。

这类计划书主要是针对企业大型客户群体、原材料供应商、行业协会等可能合作的对象。在创业过程中，有效的合作关系对创业者的帮助是非常大的。为了有效获得这些合作关系，在必要的时候，创业者也往往需要向合作伙伴提交计划书，阐明自身的优劣势及双方进一步发展合作关系的有利之处。基于这一要求，计划书就要有针对性地指出具体的合作方案及合作双方可能获取的利益。

(5)略式计划书。

略式计划书是一种比较简明、短小的计划书,包括企业的重要信息、发展方向及小部分重要的辅助性材料。略式计划书的篇幅通常有10～15页,其对关键问题点到为止,只给予扼要切实的回答。大学生准备创新创业时,可以先编制略式计划书,这一方面便于寻找有意向的合作者,另一方面也是为撰写详尽的计划书进行的必要分析准备。

(6)详式计划书。

详式计划书要求创业者能够对整个创业思想进行比较全面的阐述,尤其能够对计划中的关键部分进行较详细的论述。它主要面向企业内部读者,是企业经营的蓝图。详式计划书的篇幅一般有30～40页,并附有10～20页的辅助文件,其最大特点在于涵盖大量细节信息。详式计划书建立在一系列假设基础之上,而这些假设又都是以编制者对现状的理解为前提的。一旦主客观情况发生改变,计划就不得不随之改变。这种情况下,详式计划书反而是个累赘,既花费了精力,又限制了企业应变。所以,刚开始创业的大学生还是先编制略式计划书为好。

3.创新创业计划书的功能

大学生作为初创者,虽然经过大学阶段的学习,掌握了一定的理论知识,但缺乏实践的锻炼。为了减少盲目性,大学生应写创新创业计划书,这有利于弄清楚我们是谁(who)、要做什么(what)、为什么要做(why)、什么时候做(when)、在什么地方做(where)和怎样做(how)等相关问题,增强项目成功的概率。具体来说,创新创业计划书的作用有以下几个方面。

(1)明确目标和路径。

著名风险投资家克莱纳(Eugene Kleiner)曾说:"如果你想踏踏实实地做一份工作的话,写一份创业计划,它能迫使你进行系统的思考。有些创意可能听起来很棒,但是当你把所有细节和数据写下来的时候,它自己就崩溃了。"这说明制订创新创业计划是一个冷静思考、理性思维的过程,因为在编写计划书的过程中,必须进行充分的调研、深入的分析,考虑多方面的问题,如目标是否可行,有利和不利的因素有哪些,怎样进行筹资,如何打开市场,等等。这让初创者既看到成功的希望,增强必胜的信心,又保持清醒的头脑,不盲目、不冲动,确保创新创业不偏离预定的方向。

(2)争取外部合作支持。

新企业发展的每一步都离不开外部的支持。初创者通过编写创新创业计划书,可以清楚地了解自己所需的资金、设备、人员等各方面的情况。如何赢得外部支持、获得创新创业的资源?这就需要有一份能够打动合作者的计划书,通过其与供应商、经销商等中介机构进行沟通,充分介绍创新创业的构想,让他们看到对未来企业投资和经营的商业价值,使得有钱的愿意投资,有技术的愿意入股,有本事的愿意加盟。

(3)提高项目的成功率。

教育部的一项报告指出，在全国比较早的一批大学生创业企业中，盈利的约占 17%；学生创业的公司在 5 年内，有 70%倒闭，仅有 30%生存下去，而且大多举步维艰，只有较少的企业业绩良好。失败的原因是多方面的，其中一个重要原因是未谋而先动，计划缺乏可行性。

有一项研究表明，在美国快速成长的企业中，有 68%是从商业计划书开始的。从快速获得收入来看，有商业计划书的企业与没有商业计划书的企业相比，其成功率提高了 69%；从销售额来看，制订了商业计划书的企业与没有商业计划书的企业相比，有 50%企业销售额更高，有 12%获得更高的利润。

可见，制订一个好的创新创业计划，可以帮助初创者进一步明确其目标，明确行动的路径，采取可行的措施，增加创新创业的成功率。

二、创新创业计划书的框架内容

创新创业计划书是详细分析新创企业各种要素的一份书面文件，篇幅在 25～30 页，内容要尽可能既简洁明了又充实完满，主要内容应包括封面和目录、计划摘要、公司简介、产品服务、行业分析、市场分析、营销计划、人员及组织结构、产品制造、财务规划、风险分析、退出机制、附录等。

(一)封面和目录

封面是计划书的门面，因此，封面设计要有艺术性，要有美感，力争给阅读者留下良好的第一印象。封面内容一般包括公司名称、地址、电子邮件地址、联系电话、日期、主创业者的联络方式等信息，如果企业有自己的网站的话，还应写明企业网址。

目录紧随封面，其作用是便于查找计划书的内容，因此，目录需要列出计划书的主要章节、附录和对应页码。

(二)计划摘要

摘要在计划书的最前面，其重要性可见一斑。摘要是计划书的精华的浓缩，必须一目了然、引人入胜，让投资者和合作者阅读完摘要后，产生渴望得到更多的信息的想法，从而去阅读详尽的计划书。

计划摘要一般包括以下内容：公司介绍、主要产品和业务范围、市场概貌、营销策略、销售计划、生产管理计划、管理者及其组织、财务计划、资金需求状况等。

在计划摘要中，必须要回答下列问题：①企业所处的行业，企业经营的性质和范围；②企业主要产品；③企业的市场在哪里，谁是企业的顾客，他们有哪些需求；④企业的合伙人、投资人是谁；⑤企业的竞争对手是谁，竞争对手对企业的发展有何影响。

在摘要部分，应该重点向投资者传达以下几点信息：①你的基本经营计划是正确的，是合乎逻辑的；②你的经营计划是有科学根据和充分准备的；③你有能力管理好这个企业，你有一个坚强有力的领导班子和执行队伍;④你清楚地知道进入市场的最佳时机,并且预料到什么时间适合退出市场;⑤你的财务分析是实际的;⑥投资者不会把钱扔到水里。

撰写摘要时应注意:①提炼要放在最后完成。动笔写摘要之前,先完成整个商业计划书主体的抛光润色。然后反复阅读几遍主体文章,提炼出整个计划书的精华所在之后,再开始动笔撰写摘要部分。②要有针对性。一般来说,银行等投资者对企业以前的业绩感兴趣,而风险投资者则对新技术的前景感兴趣。所以在撰写摘要之前先要对投资者进行一番调查研究,突出投资者最感兴趣的方面。③要文笔流畅生动。要开门见山、吸引眼球,简洁明了、重点突出。切忌行文含蓄晦涩,让人难以琢磨。

(三)公司简介

通过公司简介,投资者可以对创业企业有初步的了解。公司简介应重点介绍公司的发展历史、现状和目标,让投资者和合作者在较短的时间内对公司的概貌有所了解。公司简介主要从下面几个方面加以阐述。

1.业务性质

简单介绍公司所从事的主要业务,并对相应的产品(服务)作简要描述,尽可能用最简洁的文字让投资者了解新创公司的产品或服务。

2.业务发展历史

对公司经历的各发展阶段作简明扼要的介绍。回顾历史,不是记流水账,要写具有里程碑意义的大事,阐述公司在同行业中能引以为豪的亮点,篇幅不宜太长,具体细节可以面谈。

3.业务展望

按时间顺序描述创业企业的未来业务发展计划,并指出关键的发展阶段。可以这样描述:未来四年内您是否希望进入您所在行业的十强公司之列?未来两年内您是否希望拥有十名员工?您是否希望到第五年时总收入达到××元?您是否希望到第二年末即获得投资回报?要明确和量化这些目标。

4.公司组织结构

简要说明企业的所有制性质和附属关系,如说明企业是股份制还是合伙制,并简要介绍公司的组织结构图。

5.供应商

主要介绍企业生产所需原材料及必要零部件供应商。一般可以用表格形式列出3~4家(以后可能需要列出全部供应商)最大的供应商及其供应的材料或零部件名称。风险投资人通常会给名单中的部分或全部供应商打电话,以确认该名单的真实性。

6.协作者或分包人

从研发、生产到销售公司产品过程中,公司有哪些协作者或分包人,其名称、环节、贡献及其影响力。

7. 专利与商标

本部分要对企业持有或将要申请的专利和商标进行详细描述。通过对专利与商标的描述，让投资人了解自己企业的独特性。也可以列出企业的专利和商标清单，让投资人自己来判断这种独特性。

（四）产品服务

在进行投资项目评估时，投资人最关心的问题之一就是，风险企业的产品、技术或服务能否及在多大程度上解决现实生活中的问题，或者风险企业的产品（服务）能否帮助顾客节约开支、增加收入。因此，产品介绍是创业计划书中必不可少的一项内容。通常情况下，产品介绍应包括以下内容：产品的概念、性能及特性，主要产品介绍，产品的市场竞争力，产品的研究和开发过程，发展新产品的计划和成本分析，产品的市场前景预测，产品的品牌和专利。

在产品（服务）介绍部分，企业家要对产品（服务）作出详细的说明，既要准确，也要通俗易懂，使不是专业人员的投资者也能明白。一般地，产品介绍都要附上产品原型、照片或其他介绍。

产品介绍必须要回答以下问题：①顾客希望企业的产品能解决什么问题，顾客能从企业的产品中获得什么好处？②企业的产品与竞争对手的产品相比有哪些优缺点，顾客为什么会选择本企业的产品？③企业为自己的产品采取了何种保护措施，企业拥有哪些专利、许可证，或与已申请专利的厂家达成了哪些协议？④为什么企业的产品定价可以使企业产生足够的利润，为什么用户会大批量地购买企业的产品？⑤企业采用何种方式去改进产品的质量、性能，企业对发展新产品有哪些计划？

（五）行业分析

在行业分析中，应该正确评价所选行业的基本特点、企业所在行业的市场需求、竞争状况，以及未来的发展趋势等内容。

关于行业分析的典型问题主要包括：该行业发展历史与发展前景如何？是什么因素决定着它的发展？该行业的总销售额有多少？总收入为多少？发展趋势怎样？价格趋向如何？该行业典型的回报率有多少？创新和技术进步对该行业的影响程度如何？行业竞争的本质是什么？采取什么样的战略？经济发展对该行业的影响程度如何？政府是如何影响该行业的？进入该行业的障碍是什么？如何克服？

（六）市场分析

市场分析的核心内容是，在市场细分的基础上确定目标市场。例如，要让投资者了解：市场空间是否足够大，未来市场是否保持一定的增长速度，企业面临的竞争难度情况怎样，企业是否能够随着行业快速发展而实现自我的快速成长。其主要是分析以下几个问题。

1. 市场规模

要使用具体的数字和百分比详细说明产品的市场规模，主要介绍目前市场处于何种发展阶段、未来市场发展速度如何、行业中生产企业的数量、排名前几名的企业的品牌及市场份额占比、产品与竞争对手的产品之间差异如何、技术变动趋势是什么、市场结构情况、行业进入壁垒情况。

2. 市场细分

细分可以按照包括价格、质量、区域、客户年龄、收入、购买行为、行业或其他任何标准来进行。要确定这些细分市场是什么，并描述打算将哪些细分市场作为目标。将精力集中放在特定的细分市场可提高成功的概率。

3. 市场竞争

完整而全面地阐述竞争市场。谁是强大的竞争对手？他们有什么优势和劣势？要阐明产品和竞争对手产品之间的差异。他们的价格结构如何？有时供应商是竞争对手信息的一个很好来源，可以参观竞争对手的现场、网站、展台等来获取。信息往往是增强竞争优势的关键。

4. 市场预测

在对新产品或者服务作出市场前景预测时，应当注意以下问题：新产品所在行业的前景如何，该产品的市场需求有多大，影响市场需求的因素有哪些，新产品的潜在目标顾客和目标市场是什么等。同时，要保证预测是建立在科学的理论与充足的信息基础之上的。另外，在分析潜在顾客时，创业者还要注意分析目标市场的人口密度、收入水准、消费倾向与习惯；预测市场需求变动时，要注意社会经济变化及其发展趋势。

（七）营销计划

营销是新企业运营中最具挑战性的环节，市场营销决定了企业的生存与发展。一般来说，影响营销的主要因素有消费者的特点、产品的特性、企业自身的状况、市场环境等。

在计划书编制中，创业者应建立明确的市场营销策略，建立营销机构和营销队伍，选择营销渠道和构建营销网络，制定广告策略、促销策略、价格策略、市场渗透与开拓计划、市场营销中意外情况的应急对策等。在介绍市场营销策略时，创业者要讨论不同营销渠道的利弊，要明确哪些企业主管专门负责销售，主要适用哪些促销工具，以及促销目标的实现和具体经费的支持。

对大学生创业者来说，由于新创企业处于起步阶段，产品和企业的知名度低，很难进入其他企业已经稳定的销售渠道中去。因此，企业不得不暂时采取高成本低效益的营销战略。例如，上门推销，大打商品广告，向批发商和零售商让利，或交给任何愿意经销的企业销售。

（八）人员及组织结构

在筛选一个合格的投资项目时，投资界人士比较看重团队、市场、产品和技术。其中，团队是重中之重，而这恰恰是很多企业容易忽视的地方。所以，风险投资首先是投“人”，对此，美国风险投资之父杰纳勒尔·多里奥(General Doriot)认为，可以考虑对有二流想法的一流企业家投资，但不能考虑对有一流想法的二流企业家投资。人员及组织结构重点介绍以下几个方面。

1. 管理团队

主要是对本企业董事会成员及业务经营的关键人物进行介绍。对小企业而言，一般介绍3位左右核心人物即可；对大企业来说，最多也不要超过6位，因为风险投资人寻找的是关键人物。

对管理层关键人物的介绍，关键看以下几个方面：①是否称职，即他们的经历和能力是否符合当前工作对他们的要求，以及他们是否有能力满足企业发展的需要。②过去有无成功的经历和业绩。企业领导层中如果有过去曾经获得成功经历的人，会增加投资者的信心，因为许多投资者在决定投资时往往不是看项目，而是看人。③个人特点是否适合现任职务，他们是否可以与领导班子其他人员互相配合。④是否能有效指导下属工作，是否有能力刺激员工的积极性，提高工作效率。

对管理层关键人物的介绍要实事求是，既不能夸张也不要过于谦虚，对其以往业绩的描述要恰如其分。

2. 管理机构

要将公司的管理机构，包括股东情况、董事情况、各部门的构成情况等，以一览表的形式或者其他明晰的形式展示出来。

对管理机构的介绍要把握以下几点：①责任是如何划分的。②经理有哪些职责和权限，哪些经理应该负责哪些员工。③产品或服务是通过生产线还是团队作业完成，是每个员工负责一部分工作，还是一组员工负责许多工作。

3. 团队凝聚力

计划书要重点展示公司管理团队的凝聚力和战斗力，让战略合伙人或者风险投资人认识到公司的管理团队的成员间此尊重，互相团结合作，具有很强的凝聚力；公司的管理团队结构合理，在产品设计与开发、财务管理、市场营销方面都有极强的战斗力。公司优秀的管理团队将确保公司紧紧抓住好的商业机会，以有效的方式实现公司既定的工作目标。

(九)产品制造

计划书应尽可能把新产品的生产制造及经营过程展示给投资者和合作者，主要的内容包括以下几个方面。

1. 介绍重点

主要是对产品生产全过程及影响生产的主要因素进行介绍。重点是生产成本的分析与介绍。此外，风险投资人需要企业家对产品销售成本的构成作出分析。

2.生产特征

要回答以下主要问题:①产品生产过程及生产工艺复杂与否,成熟与否?②是否需要员工具有特殊生产技能?③生产过程中哪几个环节最为关键?④生产所需的零部件种类繁多还是只有少数几种?⑤哪一种或哪几种最为关键?⑥产品实际附加值有多高?

3.设备情况

主要内容包括:①本企业已有或打算购买的主要设备;②固定资产总额及可变现价值;③使用现有设备能达到的产值和产量;④设备采购周期。

4.厂房和生产设施

主要描述企业所拥有的房地产或租用的办公室和工厂,指出工厂的面积大小和单位面积价格及相关固定资产和生产设备等。风险投资人需要通过本部分判断现有厂房和生产设施能否满足风险企业增长的需要。

5.基础设施

主要对水电供应、通信、道路等配套设施的情况作一概略介绍。

6.生产情况

主要回答以下问题:①正在计划什么样的生产过程?②生产量将有多大?③需要什么样的生产工具?④需要什么稀有材料?⑤从第三者手中购买什么原料、部件或服务?⑥单位生产能力有多大?⑦在短期内如何调节生产量?⑧生产量的扩张需要多大的成本?⑨在计划中有怎样的质量检测手段?⑩如何管理产品存货?

(十)财务规划

财务规划需要花费较多的精力来做具体分析,其中就包括现金流量表、资产负债表及损益表的制备。流动资金是企业的生命线,因此,企业在初创或扩张时,对流动资金需要有预先周详的计划和进行过程中的严格控制;损益表反映的是企业的赢利状况,是企业在一段时间运作后的经营结果;资产负债表则反映在某一时刻的企业状况,投资者可以用资产负债表中的数据得到的比率指标来衡量企业的经营状况及可能的投资回报率。

要完成财务规划,必须要明确下列问题:①产品在每一个期间的发货量有多大?②什么时候开始产品线扩张?③每件产品的生产费用是多少?④每件产品的定价是多少?⑤使用什么分销渠道,所预期的成本和利润是多少?⑥需要雇佣哪几种类型的人?⑦雇佣何时开始,工资预算是多少?

(十一)风险分析

企业经营要面临诸多风险,创业者在编写创业计划书时,要尽可能多地分析出企业可能面临的风险、风险程度的大小,以及创业者可采取何种措施来避免风险,或者在风险降临时以何种行动方案来减轻损失。创业者需要将这些情况在创业计划书中列明,这主要包括:企业自身各方面的限制，如资源限制、管理经验的限制和生产条件的限制等；创业者自身的不足，包括技术上的、经验上的或者管理能力上的欠缺等；市场的不确定性；技术产品开发的不确定性；失败的可能性。创业者应该对企业所面临的各种风险都认真加以分析，不可因为其产生的可能性小而忽略不计。创业者最好针对每一种可能发生的风险提出相应的防范措施。

（十二）退出机制

投资人投资是为了得到现金回报，并非为了投资而投资。计划书必须介绍怎样使风险投资人最终以现金的方式收回其对本企业的投资。

风险投资人收回投资大体有公开上市、兼并收购、偿付协议三种方式。计划书应对这三种方式进行描述，并指出哪一种是最可能的投资退出方式。

（十三）附录

不适宜放入计划书正文但又很重要的材料可以放在附录中介绍，如管理团队的简历、产品或产品原型的图示或照片、具体财务数据和市场调查计划等。

三、创新创业计划书的撰写方法

（一）撰写原则

创新创业计划书要写得简明生动，既要勾画出项目的全貌，又要突出项目的重点；既要讲清项目的先进性和可行性，又要讲清项目的商业价值和回报周期；既要看到企业的现实优势和目标愿景，又要看到清晰具体的实现路径。要达到上述要求，在撰写创新创业计划书时应把握以下几个原则。

1. 坚持市场导向

市场在资源配置中起决定性作用，这是市场经济的本质要求。大学生创新创业绝不能闭门造车，想当然办事，而必须迈开双腿，走向市场。因为企业的创意来自市场，各种要素来自市场，利润也来自市场的需求。总之，市场是企业赖以生存的基础，所以一切脱离市场实际的创新创业计划书都是空泛的、毫无价值的。因此，创新创业计划书必须立足于市场，准确把握市场的现状及未来的走势，既分析市场的商机，又分析潜在的风险。

2. 一切从实际出发

大学生创新创业不能从书本出发，凭主观想象，凭一时冲动，而是要从客观实际出发，要尽量用实际资料佐证，所有数据和分析要尽量客观、实际，切忌主观臆断地估计。大学生创新创业因为缺乏实践和经验，对创业过程缺乏必要的了解，撰写计划书时，往往是凭主观意愿高估市场潜力和报酬，低估经营成本和风险，从而盲目乐观，这是创新创业之大忌。

3. 树立系统观念

创新创业是一个系统工程，要求各个环节整体协同。因此，大学生在撰写计划书时，注意在市场定位、项目策划、市场营销、团队组建、财务体系等一系列领域前后呼应，不能头大身子小，也不能虎头蛇尾，各个环节要相互衔接，不能前后矛盾，要自圆其说。

4. 切实可行

创新创业计划书是大学生拟订的创新创业行动计划，因此，它必须切实可行，具有操作性。特别是研发计划、营销计划、组织结构、管理措施、应对风险的方法与策略等，绝不能纸上谈兵，必须可以付诸实施。

5. 凸显竞争优势

撰写计划书的重要目的之一就是取得投资人或贷款人的信任，为新企业提供资金支持。因此，计划书要从市场机会、产品特点、营销措施、竞争状况、组织管理、投资回报、风险评估等方面凸显出具体的竞争优势。竞争优势的体现不是夸夸其谈，必须建立在对客观事实分析的基础上，通过比较分析的方法，用具体的数据说话，让投资者看到预期可获得的回报。

（二）撰写要求

根据以上编制原则，为了使计划书让阅读者看得轻松、看得明白，编制者必须掌握一定的技巧，要注意以下几个要点。

1. 凸显计划主题

写计划书和大学生写论文其实是一个道理，要开门见山，围绕主题展开介绍。切忌东拉西扯，词不达意，讲一些与主题关联度不大的内容。要用真实、简洁的语言，围绕创业产品与服务的价值展开阐述，这就是计划书的主题所在。

新创企业或新产品的投资价值就是计划书的主题，整个计划书也需要围绕这个中心思想而展开，在计划书的每一个部分、每一句话中都要体现这一思想。所谓企业的投资价值，简单一点说就是企业的成长空间、成长能力及成长效率。风险投资人和合作者最关注的就是企业投资价值的增长空间、效率、速度、能力及风险。在创新创业计划书编制过程中，一定要重点介绍新创企业的生存和发展能力，即对市场、产品、竞争、管理、销售、财务等方面的掌控能力和增长能力，清晰地展现出新创企业的综合素质和发展态势。

2. 明确阅读对象

新创企业或新产品的投资价值的判断主体是读者，他可能是风险投资人、银行信贷人员、战略伙伴、主要客户或主要雇员。大学里可能有同学上过“心理学”课，应了解计划书的阅读者们心里想什么、要什么。古人云，“天下熙熙皆为利来，天下攘攘皆为利往”。经济人都是逐利的，必须让他在计划书上看到他们所期望的东西，眼睛为之一亮。如风险投资者对计划中的市场增长及盈利感兴趣，战略伙伴及主要客户关心产品业务、市场、盈利及管理团队的运作能力，主要雇员、管理团队主要关心今后的发展前景。因此，在撰写计划书时必须事先搞清楚什么是他们最感兴趣的，什么是他们不感兴趣的，这样才能事半功倍。

3. 彰显竞争优势

市场经济的一个重要法则就是竞争。在竞争中，一些企业倒闭了，一些企业开创了，一些企业做大做强了。在众多的新创企业中，投资人为什么选择你？就是因为你有竞争优势，有独特之处。所以，一份好的计划书必须要呈现竞争优势，用竞争优势说明新创企业的利润创造能力；要尽量展现管理团队的事业管理能力与丰富的经验背景，体现他们的能力优势；要显示该产品在产业、市场、技术方面的优势及未来良好的发展前景；要体现创业者对于新创企业内外部环境的周全考虑，以及对实现创新创业计划的信心。

4. 内容具体充实

计划书中的数字力求做到客观、具体，切忌只凭主观臆测，模棱两可，含混不清。在计划书中，创业者应尽量用事实说话，尤其是用第一手调查资料，用可供参考的权威数据与文献资料来说明。在行业、市场等分析中要用数字说话，如产品的市场容量、市场占有率、投资回报率、销售增长率等。不要不切实际地过分强调或夸大销售量、收益状况，缩短回报周期，减少经营成本和投资资金。为此，作为初创业的大学生需要认真做好市场调查研究，引证官方或学术研究机构的客观统计资料时，应认真地消化分析。研发的新产品如果已有具体产品原型，可以让消费者先进行使用测试，并及时取得专家的检验意见，这样有助于提高计划书的可信度。

5. 论证周密严谨

一个商业计划总是沿着基本的商业概念逐步完善的。撰写创新创业计划书，主要是围绕“6C”展开。

一是概念(concept)。其就是让别人知道你要卖的是什么。

二是顾客(customers)。顾客的范围要很明确。

三是竞争者(competitors)。需要问：你的东西有人卖过吗？是否有替代品？竞争者跟你的关系是直接还是间接的？

四是能力(capabilities)。要卖的东西自己懂不懂？譬如说开餐馆，如果师傅不做了找不到人，自己会不会炒菜？如果没有这个能力，至少合伙人要会做，再不然也要有鉴赏的能力，不然就不要做。

五是资本(capital)。资本可能是现金，也可以是有形或无形资产，要很清楚资本在哪里、有多少，自有的部分有多少，可以借贷的有多少。

六是持续经营(continuation)。当事业做得不错时，将来的计划是什么。

“6C”之间是一个完整的系统，必须要首尾呼应，前后一致。所以对创新创业计划必须进行周密分析和认真的可行性研究论证。对所提出的结论，要明确说明所采用的财务评估方法、会计方法，同时，也应说明市场需求分析所依据的调查方法与事实证据。计划前后的基本假设或预估要相互呼应、协调统一、符合逻辑。例如，财务规划必须要建立在市场分析与技术分析的基础之上，根据市场分析与技术分析的结果才能得到财务预估数据。

由于创新创业计划涉及的内容很多，所以应事先做好计划工作，保证写作过程有条不紊地进行。通常是成立一个编写小组，大家分工协作，各负其责，最后由组长统一协调定稿，以免出现前后脱节、遗漏、文风相异等问题。

6. 分析方法专业

大学生编制创新创业计划书时，要充分运用课堂上所学的一些专业分析方法，避免简单的文字描述。例如，在技术与产品分析中可以运用比较分析法、定性与定量分析法，市场客户的分析可以采用问卷调查法、观测法等，团队的分析要建立在团队理论与分析工具的基础上。

为了实现专业化的分析，可邀请老师或相关的专家（特别是有实际经验的专家）加盟或支援。在编制过程中，以 Word 文件为主，精心排版，使用表格、图形可以把所要表达的意思更直观地体现出来，让读者一目了然。

7. 保护知识产权

创新创业计划书是创业者辛勤的智力劳动成果，其内容往往具有较大的商业价值，其中可能还涉及一些技术专利或商业机密，因此，要保护好自己的知识产权，防止泄密，造成经济损失。保护知识产权的方法可以有多种选择，如要求收件的公司项目经理在保密协议书上签字，在计划书中增加保密条款。另外，还可以不直接把关键的数据和方案写在计划书中，予以口头解释，使读者充分相信这些关键数据和方案的客观性和真实性。

8. 结构规范完整

计划书有一套规范完整的格式，各部分的内容应具有连贯性并严格按顺序编排。计划书应该备有索引和目录，以便投资者可以较容易地查阅各个章节。特别是概要部分，它是整个商业计划书的精华，也是打动投资人的关键环节，因此，绝不可对其粗心。许多投资人是看了概要部分之后才决定是否看全文。在主干内容上，产品业务的描述、行业分析、营销策略、创业团队等要尽量规范化、科学化，财务分析最好采用图表描述，以便形象直观。在附录部分，可以将管理团队的简历、产品或产品原型的图示或照片、具体财务数据和市场调查计划等列入其中。

（三）注意问题

1. 过分强调技术，而忽略市场

新创企业的发展离不开技术，技术的发展需要市场的推广。企业、技术与市场之间是一种互相联系、相互促进、唇齿相依的关系。一些大学生创业者在编制计划书时，常常过分强调所熟悉的技术而刻意忽略不熟悉的市场或管理，花费一半以上的篇幅描述技术功能，而只用不到一页来说明市场营销；有的则在计划书中用营业额的 25％从事研究开发，而营销推广费用寥寥无几。其实，创新成功需要实现研究开发与营销一体化，如营销部门应积极参与创新目标的确定、新产品构想的筛选、市场的测试、创新预算的制定、商业分析和创新产品的商业化，要与技术部门共同研究市场需求状况以减少创新产品的盲目性，要参与编写技术手册和产品说明书、用户培训及售后服务工作，并向技术部门定期提供有关用户对新产品的意见、竞争对手的动向等信息。因此，在市场导向的背景下，计划书既要介绍新技术，更要介绍其市场需求，离开了市场，新技术的价值将无从体现。

2. 过分强调推介，而忽略说明

企业初创，一些计划书的编制者片面认为，计划书编制的目的就是推介自己，去进行融资或寻求战略合作者，它犹如产品广告向消费者推销产品与服务一样。因此，有些计划书花好几页纸描绘企业的前景、运营后会给投资人带来多少多少好处，并且不切实际地使用很多的形容词，王婆卖瓜式地自赞一番，这其实是不妥当的。计划书更像一份产品说明书，要切实地向投资人说明企业的产品与服务、商业模式、企业的成长路径，以及资金是如何推动企业成长的。事实上，投资人不是慈善家，他们会非常仔细地推敲计划书所提供的每一个数据，夸大销售、夸大利润的做法逃不过他们的眼睛。在计划书的编制中，应实事求是，态度诚恳，用事实和数据说话，这样才能得到投资人或合作者的认同和理解。

3. 过分强调项目，而忽略企业

计划书的核心内容是介绍企业，而不是介绍具体的项目。在大学生创业计划大赛中，一些计划书花大量的篇幅介绍企业的某项技术、某个项目或某种业务，而忽略了对新创企业的全面介绍，这是不可取的。因为对于投资人而言，所要投资的并非某一个项目或技术，而是一个有核心团队管理的具有良好前景的商业实体。新创企业有具体的业务、运作项目、新的技术等，但这些不能代表新创企业的全部。计划书的出发点是企业，是企业的整体经营，必须要说明企业在“做什么”（主营业务是什么）、“谁来做”（管理团队如何组成、如何管理）、“怎么做”（如何组织生产、销售、运营）等最基本的问题。

4. 过分强调个人，而忽略团队

创新创业计划能否得到有效执行，关键在于经营团队的组成，如果经营团队是一个能力互补、团结协作的群体，对于投资者而言，这将是企业成功的保证。但一些计划书的编制者往往花大量篇幅介绍某一个人，或者把每个人都变成孤立的个体，相互之间责任不明，能力与岗位不匹配。当然，这不是说对团队领军人物不能做重点介绍，而是说要从团队的角度去介绍每一个人，并且团队成员并非越多越好，三四人即可。尤其是要介绍管理团队的协作精神，因为协作的结果大大超过其个人能力的累加，所以团队成员的协作精神在企业发展中有着非常重要的意义。

5. 过分强调收益，而忽略风险

风险性投资者选择的投资对象是一些潜在市场规模大、高风险、高成长、高收益的新创事业或投资计划，对于投资报酬的要求要高于一般水平，对于创业投资报酬的要求更高达50%以上。因此，创新创业者需要提出一份能够具体实现高报酬的创业计划书与财务规划，才有可能吸引创业投资者。但是，计划书的财务预测分析与投资报酬率的预估，必须建立在充分的市场预测基础之上，同时还要包括敏感度与风险分析。计划书不能只讲良好的盈利前景，掩饰企业所面临的困难和风险。一个成功的投资者会同时考虑收益和风险，尽量降低收益风险比，追求小投入、高回报。

6. 过分强调细节，而忽略变化

计划书做得太简单粗糙，就会失去它应有的价值，但过于详细烦琐也没有必要。因为过于详细、似乎无所不包的计划对创业行动有阻碍作用。变化大于计划，新创企业发展过程中，总会遇到这样或那样的困难，问题的解决绝不是靠一个一个现成的预案，而是要用创造性的办法，直至最终实现企业的目标。因此，过于僵硬死板的计划和一些实施细则，往往是纸上谈兵，并成为创造性思维的抑制因素。特别是当风险资本参与或合作伙伴较多时，过于详细的计划中的那些预先凭猜想设置的条款便成了束缚创业者的绳索。

在创新创业计划书编制中要注意的远远不止上述问题。在创新创业计划书编制中，大学生作为创业者要全身心投入、反复斟酌，并请创业合作伙伴或团队一齐参与，对计划的每一个细节都要尽量考虑周全，对计划的假设前提条件都要交代清楚，努力做到有备无患。

第七章　商业模式设计与创新

第一节　商业模式

一、商业模式的定义

商业模式作为现代企业的一个重要经营理念，跟企业的发展息息相关，更是创业企业的发展根本。其主要是指从企业经营活动中抽象出来的一整套企业如何运营的框架和范式，可帮助企业提升自己的核心竞争力，以区别于竞争对手，通过差异化的方式创造顾客的价值而实现自己价值的最大化。

商业模式从20世纪90年代开始引起了广泛的关注。关于商业模式的研究已成为理论和实业界讨论的热点话题。针对商业模式含义的界定，理论界和实业界存在着较大的争议。由于研究领域和角度的不同，学者未能就“什么是商业模式”这一问题达成共识。现阶段，研究者主要从以下几个视角解析商业模式的内涵。

(1)基于企业价值的角度，所谓商业模式就是企业创造价值的核心逻辑。该视角强调了商业模式的最终目标，从顾客价值的创造与企业利润的来源角度思考商业模式的内涵，认为商业模式从根本上说，可以等同于组织的盈利模式，通过优化、整合组织内外部核心资源来实现价值增值。

(2)基于商业逻辑的角度，商业模式就是为维持组织生存而进行的战略规划，强调企业价值创造的方式。从组织价值创造与价值实现两个维度来分析商业模式的内涵，将商业模式定位为企业价值生成与价值获取、分配过程的组合。商业模式描绘了组织在价值网络中与其他利益相关者共创价值的逻辑，商业模式实际上是价值链模型的一个具体化结构，它展示出组织与其所在的价值网络的价值创造策略，以及不同组织之间的价值主张与利益诉求的协调剂。例如，亚历山大·奥斯特瓦德和伊夫·皮尼厄提出，商业模式阐述了企业价值的生成、传递和实现的基本原理。

(3)基于企业系统的角度，重点阐述了商业模式的要素系统，以及要素之间的组合关系。研究者从系统整合视角来讨论商业模式的内涵，研究内在构成要素之间的相互关系，各组成要素相互作用形成了商业模式整个系统。也有一些学者从企业活动视角进行研究，分析活动之间的组合和联系，将焦点放在企业价值的创造及价值网络的形成过程中。学者虽然从组织活动、功能、结构设计等不同的角度进行分析，但是都在强调要素之间的匹配与作用关系。

(4)基于利益相关者的角度，企业运作过程中必然涉及众多的利益相关者，该视角从企业运作过程中参与其中的利益相关者之间的关系来描述企业的商业模式。例如，魏炜和朱武祥在对商业模式分析中指出，商业模式本质上反映了利益相关者的交易结构，揭示出了商业运作的实质。商业模式并非简单的要素的叠加，而是参与组织活动和价值创造过程中的利益相关者之间的价值互换。

商业模式定义的差异性折射出研究者对于商业模式内部要素系统的关注点的差异。通过对商业模式的相关研究，从创业角度出发，本书认为商业模式是企业为了更好地实现顾客价值而进行的要素之间的组合与逻辑安排，主要通过顾客价值的实现进而实现企业的价值。创造顾客价值是商业模式的最终目标，要素的构成和组合方式勾勒出组织的组织架构，要素间的逻辑关系描绘了价值创造的过程。

二、商业模式对企业的意义

商业模式是企业发展的根本和基础，任何企业都离不开它。“现代管理学之父”彼得·德鲁克在20世纪80年代就高瞻远瞩地提出，企业和管理者必须正视五个最重要的问题。

第一，我们的使命是什么？

第二，我们的顾客是谁？

第三，我们的顾客重视什么？

第四，我们追求的成果是什么？

第五，我们的计划是什么？

这五个问题从战略到定位、从目标到计划、从内部到外部，又从外部回到内部，囊括了企业成长和发展的根本问题。把这几个问题抽象出来，抛却战略层面的使命和执行层面的计划，关键的顾客、顾客追求、企业追求都属于商业模式的基本内容。这三个基本要素在企业经营的过程中始终存在。商业模式只有好坏、高低之分，而无有无之争。

商业模式决定着企业的生死存亡、兴衰成败。调查显示，在创业企业中，因为战略原因而失败的只有23%，因为执行原因而夭折的也只是28%，但因为没有找到盈利模式而走上绝路的却高达49%。可见，没有一个合理的盈利模式或商业模式，不管企业名气有多大，资产有多大，也必定走向衰亡。企业要想获得成功就必须从制定适合该企业的商业模式开始，新成立的企业是这样，发展期的企业更是如此。

商业模式是企业竞争制胜的关键，关系一家企业未来发展的方向性问题。每个公司都有自己的商业模式，好的商业模式可以形成壁垒，如茅台，通过文化形成了独一无二的产品，构成了深深的“护城河”，有自己的定价权。再如，腾讯是一个开发即时通信工具的企业，它的商业模式就是新的社交公司。大家使用QQ不是为了通信，而是为了社交，因为数量巨大，数以亿计，所以对用户有着巨大的黏性，你的社交网络越广，越离不开QQ。微软巨人超级强大，别人做出的优秀产品，它马上会推出产品进行对抗，从浏览器打败网景，到办公软件打败莲花公司。但是在国内的即时通信领域,其根本无法撼动腾讯,关键就在于人们已经建立起来的社交网络无法迁移到 MSN 上去,遑论围绕着腾讯 QQ 开发的一系列游戏等产品。

商业模式属于战略的战略,是企业家最优先的关注点。企业首先考虑的是如何抓住商业机会,构建商业模式后才会出现战略规划和竞争战略选择,才会出现如何一步一步拓展规模等问题。商业模式决定了企业的顶层设计架构,当然就更加值得关注了。了解了有什么样的商业模式,也就能慢慢推演出使用什么样的盈利方式,这种盈利路径和方式适应了企业当时的现状和市场潮流,就可以盈利。但是时过境迁,企业经营了若干年后各方面的环境都发生了变化,原来的优势条件渐渐不在了(如劳动力、原材料、房租成本上升等),原来可以赚到钱现在基本没有盈利了,甚至很多企业开始亏损。原来的商业模式一旦落后了,就需要重新构建、创新商业模式,保持商业模式的领先性。所以企业遇到经营瓶颈时,首先应该想到商业模式重建,而不是一味地进行营销层面的价格战。

商业模式不同于传统的管理科学。传统的管理科学大都是采用归纳法得来的,而商业模式不仅可以用归纳来证明其有效性,而且可以用演绎法进行推论。传统的管理科学,无论是时下流行的"精益生产、六西格玛"等,还是泰勒在现代管理学开始时进行的劳动行为学研究等,都是从众多实践、经验、案例中进行总结、提炼、归纳,最后形成一种新的管理思想和学派。商业模式则有所不同,它的基础思想来源于现实企业,但是经过设计和构建,完全可以指导企业进行更好的经营拓展。由于得到实例证明是可行的、科学的,也就具备了演绎性,这就是管理学上的重大意义。

三、商业模式系统及要素

商业模式是由一系列相互影响的要素构成的复杂网络系统。为了更好地分析商业模式,解析企业价值生成的原理,必须对商业模式的内在构成要素有一个清晰的认识,只有从构成要素视角对商业模式进行剖析,才能更好地理解商业模式的内在构成和运作机理,了解企业价值创造的过程,从而为商业模式的优化提出合理的建议。

针对不同行业的特点及企业经营方式的差异,国内外学者对商业模式构成要素提出了不同的观点。通过对国内外学者的研究进行总结可以发现,商业模式构成要素的界定数量不等,其中某些要素,如价值主张、顾客关系、成本结构、价值网络等受到众多学者的共同关注。

Johnson 等在对商业模式的构成要素进行分析中提出,可从顾客价值诉求、企业核心资源、经营方式三个方面来解析商业模式。Stahler 认为商业模式可以划分为四个子系统,分别为价值主张、业务系统、价值网络、收入方式。克里斯滕森提出,顾客价值诉求、企业盈利模式、核心资源及关键流程构成了企业的商业模式。他主要从核心资源和关键流程的视角对商业模式的内在结构进行分析。魏炜和朱武祥从交易结构的视角出发,认为商业模式体系应包含企业定位、业务系统、关键资源能力、盈利模式、自由资金流结构和企业价值六大模块,从利益相关者的角度描述了企业价值的形成机理,强调组织所创造的顾客价值的大小与价值链网络中的多方参与主体之间的交易结构密切相关，而不仅仅局限于企业内部所拥有的资源能力。亚历山大·奥斯特瓦德和伊夫·皮尼厄指出，商业模式由客户细分、价值主张、渠道、顾客关系等九个模块构成，这九个模块包含了客户、产品（服务）、基础设施和财务四个方面的内容，构成了商业经营和价值生成的完整体系。

这些高频的要素形象地勾勒出了企业的整体运作流程，通过协调价值链中参与主体之间的关系，构建企业的价值分配结构，最终形成了企业的关系网络。根据上述对商业模式的定义和组成要素的分析，本节将商业模式的组成要素分为四个视角、九个模块。四个视角就是客户视角，包括客户细分、渠道通路、客户关系三个模块；产品（服务）视角，包括价值主张模块；基础设施视角，包括核心资源、关键业务和重要合作三个模块；财务视角，包括收入来源和成本结构两个模块。

对商业模式组成要素的分析是本章的基础，通过对商业模式构成要素的分析，深入地理解商业模式的运作机理，不同类型的商业模式体现了企业在核心要素的选择和组合方式上的差异。商业模式将企业价值链中的全部环节联系在一起，勾勒出企业整体的运营流程。

四、商业模式画布及思维图

商业模式，是指各种独特战略选择的集成，体现了创业者独特的客户价值主张，以及创业者配置资源和行为来提供价值并赚取可持续性的利润的整体过程。因此，我们经常会听到、用到“商业模式”这个词，但出人意料的是，这个看起来再简单不过的词，对不同的人却意味着不同的事情。原因主要还是拘泥于部门利益和缺乏正确的表达工具。所以有专家通过图形和可视化的语言来让问题更加明了，这就是“商业模式画布”（图 7—1）。

商业模式画布是一种能够帮助团队催生创意、降低猜测、确保他们找对目标用户、合理解决问题的工具。商业模式画布使用统一的语言来讨论不同商业领域，可以将商业模式中的元素标准化、核心构成形象化，并强调元素间的相互作用，使得商业模式的讨论变得更有效率。因为无论什么模式，其本质都是描述企业如何创造价值、传递价值、获取价值的基本原理。从图 7—1 可以看出，商业模式画布由四个大的方格构成，分别是“如何提供”“提供什么”“为谁提供”“成本和收益”，对应了商业模式的四个视角，即客户视角、产品（服务）视角、基础设施视角和财务视角。每个方格内部又由若干个关键词构成，并形成了一个相互联系、相互约束的体系。这些关键词共九个，具体是客户细分、价值主张、渠道通路、客户关系、收入来源、核心资源、关键业务、重要合作和成本结构。这九个关键词构成了商业模式画布的九个模块，下面详细阐述这九大模块的具体含义。

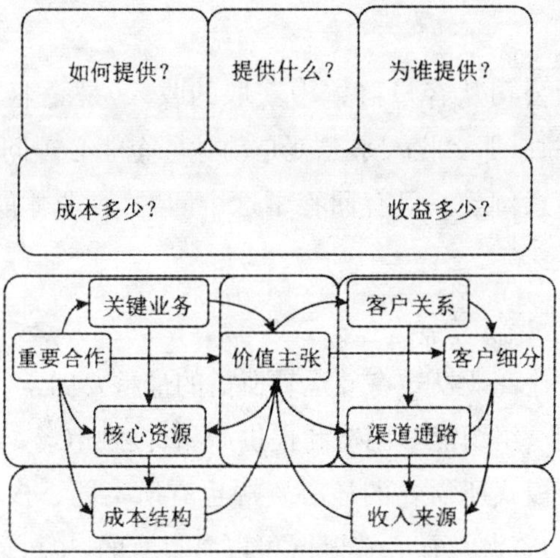

图 7—1 商业模式画布(一)

(一)客户细分

客户细分可用来描绘一个企业想要接触和服务的不同人群或组织。企业可以把客户细分成不同的类别,每个细分类别中的客户都构成一个目标市场,都具有一些共同的需求、共同的行为和其他共同的属性。企业结合环境和自身的情况决定到底服务哪些客户细分群体,放弃哪些客户细分群体。很少有企业可以服务所有的细分客户,特别是初创企业,要学会抵御诱惑,聚焦自己的核心能力和核心目标客户。

(二)价值主张

价值主张可用来描绘为特定客户细分创造价值的系列产品和服务,解决的是企业如何为客户服务的问题。一个企业服务的方式,包括质量、服务、技术等,取决于企业的核心价值观。企业的价值观决定了企业的战略目标和使命,企业的细分客户一旦确定,企业的产品和服务也相对确定。所以,每个价值主张所包含的产品或服务并不是无限的,而是能迎合特定客户细分群体需求的有限组合。

(三)渠道通路

渠道通路是用来描绘公司接触、沟通、维护其细分客户,并进行产品销售和服务的所有中间环节的集合,构成了公司相对于客户的接口界面。渠道通路是客户接触点,它在客户体验中扮演着重要角色。

(四)客户关系

客户关系可用来描绘公司与特定客户细分群体建立的关系类型,企业应该弄清楚其希望和每个客户细分群体建立的关系类型。初创企业的客户关系是由积极的客户获取策略所驱动的,以便尽可能迅速地获取市场,常采取免费、大幅折扣等策略进行补贴。当市场逐步打开后,企业的客户关系转而聚焦客户保留及提升单客户的平均贡献度(ARPU 值)。

（五）收入来源

收入来源可用来描绘公司从客户群体中获取的收入，是企业长期生存和发展的根本。如果客户是商业模式的心脏，那么收入来源就是动脉。企业必须问自己，什么样的产品和服务价值能够让客户真正愿意付款？只有回答了这个问题，企业才能发掘出一个或多个收入来源。

（六）核心资源

核心资源是用来描绘让商业模式有效运转所需的最重要因素。每个商业模式都需要核心资源，这些资源使得企业、组织能够创造和提供产品、接触市场、与客户细分群体建立关系并赚取收入。不同的商业模式所需要的核心资源也有所不同。核心资源可以是实体资产、金融资产、知识资产或人力资源。核心资源既可以是自有的，也可以是从公司租借的或从重要伙伴那里获得的。

（七）关键业务

关键业务可用来描绘为了确保其商业模式可行，企业必须做的最重要的事情。任何商业模式都需要多种关键业务活动，这些业务是企业得以成功运营所必须实施的活动。正如核心资源一样，关键业务也是创造和提供价值主张、接触市场、维系客户关系并获取收入的基础，也会因商业模式的不同而有所区别。

（八）重要合作

重要合作可用来描述让商业模式有效运作，所需的供应商与合作伙伴的网络。企业会基于多种原因打造合作关系，合作关系正日益成为许多商业模式的基石。很多公司采取创建联盟的策略来优化其商业模式、降低风险或获取资源。

（九）成本结构

成本结构可用来描绘运营一个商业模式所产生的所有成本。创建价值和提供价值、维系客户关系及产生收入都会产生成本投入，这些成本在确定关键资源、关键业务与重要合作后可以相对容易地计算出来。然而，有些商业模式，相比其他商业模式更多的是由成本驱动的。

从四个视角把这九大模块理顺之后，就可以归纳出整个商业模式画布(图 7—2)。

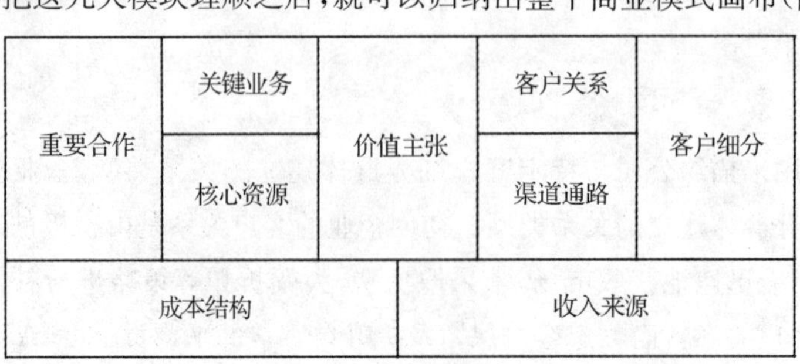

图 7—2　商业模式画布(二)

第二节　商业模式的设计与创新流程及评价

一、商业模式设计与创新流程

商业模式是一个包含了一系列要素及其关系的系统,用以阐明某个特定实体的商业逻辑。商业模式的设计与创新关乎企业成败。在当今时代,企业该如何设计自己的商业模式呢?

一般说来,企业应按发现和验证市场机会、系统思考、提炼产品概念、产品定义、财务分析和组织保障六个步骤设计适合自己的商业模式。

(一)发现和验证市场机会

首先,企业必须明确为哪部分人服务,锁定一个相对狭窄的市场,进行市场调研和客户消费心理研究,把有限的资源用在刀刃上。

其次,企业要花时间去研究这部分目标客户目前存在什么问题。

最后,企业必须把客户需求分层:是重要而且迫切、重要但不迫切、迫切但不重要,还是既不重要也不迫切。如果能把握住客户既重要又迫切的需求,就很容易成功。

企业可以从四个方面考虑如何给客户提供独到的价值。第一,你强化了什么要素?即那些比现有解决方案更好的方面。第二,你弱化了什么要素?即把那些客户并不在意的、费力不讨好的东西尽量减少,或降低标准。第三,你去掉了什么要素?即把那些客户用不到的功能去掉。第四,你创新了什么要素?即那些独创的方面。

有了初步的产品创新设想后,企业必须与目标客户沟通,检验自己的想法是否有实际意义。同时,还必须了解客户是否愿意支付一定的代价来消费这个产品,他们的切换成本有多高,这是市场调研时最容易被忽视的一点。

(二)系统思考

中小企业要能用最简单的语言把自己所做的事说清楚,把客户、供应商、合作伙伴等相关者的关系描述出来。最好的办法就是绘制商业模式画布,把自己的想法用一张图表现出来。之后,企业去整合相应的外部资源,把商业模式图上涉及的核心单元、上下游企业、各种合作伙伴、各种外围资源都考虑进来。接下来要考虑的是价值链上各个利益相关者如何受益,这是每个参与者一定会考虑的问题。

商业模式的设计来源有三条途径:一是借鉴国外已经成功的商业模式;二是借鉴国外的成功模式,并根据中国国情和行业特征加以改进和创新;三是自己发明一套商业模式,根据市场调研的结果及寻找到的产品创新的源泉,用全新的思维去改变目前市场上的游戏规则,甚至颠覆行业多年来形成的游戏规则。企业要根据自身实力与行业竞争状况,选择适合自己的商业模式设计方法。

系统思考这一环节还要求企业分析竞争的状况，包括对竞争对手和潜在竞争对手的分析。中小企业一般都缺少资本积累，直接向大企业、品牌发起进攻是不可取的，需采取迂回包抄的战术，不与任何企业发生正面冲突，错位竞争，用有独特价值的产品去开辟新市场；同时，要想推出畅销产品，一定要把握好时机，寻找触发点——机会往往出现在经济转折点上，出现在社会急剧变化时期，在一个相对稳定的市场中很难发现好机会。

(三)提炼产品概念

产品概念最好可以总结成一句话，即在 30 秒内能将产品的价值定位说清楚，让人听了以后产生共鸣、引起兴奋。有了完整的产品创意思路，就要走出去与客户沟通创意，听取客户对创意的反馈，以便掌握客户的态度和反应。要想让目标客户理解产品的价值和作用，最好的办法就是做一个样品，可以是电子版的模拟样品(通过电脑来演示幻灯片)，也可以是真正的样品。总之，要让客户看得见、摸得着，这比文字或口头说明要好很多。

产品概念的提炼可以用 FAB 分析法：F(features)是指这个产品有哪些特点，主要是产品本身固有的一些特点；A(advantages)是说这个产品比同类产品好在哪里，有什么优点，强调其与众不同之处，是一个相对的比较优势概念；B(benefits)是说这个产品给目标客户带来了什么利益和价值，侧重于客户的“买点”和消费动机。FAB 提炼出来之后，产品的价值诉求就出来了，客户购买的理由也充分了。

不同层次的消费者在选择产品时关注的重点不同，任何产品都很难在价格、实用价值和外观三个方面同时实现突破。企业要根据目标客户群的层次，确定自己的产品在哪个方面必须超越竞争对手，这样才能给客户一个选择你的理由。

(四)产品定义

到了产品定义阶段，需要考虑完整产品的概念。完整的产品由三个层次组成：第一层是核心层，主要包括性能、指标、功能、品质等，是产品发挥作用的关键因素；第二层是外围层，主要是增值服务，目的是让客户更好地发挥核心产品的功效，如售前售后服务、电话咨询服务等；第三层是外延层，主要是客户体验与感觉。中小企业最好靠外围产品和外延产品的差异化去吸引客户。产品定义完成之后，就要把第二版的样品做出来，接下来就要进行测试，其中一个重要的测试参数就是“哇”效应，即当客户第一眼看到这个产品时，有多少人感到惊讶。

产品定义中一项重要的工作就是定价，因为定价的背后是产品的定位。定价方法可以分成优质优价、优质同价、同质低价、低质低价四种，企业应根据自己的客户层次选择合适的定价方法。产品生产出来后通过什么渠道走向市场，也是在产品定义阶段必须完成的一项工作，即明确从厂家到客户需要经过哪些中间环节。最好能以关系图的形式表示，让人明了各个渠道之间的关系。

(五)财务分析

有了一个好的产品，还需要做出精密的销售计划，要按照不同的销售渠道、不同的地域进行划分。

接下来，企业要根据销售指标确定未来一年的资源分配计划，落实人、财、物三个方面的资源。将人、财、物这些固定成本落实后，剩下的就是运营费用等可变成本。有了销售指标、固定成本和可变成本的预算，一年的财务分析就做出来了，衡量企业管理水平的运营利润也就可以得出，所有的参数都可以量化。

对于风险投资者来说，在审核一个创业项目时，最关心的问题是如何实现销量倍增，也就是关注这样的产品、商业模式是否存在倍增的机制。对于那些希望得到风险投资的新项目来说，必须把产品和商业模式的倍增机制表达清楚。

（六）组织保障

仅有好的产品、商业模式和财务分析还不够，企业的组织设计也要合理，这是实现企业目标的组织保障。对于创业项目来说，一定要说清楚发起人和核心团队成员的优势，让投资者感到放心。此外，企业要向投资者展示未来的组织架构是怎么设计的，最好能用一张图来描述，同时，还要把股权结构展示给投资者看。

对风险投资者来说，如何退出是优先考虑的一个问题，他们需要一种机制来得到收益，而不是作为长期的股东持有股份。当然，为了防止投资者、发起人或其他创业股东过早退出，可以事先商定投资者退出的时间表和基本原则。

遵循上述六个步骤，企业才有可能设计出能提供独特价值、难以复制、脚踏实地的商业模式。在探索与实践中构建适合自身的商业模式，在竞争中取得快速、持续的发展。

二、商业模式设计与创新的评价

根据商业模式理论的内涵，可以企业是否具备持续竞争优势为核心，按照客户价值、盈利模型、战略控制三维模式检测企业商业模式是否具备合理性、可操作性和持续成长性。检测的核心是从价值创造的逻辑层面分析和判断商业模式的实施是否能够真正为客户创造价值，是否能够使企业自身获取合理的战略性价值回报（图 7—3）。

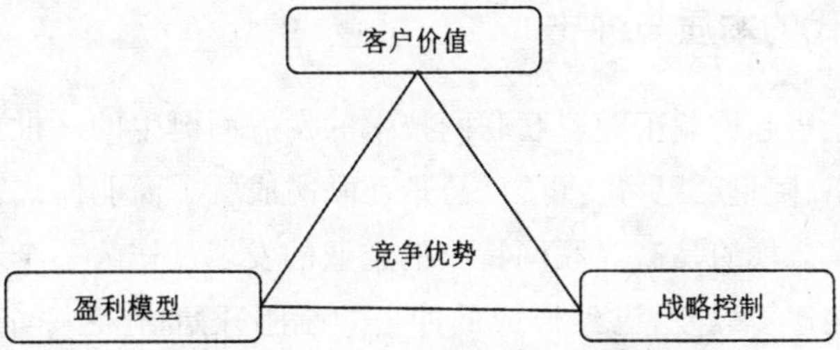

图 7—3　商业模式检测三维模式

商业模式检测和评价的出发点是客户价值，企业通过战略控制实现客户价值，进而实现企业的盈利模式。从这个逻辑出发，可以构思商业模式设计与创新的检测维度，包括三维九个指标。通过对这九个指标的关键问题的回答，可实现对商业模式的检测和评估（表 7—1）。

表 7—1　商业模式检测三维九个指标

检测纬度		关键问题
客户价值	客户需求	是否创造性地满足目标客户群的特定消费需求
	产品或服务	是否具有为客户接受的独特、清晰、简明的产品或服务
	性价比	是否能够提供超越客户期望的性价比
盈利模型	价值获取	盈利是否来源于客户价值创造,能否通过模式实施有效改善企业显性资产、隐性资产的状况
	战略定价	如何基于模式内涵与客户价值为产品、服务进行战略性定价
	目标成本规划	能否构建起支持目标成本的运营体系和成本结构
战略控制	客户忠诚	现有模式实施能否形成客户对企业基于价值认同的长期忠诚
	战略地位	现有模式实施能否形成企业在价值链中不可替代的战略地位
	模仿障碍	影响模式成败的关键要素是什么,模仿的可能性和难度如何

第三节　互联网环境下的商业模式特征与创新

随着工业经济时代演进到互联网时代,商业模式发生了极大的改变。在互联网充满不确定性因素的环境下,以往的商业模式被颠覆,传统意义上可依托的壁垒被打破,任何的经验主义都显得苍白无力。黑莓、诺基亚、东芝、摩托罗拉等多家著名传统电子厂商被兼并、倒闭的消息接二连三,而苹果公司成为世界上市值最高的公司,中国的小米公司成立四年市值已超百亿美元。如果说商业模式是一个组织在明确外部假设条件、内部资源和能力的前提下,用于整合组织本身、顾客、供应链伙伴、员工、股东或利益相关者来获取超额利润的一种战略创新和可实现的结构体系及制度安排的集合,那么,互联网时代的商业模式就是在充满不确定性且边界模糊的互联网下,通过供需双方形成社群平台,以实现其隔离机制来维护组织稳定和实现连接红利的模式群。可以说,互联网的特质驱动了新商业模式的发展。

一、互联网时代的本质与冲击

商业模式的真正兴起得益于随着互联网技术的发展而诞生的一批新兴的创新性企业,如谷歌、亚马逊、腾讯、阿里巴巴等。可以说,是互联网成就了商业模式,反过来商业模式研究的兴起带动了更大规模的具有互联网特质的企业的发展。作为一个新兴的产业,互联网对工商业的冲击正在逐步爆发,已经形成的冲击才刚刚开始;作为一个新的生产要素和资源,网络必将极大地改变传统的生产方式和企业经营模式。所以,研究互联网时代的商业模式必须先了解互联网时代的本质和其带来的变化。

(1)互联网带来了企业组织环境的模糊与"混沌",使厂商的经营处于一种边界模糊、难分内外的环境中。混沌将导致一场革命——一场必要的革命,向我们自以为熟知的关于管理的一切知识提出挑战。互联网的模糊让传统的产业分工、以往成功的商业模式变得毫无意义。

(2)由于互联网时代环境的不确定性,企业的商业模式具有高度的随机性和不固定性,企业已经没有坚固的堡垒可以依托和支撑,只能求新求变,一切成功的模式在互联网时代都很难持续。

(3)互联网推动去中心化,信息来源更加多元化。与中心化媒体,甚至与早期的门户和搜索互联网时代相比,当今的互联网已经从少数人建设或机器组织内容的大众分享转变为共建共享。微信、微博等更加适合大众参与的服务出现,信息由大众产生、大众参与、大众共有,使得互联网内容的来源更加多元化。

(4)互联网时代的商业模式具有极强的不可复制性,没有一模一样的东西,也没有完全相同的商业模式。与之相伴的是,工业经济时代商业模式中很多重要的元素在互联网模式下逐渐消亡。

商业模式包含了价值创造的逻辑和商业资源的有效协调。由于互联网时代下价值创造的逻辑发生了变化,商业资源的流向也不可避免地发生了改变。分销渠道曾经是商业模式的重要组成元素之一,"渠道为王"是工业经济时代商业模式的主旋律,借助他人的渠道或分销商体系进行销售和配送,是工业经济时代企业完成价值创造和实现价值增值的基本工具。但是,互联网时代出现"脱媒"以后,供需双方可在没有渠道的帮助下进行互动,根本不需要中间环节,直接在供需双方间促成交易行为的实现。曾作为商业模式重要元素的分销渠道无法起到创造价值和协调资源的作用,自然被互联网时代的商业模式所抛弃。互联网的世界是通透的,无法通过地理或者人为的方式对市场进行区隔,互联网商业模式逻辑下的新元素正在逐渐形成。加之互联网具有极强的不确定性,通常一个商业模式只能存活一个企业,很少有完全相同的商业模式。与此同时,人与人之间的互动变得密切,知识溢出范围增大,知识生产难度下降,促使商业模式不断创新,商业模式的更替速度加快。

二、互联网环境下商业模式的独特要素

互联网时代商业模式创新背后存在共同的逻辑,即以社群为中心的平台模式或社群逻辑下的平台模式,简称社群平台。互联网时代的商业模式有着自身独特的关键要素。

(1)社群。

社群指聚集在一起的拥有共同价值观的社会单位。它们有的存在于具体的地域中,有的存在于虚拟的网络里。有学者认为,在互联网模式中,社群是一个两两相交的网状关系,用于满足顾客和服务顾客,而社群发展到一定程度会自我运作,它是一个自组织的过程。在社群的影响下,品牌与消费者之间的关系由单向价值传递过渡到企业与消费者双向价值协同,传播被赋予了新的含义——价值互动。同时,企业的品牌被赋予了社群的关系属性,转化为社群的品牌,融入顾客在一次次价值互动下完成的体验当中。在社群逻辑下,产品的所有属性由于人的参与都有了显著的提升,市场定义也发生了改变。市场不再只是企业与消费者双方进行价值交换的场所,已经成为企业与社群消费者合作网络各成员之间知识碰撞、

交流与增值的场所;而顾客作为知识创新的另一种来源,他们既是参与者和建设者,也是直接受益方,创新知识的来源变得模糊。这样的社群逻辑与工业经济时代的规模逻辑是完全不同的。规模经济时代,规模越大越经济,而社群逻辑却将这个规律倒置过来——大规模的定制化产品成为主流,价值是企业与顾客在大规模定制化产品生产过程中相互影响而创造出来的。企业要尽可能满足长尾末端的需求,这是企业能否在市场中取得成功的基点。由于社群内对产品独特性的要求,出现了社群粉丝自限产品规模的要求。在互联网模式下,企业获得资源进行价值创造,对于社群的依赖度很高。人们根据不同的需求,形成了不同的偏好,构成了不同的小圈子或者不同的社群,厂商的产品研发就从围绕着“物”转向围绕着“人”或“社群”来进行。在社群逻辑下,可以说互联网经济是基于人的经济,而非基于产品或物的经济。

(2)平台。

以前的平台主要是指计算机的操作环境。后来被引入经济领域,出现了产品平台、技术平台、商业平台。如今管理学中的平台指的是商业模式中的重要一环。迈克尔·哈耶特在《平台》一书中说:“平台就是你借以沟通社群中的粉丝和潜在粉丝的工具。”他认为产品和平台是当今市场成功的必要战略资产。平台强化了在信息和沟通技术下商业模式的安排能力。比如,它可以用来强化已设计出的商业逻辑,还可以帮助提升企业或企业战略联盟的决策水平。一方面,平台为供需双方提供互动的机会,强化信息流动,降低受众搜索有用信息所需的成本,提供双方实现价值交换、完成价值创造的场所,正因为如此,平台消除了信息的不对称性,打破了以往由信息不对称带来的商业壁垒,为跨界创造了条件;另一方面,平台的存在有利于建立制度,通过对平台的管理,防止功利主义行为,保护消费者和供应商的利益,使平台中参与者的凝聚力增强。换个角度看,平台促进了社群的发展。以百度贴吧为例,在百度这个平台上,通过无数个主题和关键词建立了一个庞大的集群。据百度贴吧在发布会上公布的数据,目前百度贴吧有10亿注册客户,近820万个主题吧,日均话题总量过亿,日均浏览量超过27亿次,月活跃顾客数近3亿人次。由于社群具有天然的排他性,再加上人的从众心理和马太效应,成功平台的所有者很有可能就是该商业模式下行业的垄断者。

(3)跨界。

跨界指跨越行业、领域进行合作,又被称为跨界协作。它往往暗示一种不被察觉的大众偏好的生活方式和审美态度。可以说,跨界协作满足了互联网模糊原有边界、创造新价值的需求,通过跨越不同的领域、行业乃至文化、意识形态而碰撞出新的事物。跨界协作使很多曾经不相干甚至不兼容的元素获得连接,产生价值。当索尼还沉浸在数码成像技术领先的喜悦中时,突然发现原来全世界数码相机卖得最好的不是它,而是做手机的诺基亚,诺基亚成为成功的跨界者。中国移动、中国电信和中国联通在移动通信市场上竞争多年,有一天突然发现,动了它们“奶酪”的竟然是腾讯的微信,微信成了移动通信的跨界者。2013年,阿里巴巴做起了金融,长虹电视做起了互联网,做视频的乐视卖起了电视……如果从深层次分析,不难发现互联网提供了企业无边界存在的可能性。而其原因是多方面的。从产业层次看，虚拟经济与实体经济的融合，平台型生态系统的商业模式的发展，使更多的产业边界变得模糊，产业无边界的情况比比皆是。从企业组织层面看，随着专业分工的日益精细，虚拟化组织大量出现，企业组织跨越边界成为可能。从知识结构层面看，互联网使信息不对称情况大为好转，能够跨越传统产业的跨界人才和产品经理的出现成为可能。跨界合作不仅能提高产品对环境的适应能力，延长产品寿命，更重要的是在战略上将竞争关系转化为合作关系，这能为进入市场降低成本。例如，以时装闻名的乔治·阿玛尼与奔驰合作推出的乔治·阿玛尼 CLK。

(4)资源聚合与产品设计。

按照资源基础观角度，社群平台实现了挑选资源和聚合资源的功能。所以，作为一种异质性资源，社群平台在互联网时代是极其重要的。社群平台，一方面使消费者得到了更大的满足，另一方面为企业提供了隔离机制。工业经济时代最有价值的是技术和资源，互联网时代最有价值的就是社群平台。社群平台实现了整合资源和利用资源的功能，社群平台能促进产品设计的发展。“产品设计”是一个创造性的、综合性的处理信息过程，通过产品设计，人的需求被具体化且无限趋近理想的形式。企业是资源的载体和集合体，但是无论企业多么庞大，资源都是有限的。“没有成功的企业，只有时代的企业。”熊彼特认为价值的新来源产生于资源的新利用，特别是通过新方式去交换和组合资源。为了创造新的或更好的产品，企业需要重新分配资源，组合新的资源，运用新的方法组合现有资源。当既有产品已经无法支撑企业发展时，如何靠资源的再配置来实现价值创造就是企业发展的重点。小米公司创始人雷军曾经提出的极致和专注就是针对产品设计而言的，在他看来，只有超越了顾客的期望才能成就品牌。而在社群这个强调个性、突出偏好的平台上，目标顾客的需求和期望能被放大到极致，然后企业配合 C2B 策略，根据需求提供生产，进行产品设计，使得顾客感知的使用价值最大化，满足顾客需求，从而最大限度地实现供需平衡，满足价值创造的需要。

互联网时代，企业与顾客共同创造价值是价值创造的基础，其实质就是要实现消费者行为的被动接受向消费者行为的主动参与的转变，要让顾客参与到产品创新与品牌传播的所有环节中去。而消费者群体也希望参与到产品创意、研发和设计环节中去，希望产品能够体现自己的独特性。社群逻辑使厂商的经营有不同于工业经济时代厂商的做法，主要体现在这几个方面：①注重挖掘传统市场边界之外的潜在需求，特别是长尾末端的需求；②注重超越传统产业市场边界，往往进行跨界经营，推出新产品或新服务处于价值链的高端或具有独特性、具有较高的效用价值；③注重追求针对社群消费者心理需求与社会需求的效用创新，注重为消费者创造产品的功能价值(如需要满足)、情感价值(如品牌知觉与忠诚)、学习价值(如经验、知识累积的机会)；④注重市场顾客的消费体验，强调厂商组织的所有活动都是顾客体验，即从产品研发、设计环节开始，再到生产、包装、物流配送、渠道终端的陈列和销售环节都有消费者体验，以获得边际效用递增；⑤非常重视来自需求方的范围经济，使得消费者之间的效用函数相互依赖，并非相互排斥。

三、互联网环境下的商业模式创新4C模型

从用户的“价值创造”和企业的“价值获取”两个视角出发，可以总结出四组八个市场变化的特征，从而构建一个全新的4C模型（图7—4），以期全面地呈现可能给企业带来的挑战和机遇。

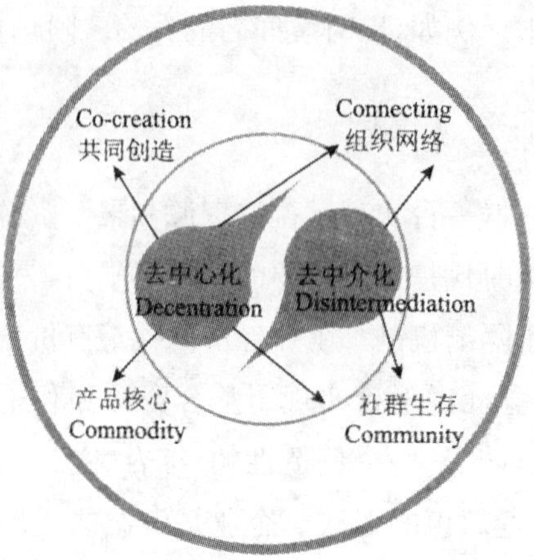

图7—4　商业模式创新4C模型

（1）体验、设计——共同创造。

其指以体验设计为核心，与用户共同创造新的商业模式。“去中心化”营造了用户体验的强大市场力量，设计则是把这一力量转化为企业市场价值的关键所在。后互联网时代的“体验”，意味着用户参与价值的共同创造。

对于用户来说，体验比功能更重要。用户体验从来都是重要的商业元素，尤其是高端产品，如珠宝、汽车等。但在今天，用户体验变得前所未有的重要，已成为市场成功的核心衡量标准。不是因为功能不再重要，而是功能的需求已经基本被强大的技术和工业力量满足了，用户更加注重使用的友好性和情感的体验性。更重要的是，因为随时随地分享体验的可能性，一款“不好用”的产品如果匆忙上马，很可能会“出师未捷身先死”。iPad作为苹果的代表性产品之一，它的市场成功，很大程度上就是体验和设计的成功。为了实现体验的最大化，苹果宁可牺牲物理性能。

对于企业来说，设计比性能更重要。不是性能不再重要，而是性能必须服务于设计，包括产品、功能、交互、观感等。因为企业在市场网络里的中心地位已不像过去那样强大，市场的中心已经散落在用户之中。苹果“极致简约”的设计理念备受推崇，不是因为设计师不再喜欢缤纷多彩的花样，而是因为这样的设计可以带给用户更好的使用体验，从而赢得用户真心的喜爱。

（2）好用、免费——产品核心。

其指以免费且足够好的产品为基础，构筑新的商业模式。“去中心化”削弱了企业的市场地位，企业应该认清自己力量衰退的事实，让渡价值，以赢得用户，促进成长。

对于用户来说,好用比产品更重要。供给的丰富和产品信息的易得,使用户愈加倾向于选择能够解决自己问题的好用产品,而不再那么依靠对品牌的认知和信赖。这也是用户权利的集中体现。产品不需要完美,却需要具有能够快速地黏住用户的吸引力。

对于企业来说,免费比盈利更重要。在新的商业世界中,产品就是营销,因为产品不再是死物,它需要通过用户的口和手,更通过用户手中的移动终端,变成会说话的、活的生命。而一个生命,它的形象靠的是自己的展示,而不是别人的宣传。

只要产品的最初印象还不错,一般用户不会频繁转换产品和品牌。因为通过产品升级获得更多功能,比转换产品要更方便简单,也更省时省力。从这个逻辑上来说,赢得用户比直接盈利更加重要,因为用户会为你持续地创造价值。小米成功的核心所在就是产品,其产品集中体现了雷军"让用户尖叫"的战略,也体现了其制胜"七字诀"中的"极致",即把产品做到极致,超越用户的预期。把精力集中在产品上,才能创造出能解决用户生活问题的好用的产品。

(3)兴趣、社群——社群生存。

其指以社群成就无须细分的定位、无须广告的营销。在"去中心化"和"去中介化"的共同作用下,用户的聚集是动态的。他们会因兴趣而聚合,却很难被细分定位击中。用户已经不必再被动地听企业的声音,企业想要在用户网络中获得影响力,必须与他们融为一体。

对于用户来说,兴趣比归属更重要。社交网络时代,真正将消费者聚合起来的并不是他们外在的共性和归属,而是他们的兴趣。消费者更加相信的是"实在"的推荐,朋友的好评远胜过铺天盖地的广告;而连接的便捷性,让用户更容易选择其他用户好评的产品。

对于企业来说,社群比细分更重要。在社交网络时代,以企业为视角的高傲的消费者细分定位,已经赶不上市场更新的速度了。唯有主动地构建和培育用户社群,才有可能赢得成功。

小米赖以成功的"粉丝经济"的核心,就在于营建了一个活跃的社群。"为发烧而生"的研发理念,聚集了渴望优质手机的用户,并且进一步扩展到更多渴望拥有高性价比手机的用户。小米不需要判断谁是我的潜在用户,不需要针对"目标细分人群"开展营销传播。小米的粉丝社区里,聚合的都是它的用户和潜在用户。

共同的兴趣是建立关系的基础,而社群则是关系建立起来的外在形式。如果能够有导向性地构建社群关系,那么产品、企业就赢得了用户网络里重要的"中心势",而这股势能也必将为企业的发展提供巨大的能量。

(4)关联、网络——组织网络。

其指构建更广泛的产业生态圈,在产业网络中赢得成功。"去中心化""去中介化"的特征也同时表现在产业生态圈网络中。在后互联网时代,致力于构建、整合、融入用户的生活网络,远比拥有更多的资源和资产更有意义。

对于用户来说,关联比产品更重要。大众化、无差别化的产品已经越来越难以吸引用户。并不是说大众不再喜欢流行产品,只是用户更希望通过产品来实现自己个性化的需求。

在互联互通的世界里，产品逐步成为连接的工具和端口，构建起来的是用户和解决自己问题的某种服务，是用户和用户之间的联系网络。智能手机是最具代表性的产品，可能外面看起来都一样，但有的手机里可能大都是游戏，而有的却是满屏的工作应用软件。手机的意义，早已不再是单纯的通信工具，而是构建起用户之间亲密关系的网络接口。

对于企业来说，网络比组织更重要。现在产品本身也正在成为一个网络——一个连接着整个产业生态圈的网络。提供给用户的，只是网络共同作用下的一个聚合产物。网络中心之外的重要模块，同样可以赢得极高的利润和市场。最典型的例子是 Intel 和微软。在用户所拿到的电脑里，Intel 和微软只不过是很小的一个组成部分，人们首先看到的是联想、戴尔、华硕这些品牌，也自然会认为这是电脑上印着的品牌所生产的。但事实上，Intel 和微软却构建了 Wintel 帝国，一度瓜分整个个人计算机产业 90%以上的利润。

在网络时代，企业组织的强大已经不在于其自身拥有多少资源，而在于它在用户网络、产业生态圈网络中的位置。在市场竞争中，可以调配使用的资源，其作用并不亚于实际拥有的资源。在现代化的分工体系中，没有什么人可以完全不依赖于他人。这也是新经济时代给企业带来的重要机遇：即使资本结构很轻，也同样可以具有强大的市场掌控力。

商业模式之于企业，犹如大脑之于人体。缺乏清晰独特的商业模式就如人体失去大脑的指挥，只能毫无目的地闲逛。所以，选择适合企业的商业模式是创业和企业经营成功的关键。企业在不同的发展阶段有不同的商业模式需求，但是无论哪个阶段的商业模式创新，都需要对客户价值主张模式、资源与能力模式、盈利模式等三个板块九个要素的内容进行设计与创新，最终经过评估，找到适合企业的独特的商业模式，并在实施的过程中不断进行优化和调整，才能获得持久的竞争优势。

参考文献

[1]蔡敏，张世梅．当代大学生创新创业教育与实践教程[M]．北京：高等教育出版社，2017.

[2]陈浩川，王九程．大学生创新创业教程[M]．北京：高等教育出版社，2017.

[3]陈淮民，张和平．大学生创新发明与专利申请教程[M]．合肥：合肥工业大学出版社，2017.

[4]陈奎庆，丁恒龙．大学生创新创业教程[M]．北京：科学出版社，2018.

[5]方美玉．创新创业类学科竞赛辅导及项目案例教程[M]．北京：中国财政经济出版社，2016.

[6]龚荒．创业管理——理论、实训、案例[M]．北京：机械工业出版社，2013.

[7]纪永英．创新的赢利模式：8个经典的商业模式名企案例[M]．北京：机械工业出版社，2009.

[8]蓝红星．创新能力开发与训练[M]．成都：西南财经大学出版社，2014.

[9]李军凯．大学生创新创业教程[M]．北京：人民出版社，2017.

[10]李文胜，成波锦．创业基础[M]．西安：西安交通大学出版社，2015.

[11]刘艳彬，李兴森．大学生创业教程[M]．北京：人民邮电出版社，2016.

[12]宁佳英．大学生创业管理[M]．广州：华南理工大学出版社，2012.

[13]牛泽民，罗红．创新与创业[M]．北京：北京航空航天大学出版社，2008.

[14]彭帅兴．哈佛商学院写给年轻人的13堂创业课[M]．哈尔滨：黑龙江科学技术出版社，2016.

[15]宋来新，商云龙．化工行业大学生创新创业基础教程[M]．北京：化学工业出版社，2018.

[16]宋紫燕．大众创业当老板：新公司的创办与成立[M]．北京：中国铁道出版社，2016.

[17]汪小平，李禄峰．医学生创新创业基础教程[M]．北京：科学出版社，2017.

[18]王年军．大学生创业团队的理论与实证研究[D]．武汉：武汉理工大学，2012.

[19]卫晓怡，吴芹．大学生创新创业实践简明教程[M]．北京：首都经济贸易大学出版社，2017.

[20]魏炜，朱武祥．发现商业模式[M]．北京：机械工业出版社，2009.

[21]徐刚．创业学[M]．重庆：重庆大学出版社，2014.

[22]唐纳德·F库拉特科．创业学[M]．薛红志，李静，译．北京：中国人民大学出版社，2014.

[23]张钱，李强，詹一览．大学生创新创业教育教程[M]．上海：上海交通大学出版社，2017.

[24]张志，乔辉．大学生创新创业入门教程[M]．北京：人民邮电出版社，2016.

[25]周苏，王硕苹，等．创新思维与方法[M]．北京：中国铁道出版社，2016.